全国高等教育自学考试指定教材
公共课程

大 学 语 文

(含:大学语文自学考试大纲)

(2018年版)

全国高等教育自学考试指导委员会　组编

主　编　　徐中玉　陶型传

图书在版编目(CIP)数据

大学语文:2018 年版 / 徐中玉,陶型传主编.—北京:北京大学出版社,2018.10
(全国高等教育自学考试指导教材.公共课程)
ISBN 978-7-301-29945-6

Ⅰ.①大…　Ⅱ.①徐…　②陶…　Ⅲ.①大学语文课—高等学校—教材　Ⅳ.① H19

中国版本图书馆 CIP 数据核字(2018)第 229148 号

书　　名	大学语文(2018 年版) DAXUE YUWEN(2018 NIAN BAN)	
著作责任者	徐中玉　陶型传　主编	
责任编辑	张弘泓	
标准书号	ISBN 978-7-301-29945-6	
出版发行	北京大学出版社	
地　　址	北京市海淀区成府路 205 号　100871	
网　　址	http://www.pup.cn　　新浪微博:@ 北京大学出版社	
电子信箱	zpup@ pup.cn	
电　　话	邮购部 010-62752015　发行部 010-62750672　编辑部 010-62752028	
印 刷 者	北京鑫海金澳胶印有限公司	
经 销 者	新华书店	
	787 毫米 ×1092 毫米　16 开本　18.5 印张　286 千字	
	2018 年 10 月第 1 版　2025 年 3 月第 10 次印刷	
定　　价	40.00 元	

未经许可,不得以任何方式复制或抄袭本书之部分或全部内容。
版权所有,侵权必究
举报电话:010-62752024　电子信箱:fd@pup.pku.edu.cn
图书如有印装质量问题,请与出版部联系,电话:010-62756370

组编前言

21世纪是一个变幻难测的世纪,这是一个催人奋进的时代。科学技术飞速发展,知识更替日新月异。希望、困惑、机遇、挑战,随时随地都有可能出现在每一个社会成员的生活之中。抓住机遇、寻求发展、迎接挑战、适应变化的制胜法宝就是学习——依靠自己学习、终身学习。

作为我国高等教育组成部分的自学考试,其职责就是在高等教育这个水平上倡导自学、鼓励自学、帮助自学、推动自学,为每一个自学者铺就成才之路,组织编写供读者学习的教材就是履行这个职责的重要环节。毫无疑问,这种教材应当适合自学,应当有利于学习者掌握和了解新知识、新信息,有利于学习者增强创新意识、培养实践能力、形成自学能力,也有利于学习者学以致用、解决实际工作中所遇到的问题。具有如此特点的书,我们虽然沿用了"教材"这个概念,但它与那种仅供教师讲、学生听,教师不讲、学生不懂,以"教"为中心的教科书相比,已经在内容安排、形式体例、行文风格等方面都大不相同了。希望读者对此有所了解,以便从一开始就树立起依靠自己学习的坚定信念,不断探索适合自己的学习方法,充分利用自己已有的知识基础和实际工作经验,最大限度地发挥自己的潜能,达到学习的目标。

欢迎读者提出意见和建议。

祝每一位读者自学成功。

全国高等教育自学考试指导委员会
2017年5月

目 录

大学语文自学考试大纲

大纲前言 ·· 2
　　Ⅰ．课程性质与设置目的 ·· 3
　　Ⅱ．课程内容与考核目标 ·· 3
　　Ⅲ．有关说明与实施要求 ··· 18
后记 ·· 23

大学语文

编写说明 ··· 27

散 文

寡人之于国也 ·· 孟　轲 31
秋水（节选） ··· 庄　周 35
谏逐客书 ··· 李　斯 39
过秦论 ··· 贾　谊 43
五代史伶官传序 ·· 欧阳修 48
论毅力 ·· 梁启超 51
容忍与自由 ·· 胡　适 54
咬文嚼字 ·· 朱光潜 60
如何避免愚蠢的见识 ·· 罗　素 66
议论文的阅读与写作 ··· 70
秦晋殽之战 ·· 《左传》 76

冯谖客孟尝君 …………………………………………《战国策》82
垓下之围 …………………………………………………司马迁 87
张中丞传后叙 ……………………………………………韩　愈 92
种树郭橐驼传 ……………………………………………柳宗元 98
前赤壁赋 …………………………………………………苏　轼 102
先妣事略 …………………………………………………归有光 107
西湖七月半 ………………………………………………张　岱 110
马伶传 ……………………………………………………侯方域 113
秋夜 ………………………………………………………鲁　迅 117
香市 ………………………………………………………茅　盾 121
爱尔克的灯光 ……………………………………………巴　金 125
纪念傅雷 …………………………………………………施蛰存 129
哭小弟 ……………………………………………………宗　璞 134
都江堰 ……………………………………………………余秋雨 140
牡丹的拒绝 ………………………………………………张抗抗 146
我与地坛 …………………………………………………史铁生 150
蚂蚁大战 ………………………………………………亨利·梭罗 158
记叙文的阅读与写作 …………………………………………… 162

诗　歌

蒹葭 ………………………………………………………《诗经》171
湘夫人 ……………………………………………………屈　原 174
陌上桑 ……………………………………………………汉乐府 178
归园田居（其一） ………………………………………陶渊明 182
行路难（其一） …………………………………………李　白 184
登高 ………………………………………………………杜　甫 186
长恨歌 ……………………………………………………白居易 188
早雁 ………………………………………………………杜　牧 195
虞美人（春花秋月何时了） ……………………………李　煜 197
八声甘州（对潇潇暮雨洒江天） ………………………柳　永 199
江城子（十年生死两茫茫） ……………………………苏　轼 201

声声慢·秋情 ·· 李清照 203
摸鱼儿(更能消、几番风雨) ·· 辛弃疾 205
再别康桥 ··· 徐志摩 208
一句话 ·· 闻一多 211
雨巷 ··· 戴望舒 213
祖国啊,我亲爱的祖国 ··· 舒 婷 217
我愿是一条急流 ·· 裴多菲 220
诗歌的抒情方法 ·· 223

小　说

枕中记 ·· 沈既济 231
婴宁 ··· 蒲松龄 237
宝黛吵架 ··· 曹雪芹 245
断魂枪 ·· 老 舍 250
哦,香雪 ·· 铁 凝 257
苦恼 ··· 契诃夫 267
麦琪的礼物 ·· 欧·亨利 274
小说的艺术特点 ·· 281

修订后记 ·· 287

大学语文自学考试大纲
(2018 年版)

大纲前言

为了适应社会主义现代化建设事业的需要,鼓励自学成才,我国在20世纪80年代初建立了高等教育自学考试制度。高等教育自学考试是个人自学、社会助学和国家考试相结合的一种高等教育形式。应考者通过规定的专业考试课程并经思想品德鉴定达到毕业要求的,可获得毕业证书;国家承认学历并按照规定享有与普通高等学校毕业生同等的有关待遇。经过30多年发展,高等教育自学考试为国家培养造就了大批专门人才。

课程自学考试大纲是国家规范自学者学习范围、要求和考试标准的文件。它是按照专业考试计划的要求,具体指导个人自学、社会助学、国家考试、编写教材、编写自学辅导书的依据。

随着经济社会的快速发展,新的法律法规不断出台,科技成果不断涌现,原大纲中有些内容过时、知识陈旧。为更新教育观念,深化教学内容方式、考试制度、质量评价制度改革,使自学考试更好地提高人才培养的质量,各专业委员会按照专业考试计划的要求,对原课程自学考试大纲组织了修订或重编。

修订后的大纲,在层次上,本科参照一般普通高校本科水平,专科参照一般普通高校专科或高职院校的水平;在内容上,力图反映学科的发展变化,增补了自然科学和社会科学近年来研究的成果,对明显陈旧的内容进行了删减。

全国考委文史类专业委员会组织制定了《大学语文自学考试大纲》,经教育部批准,现颁发施行。各地教育部门、考试机构应认真贯彻执行。

全国高等教育自学考试指导委员会
2018年6月

Ⅰ. 课程性质与设置目的

《大学语文》是全国高等教育自学考试除中文专业以外其他专业的公共必考课，是为培养和检验自学应考者的语言文学水平和写作能力而设置的一门文化基础课。

《大学语文》的课程内容、考核目标和考试命题，应充分体现语言文学基础课的性质，注意与汉语言文学专业开设的中国古代、现代和外国文学作品选以及语言、写作等课程的区别，注意与非中文专业开设的应用性文体写作课程相区别。在整个高等教育自学考试学科体系中，《大学语文》具有不可替代的综合性文化基础教育职能。

设置本课程的目的，是为了在高中语文程度的基础上，进一步提高自学应考者的人文素养、阅读能力和写作水平，并为学好各类高等教育专业和实施通才教育打下良好文化基础。

（一）学习、掌握一定的语言知识和文学知识，提高文化素养，培养现代人文精神。

（二）阅读、分析精选的古今中外作品名篇，提高阅读理解能力和文学欣赏水平。

（三）借助精选名篇的潜移默化和示范效应，提高记叙、描写、议论、抒情的写作能力。

Ⅱ. 课程内容与考核目标

《大学语文》的课程内容包括语言文学知识、作品阅读分析和作文三个方面。这三个方面的课程内容和考核要求如下：

一、语言文学知识部分

(一) 语言知识

语言知识的考核,应从阅读理解课文的需要出发,只对本教材中所出现的字词、语句的含义进行解释,不作语法方面的分析。

1. 解释常见文言词语的意义。主要是辨识古今意义有所不同的词语,特别注意掌握那些在现代汉语中仍然具有生命力的文言词语。

2. 解释含有常见文言特殊句式的词组或短语。这些常见文言特殊句式有:使动用法、意动用法、名词作状语、名词作动词用、被动句式、倒序句式。

3. 解释现代语体文中常见的疑难词语。

(二) 文学知识

《大学语文》中的文学知识,主要指的是作家作品基础知识和文体基础知识。作家作品基础知识考核,以每篇作品前的作者或专书简介为依据;文体基础知识考核,以教材中四篇文体简介文章中所涉及的知识为依据。

1. 作家作品知识的考核内容,包括作者所属朝代或国别,重要作家的政治主张、文学主张、文学史地位和主要代表作。

2. 阅读《议论文的阅读与写作》一文,理解下列名词术语,并能结合教材选篇中的材料予以辨识:

议论文三要素:论点、论据、论证。

论据类别:事实论据、理论论据。

论证方式:立论、驳论。

论证方法:归纳法(含例证法)、演绎法、比较法(包括对比法、类比法)。

驳论着眼点:驳斥论点、驳斥论据、驳斥论证。

3. 阅读《记叙文的阅读与写作》一文,理解下列名词术语,并能结合教材选篇中的材料予以辨识:

叙述方式:顺叙、倒叙、插叙、平叙。

人物描写方法:肖像描写、语言描写、行为描写、心理描写;细节描写。

环境描写:自然景物描写、社会环境描写;场面描写。

抒情方式：直接抒情、间接抒情；借景抒情；在叙事中抒情、在议论中抒情。

议论方式：夹叙夹议、叙后评议。

4. 阅读《诗歌的抒情方法》一文，理解下列名词术语，并能结合具体作品予以辨识：

古代诗歌文体：楚辞、汉乐府、乐府旧题、古体诗、近体诗、律诗、绝句、慢词、小令。

抒情方法：直抒胸臆、意象表现；借景抒情（包括融情入景、移情于景、因情造景）、借事抒情、借举止抒情、借比喻抒情、借象征抒情、借典故抒情。

5. 阅读《小说的艺术特点》一文，结合具体作品，理解下列名词术语：

小说三要素：人物、情节、环境。

人物形象：性格特征、个性特点；人物描写方法。

心理刻画：直接心理描写、间接心理描写。

环境描写：自然环境、社会环境。

表现方法：倒叙方式、前后照应、以小见大、托物言志、对比、铺垫、烘托、反衬、类比、象征等。

二、作品阅读分析部分

（一）散文中的议论文

1. 议论文总体考核要求：

归纳文章的分论点和中心论点。

认知文章所用论据的类别及其所证明的论点。

辨识文中所运用的论证方法和驳论着眼点。

识别文中所采用的比喻、比拟、排比、对偶、层递、设问、反诘等修辞手法，并说明其主要表达作用。

2. 9篇议论文的具体考试内容和考核目标：

（1）《寡人之于国也》

概括本文所体现的王道政治的主要内容，体会孟子以民为本的治国思想。

归纳文章的层次内容，理解本文以"民不加多，何也？"为线索展开论说的结构特点，体会孟子抑扬兼施、循循善诱的说理艺术。

指出文中的比喻,说明其比喻意义,理解孟子散文善用类比法说理的特点。

认知文中的排比句,说明其表达作用。

(2)《秋水》(节选)

理解本文"宇宙无限、人的认识有限"的中心论点,体会其现实意义。

理解文章自始至终贯注着人的认识要受到空间、时间、后天教育限制的观点。

认知本文以寓言方式说理、以对话形式展开的艺术特色。

说明文章开头景物描写对表达主旨所起的作用。

认知文中的比喻句,说明其比喻意义,体会庄子散文善于援譬设喻的特点。

认知文中运用类比法、对比法、例证法进行说理的地方,理解例证与喻证的主要差别。

认知文中的排比句,说明其表达作用。

认知文中的反诘句,体会反诘是更有力的肯定。

(3)《谏逐客书》

认知本文开篇即提出中心论点。

理解文章铺陈秦国历史上四位君王"皆以客之功"的意义。

说明作者罗列秦王所喜爱之珍宝美色的目的。

说明本文正反对比、利害对举的论证方法。

体会本奏疏能说服秦王的根本原因。

(4)《过秦论》

认知本文至篇末才点明中心论点。

理解本文事实胜于雄辩的特长。

理解秦国速亡的主要原因在于"仁义不施"。

说明本文的双层对比论证方法。

(5)《五代史伶官传序》

识记本文是一篇史论。

理解文章"国家盛衰、兴亡的关键在人事"的中心论点。

说明全文通过对比进行说理的方法。

认知文中的历史事实论据和理论论据。

理解并记住"满招损,谦得益""忧劳可以兴国,逸豫可以亡身""祸患常积于忽微,而智勇多困于所溺"等格言名句。

(6)《论毅力》

认知本文的总论点是"有毅力者成,反是者败"。

理解作者所强调的核心观点是"只有毅力至强方能取得事业的最终成功"。

说明全文通过正反对举进行说理的方法。

认知文中的层递句式,说明其表达作用。

认知文中的比喻,理解其比喻意义。

(7)《容忍与自由》

认知本文的中心论点是"没有容忍,就没有自由"。

理解"人类的习惯是喜同而恶异"是不能容忍的心理根源。

理解"必以吾辈所主张者为绝对之是"是不正确的态度。

认知文中的主要事实论据,说明其所证明的论点。

体会本文从自己的经验教训说起、以典型实例为依据、深入浅出、明白清楚的说理风格。

(8)《咬文嚼字》

认知本文的中心论点是"无论阅读或写作,我们必须有一字不肯放松的谨严"。

认知文中的实例论据及其所证明的论点,理解本文所擅长的归纳论证方法。

认知文中的理论论据及其所证明的"文贵创新"论点,理解本文所运用的演绎论证方法。

认知文中"月轮""月晕"的比喻意义,体会文字的"直指意义"和"联想意义"的不同特点和作用。

(9)《如何避免愚蠢的见识》

理解主观臆断、自我中心主义和狂妄自大是产生愚蠢见识的根源。

理解坚持科学认知态度和善于听取不同意见是避免愚蠢见识的基本方法。

理解树立宇宙无限、人的认识有限的观念是克服愚蠢见识的根本途径。

指出文中的例证及其所证明的论点。

体会本文通过"我"与"你"的"对话"口吻展开说理的效果。

指出文中的假设句,说明其表达作用。

(二)散文中的记叙文

1. 记叙文总体考核要求:

归纳文章的中心思想。

概括主要人物的性格特征。

认知文章的记叙方式。

识别文中的人物描写方法。

理解文中景物描写、场面描写的作用。

理解文中所运用的对比、铺垫、烘托、象征等表现方法,说明其表现作用。

辨识文中所采用的比喻、比拟、排比、对偶、设问、反诘、层递等修辞手法。

2. 18篇记叙文的具体考试内容和考核目标:

(1)《秦晋殽之战》

理解秦晋殽之战的起因在于两国争夺中原霸权。

说明秦军失败的原因。

认知本文的描述重点在于揭示战争胜败的主要因素。

体会文中人物个性鲜明的特点。

体会文中外交辞令委婉得体曲折尽意的特长。

(2)《冯谖客孟尝君》

理解文中"尽烧债券"情节所体现的传统民本思想。

概括冯谖、孟尝君的性格特征。

认知本文主要以行为、对话刻画性格的人物描写方法。

理解本文主要采取欲扬先抑、层层深入的方法展现冯谖的形象。

说明本文一波三折、引人入胜的整体构思艺术。

(3)《垓下之围》

概括本文所体现的项羽的性格特征。

理解司马迁对项羽的历史评价。

概括文中的三个场面描写及其表现作用。

指出文中的细节描写及其表现作用。

(4)《张中丞传后叙》

概括许远、张巡、南霁云的性格特征。

认知本文议论与叙事紧密结合的特色。

理解文中为许远辩诬的驳论着眼点和论证方法。

辨识文中刻画张巡、南霁云形象所采用的肖像描写、行为描写、言语描写、细节描写诸方法,并说明其表现作用。

认知文中的相互映衬和侧面烘托方法,说明其表现作用。

(5)《种树郭橐驼传》

认知这是一篇借为人立传的形式生发议论的寓言性传记文。

归纳文章的中心旨意,体会文中所体现的民本思想。

理解本文的整体类比方法,指出文中诸多类比之处。

指出文中的对比手法,说明其表达作用。

说明本文详略得当、前后照应的剪裁艺术。

(6)《前赤壁赋》

识记这是一篇文赋,继承了赋体主客对话的形式特征。

概括本文的中心思想,体会苏轼适意自然的人生哲学。

把握本文"乐——悲——乐"的情感变化线索。

指出文中描绘江水、明月、清风的写景句,说明景物描写与抒情、说理的关系。

理解文中主客对话实质上反映了作者思想中两个对立的方面。

说明作者从哪几个角度描写洞箫声,有什么表现效果。

(7)《先妣事略》

概括本文的情感内容。

归纳母亲的性格特征。

认知本文语言简洁省净、情感含蕴多藏的叙事特点。

举例说明文中的细节描写及其表现作用。

体会本文作者不动声色而读者却深受感动的艺术特色。

(8)《西湖七月半》

归纳文章的中心思想。

比较五类人的游湖心态,体会作者的情感倾向。

指出文中写人的传神语句,说明其表现作用。

把握文中的场面描写和气氛营造。

体会本文的嘲讽意味和调侃笔调。

(9)《马伶传》

理解本文学习生活、精益求精的中心思想。

认知作者讽刺当朝权奸的意图。

识记本文的倒叙方式及其作用。

把握本文剪裁详略得当的特点。

说明文中第一次技艺较量的场面描写的特点及其作用。

(10)《秋夜》

认知这是一篇散文诗。

说明本文揭露了什么、歌颂了什么、同情了什么、祭奠了什么,体会作者的战斗精神和博爱胸怀。

指出文中的象征意象及其象征意义。

指出文中采用拟人化手法的地方,说明其表现作用。

(11)《香市》

概括本文的中心思想,说明其以小见大的整体构思特点。

理解本文主要通过香市今昔盛衰对比来表达中心思想的写作方法。

说明文中是用反衬手法来凸现重兴香市的冷落景况。

概括文章开头关于往昔香市热闹情景的场面描写的层次内容。

理解文章结尾披露香市主角转移情况的深刻含义。

(12)《爱尔克的灯光》

概括本文的中心思想。

紧扣"长宜子孙"四个字,理解本文所展现的两种对立的人生道路。

指出文中三次出现的"灯光"的象征意蕴,把握全文以灯光为线索的结构特点。

理解姐姐的悲剧与文章中心思想的关系。

指出行文中多次运用插叙的地方。

把握本文将叙事、抒情、议论熔于一炉,行文充满激情的写作特色。

(13)《纪念傅雷》

概括本文的中心思想。

认知文中所写傅雷的三次"怒",概括傅雷的性格特征,体会文章以"怒"为行文线索的艺术特点。

理解本文叙后评议的内涵,体会傅雷刚直性格的现实意义。

体会本文短小精悍、质朴深情的风格。

(14)《哭小弟》

概括本文的中心思想,体会文章结尾由哭小弟到哭蒋筑英、罗健夫的意义。

认知本文以"哭"为线索,将叙事、抒情、写人相交融的总体特点。
认知本文的叙述方式,理解文章将多方面材料切成块状、交叉垒积的结构方法。
指出文中的细节描写,说明其表现作用。
指出文中的侧面描写,说明其烘托作用。

(15)《都江堰》
概括本文四部分的大意,体会都江堰的文化内涵。
认知文中运用对比手法的地方,说明其对比意义。
认知文中运用象征手法的地方,说明其象征意义。
认知文中描绘都江堰水流壮观景象的精神着眼点。
辨识文中所采用的比喻、比拟修辞手法,说明其比喻意义和比拟作用。
认知本文的夹叙夹议方式和思辨色彩。

(16)《牡丹的拒绝》
理解本文是赞美牡丹"不苟且不俯就不妥协不媚俗"的品格。
认知本文的拟人化手法。
指出文中的排比句式,说明其作用。
指出文中第二人称运用的独到之处。

(17)《我与地坛》
概括文章各部分的大意,归纳全文中心思想。
认知本文观察细致、体会深微的特色。
识别文中通过行为描写、心理描写、侧面烘托三种方法表现母爱的地方。
理解本文运用象征手法的地方,说明其象征意义。
辨识本文第三部分将排比、类比、象征结合在一起的特点。
识别文中采用比喻、比拟修辞手法的地方。

(18)《蚂蚁大战》
理解本文的人类社会象征意义,体会战争给人类生命和精神造成的深重灾难。
指出文中将蚂蚁之战与人类战争相类比的地方,领悟作者的写作意图。
认知本文将群蚁大战的场面描写与红黑三武士对决的典型形象相结合的谋篇方法。
把握本文观察细致、描绘生动、寓意深远的总体特点。

(三) 诗歌

1. 诗歌总体考核要求：

理解作品的情感内容。

认知作品所运用的抒情方法。

结合典型诗句，辨识借景抒情中的融情入景、移情于景和因情造景。

辨识作品中的主要修辞手法及其表现作用。

2. 18 首诗歌的具体考试内容与考核目标：

(1)《蒹葭》

认知本诗的中心意象"在水一方"及其两种境况，体会追寻者的执着、惆怅心情。

理解"在水一方"的普遍象征意义。

说明本诗重章叠句、一唱三叹并层层推进的形式特点。

体会本诗将具体事实虚化、意境扑朔迷离的朦胧美。

(2)《湘夫人》

识记本诗是根据楚地祭祀水神乐歌改编而成的。

认知本诗的抒情主人公是湘君，表现他对爱情幸福的执着追求。

梳理诗中湘君的心理活动流程。

理解本诗期约不遇的悲剧情景渗透着屈原不遇时的忧伤心情和对理想的向往。

认知诗中的多种抒情方法。

辨识诗中景物描写的融情入景和因情造景。

认知诗中描写布置新房时所用的铺陈手法。

(3)《陌上桑》

认知本诗是由民间流传的"赞美女""桑林戏""夸女婿"三类故事改编联袂而成的。

概括罗敷的性格特征，理解这是一首美女赞歌，体会其中"爱美之心人皆有之"的民间风情。

认知本诗的极力铺陈手法。

说明诗中的侧面烘托手法。

体会本诗的幽默情趣和喜剧色彩。

(4)《归园田居》(其一)

指出其中尊重自然天性的诗句。

认知诗中憎恶官场污浊的地方。

指出诗中的比喻及其喻义。

说明诗中描写乡村生活的特点。

体会本诗简明质朴、平淡自然的风格。

(5)《行路难》(其一)

概括本诗的情感内容,体会诗人心情的起伏跌宕。

指出诗中借典型举止抒情的诗句,说明其表现作用。

指出诗中借象征抒情的诗句,理解其象征意义。

指出诗中借典故抒情的诗句,说明其表现作用。

(6)《登高》

体会诗人"万方多难此登临"的心境。

理解"无边落木萧萧下,不尽长江滚滚来"的隐在意蕴。

说明"万里悲秋常作客,百年多病独登台"的丰富内容。

体悟"悲秋"的多重寓意。

认知本诗四联均对偶的特点。

体会本诗言约义丰、精练明达的风格。

(7)《长恨歌》

认知这是一首抒情色彩浓郁的叙事长诗。

理解本诗的双重主题及其侧重点。

概括李、杨两个人物形象的性格特征。

说明本诗整体构思注重心理描写和浪漫色彩的特点。

指出诗中融情入景和移情于景的诗句。

指出诗中借典型神态举止抒情的诗句,说明其表现作用。

指出诗中的比喻句,说明其比喻意义。

(8)《早雁》

认知这是一首咏物诗,作者是托物言志。

认知本诗整体运用象征手法抒情达意,体会"言在此、意在彼"的诗性特点。

分别概括本诗四联的大意,归纳全诗的情感内容。

指出诗中的对偶句,并比较其不同之处。

(9)《虞美人》(春花秋月何时了)

概括全词的情感内容。

分析"春花秋月何时了"的抒情心理,理解本词以良辰美景抒写痛苦之情的特点。

说明"雕栏玉砌应犹在,只是朱颜改"的双重寓意。

认知诗中借比喻抒情的诗句,说明其表现作用及艺术效果。

(10)《八声甘州》(对潇潇暮雨洒江天)

理解这首词是抒写羁旅行役之苦,把握其中"苦"的主要内涵。

认知本词上片是借景抒情,下片是借事抒情。

认知"红衰翠减"用的是借代修辞手法。

体会"惟有长江水,无语东流"的情感内容。

认知"不忍登高临远"是承上启下的过渡句。

分析下片的心理活动流程,理解其由己及彼、再由彼及己的婉曲抒情笔法。

(11)《江城子》(十年生死两茫茫)

识记这是一首悼亡词。

说明本词以"记梦"为缘起的结构特点。

认知词中流露宦途艰辛的地方。

说明本词将亡妻与自身时分时合的抒写方法。

指出词中运用白描手法的地方,说明其艺术效果。

(12)《声声慢·秋情》

理解这首词主要是抒写词人晚年孤苦无依的生活境况和几近绝望的哀痛心情。

认知这首词主要是通过描绘暮秋景物来借景抒情。

体会词中"淡酒""晚来风急""雁过""旧时相识""黄花""梧桐""细雨"诸意象的情感内涵。

认知词中的错觉意象和自喻意象,分别说明它们的表现作用。

认知词中两个直抒胸臆的呼告句,说明其艺术表达效果。

说明开头14个叠字的三层指向及其统领全词的作用。

(13)《摸鱼儿》(更能消、几番风雨)

理解这首词主要抒写词人对国运殆危的焦虑和报国无门的悲愤。

认知本词上片是借暮春景物抒情,下片主要是借典故抒情。

认知本词整体用比兴手法,以象征达意。

认知上片的中心意象是"春又归去",下片的中心意象是"佳期又误"。

体会上片中"几番风雨""春又归去""落红无数""天涯芳草"诸意象的象征意蕴。

理解"画檐蛛网"的词人自喻意义。

说明下片中所用典故的意义。

(14)《再别康桥》

概括这首诗的情感内容。

从情景交融互渗的角度,体会本诗的意境美。

认知诗中的比喻及其比喻意义。

体会"西天的云彩"和"彩虹似的梦"的象征意味。

从句式、节奏、韵律几方面体会本诗的建筑美和音乐美。

(15)《一句话》

概括这首诗的情感内容。

理解"咱们的中国"就是人民当家做主的中国。

辨识"火""火山""火山爆发""霹雳"的象征意义。

认知诗中的反复句,说明其表现作用。

(16)《雨巷》

认知这是一首用象征手法写成的抒情诗。

从日常生活、现实斗争和抽象理念三个层面体会这首诗的丰富蕴含。

理解"独自彷徨"、"雨巷"、丁香姑娘、"颓圮的篱墙"、"雨的哀曲"等意象的象征意义。

体会本诗情景交融、虚实相生、意在言外、韵味无穷的意境美。

体会本诗句式、节奏、韵律的音乐美。

(17)《祖国啊,我亲爱的祖国》

归纳本诗的情感内容。

概括诗中四个意象群的大意,体会"蜗行""希望""黎明""沸腾"逐层推进的祖国形象。

认知全诗运用象征达意的方法。

体会诗中将"我"和"祖国"交融一体的特点。

(18)《我愿是一条急流》

认知这是一首爱情诗,体会诗人对待爱情和事业的态度。

认知这首诗通篇借比喻抒情。

理解诗中10个比喻的喻义,以及两两对应的关系意义。

体会全诗意象生动丰满、比喻鲜明奇特的特点。

(四) 小说

1. 小说总体考核要求:

理解作品的主题思想。

概括主要人物形象的性格特征和个性特点。

认知作品的叙事方式。

认知作品的主要表现方法。

结合重要段落,认知其中的人物描写方法。

结合相关作品,体会环境描写与人物性格、主题思想之间的关系。

2. 7篇小说作品的具体考试内容与考核目标:

(1)《枕中记》

识记这是一篇唐人小说。

理解小说"一枕黄粱"的警示意义。

理解小说"达——穷——达"的人生意理。

说明小说虚实结合、两相比照的表现方法。

认知小说首尾呼应的艺术手法。

(2)《婴宁》

认知"爱笑"是婴宁的个性特点,自然天性是她的主要性格特征。

认知婴宁的性格有一个转化过程,并从而理解小说昭示人类困境的主题思想。

理解小说的表层叙事线索是王子服遇美女、寻美女、娶美女的经过,内里推动情节发展的机杼却是鬼母养狐女、教狐女、嫁狐女的过程。

理解鬼母形象在小说结构和主题表达上的作用。

从自然环境和社会环境两个方面来说明环境描写与婴宁性格的关系。

体会小说中"花"的类比象征意味。

(3)《宝黛吵架》

理解宝黛吵架的实质和普遍意义。

把握宝黛吵架的主要特点是"假情试探"。

认知本篇主要采用了直接心理描写方法,并说明其表达作用和必要性。

理解"两假相逢,终有一真""不是冤家不聚头""人居两地,情发一心"的画龙点睛作用。

(4)《断魂枪》

理解小说开头社会环境描写的意义和作用。

概括沙子龙、王三胜、孙老者的性格特征,并进而说明他们在社会大变动中的心态。

理解人物性格差异之间的相互映衬作用。

认知小说主要是通过肖像描写、对话描写和行为描写来刻画人物形象。

指出文中的比喻句,说明其表达作用。

(5)《哦,香雪》

理解火车开进台儿沟的时代特点和象征意味。

概括香雪的性格特征,体会作者对香雪形象的复杂感情。

认知小说突出中心画面的整体构思特点。

指出文中通过人物举止描写、自然景物描写、典型事物描写来揭示人物心理的地方,并说明其艺术特点和表现作用。

(6)《苦恼》

认知车夫姚纳苦恼的内容,概括小说的主题思想。

说明这篇小说以小见大的总体特点。

指出文中将人与马相类比的地方,说明其表现作用。

指出文中将人与马相对比的地方,说明其表现作用。

举例说明作者善于通过对话、行为和肖像描写来揭示人物内心世界的特点。

(7)《麦琪的礼物》

概括小说的主题思想,说明作者以"麦琪的礼物"为标题的用意。

认知小说"一虚一实、双线并行"的结构特点,说明其艺术效果。

以文中的某些段落为例,说明作者善于通过外在表情、行为描写来显现人物心理活动和情感变化的特点。

认知本文"含泪的微笑"创作风格和幽默诙谐的语言特色。

<h3 style="text-align:center">三、作文部分</h3>

写作水平是大学语文课程的考试内容之一,考核方式是写一篇短文。

作文主要是考核自学应考者的书面表达能力,同时也是对自学应考者思想修养、认识能力、生活积累和语文水平的综合检验。

作文考核的基本要求是:思想内容正确,中心明确,结构完整,条理清楚,文字通顺,标点正确,书写工整,行款合乎规范。

自学应考者应当通过学习教材中的范文和课外阅读来提高写作能力,练习的重点应放在培养记叙、描写、议论和抒情的能力上。

Ⅲ. 有关说明与实施要求

一、关于考核目标表述用语的说明

本大纲不仅将考试内容落实为具体的考核点,而且用特定的表述用语,规定了对这些考核点的能力层次要求。本课程全部考核点的能力层次,大致划分为识记、理解、简单应用、综合应用四个级别。在前面各考核点的表述中,大致上与这四个能力层次相应的可测量表述用语是:

属于识记能力层次的有:识记、记忆、指出、写出等。主要指的是对作家作品知识、文体知识的记忆,对词语解释、修辞手法的识记。

属于理解能力层次的有:认知、理解、归纳、概括等。主要指的是对作品论点、主题思想、情感内容的理解、归纳,对论证方法、叙述方式、人物描写方法、抒情方法、结构特点,以及其他艺术特点、表现方法的认知、概括。

属于简单应用能力层次的有:识别、辨识、说明、体会等。主要指的是对具体材料的分析、对相近概念的区分、对现实意义的领悟、对各种表现方法的艺术效果的体会等。

属于综合应用能力层次的是:作文。

二、关于教材的规定

指定教材：《大学语文》，徐中玉、陶型传主编，北京大学出版社出版，2018年版。

三、对个人自学与社会助学的要求

个人自学大学语文，首先要认真阅读本大纲，明确考试内容和考核目标，以提高学习效率；然后要结合大纲规定和教材中的"提示"，认真攻读每篇作品和四篇文体简介文章，以理解课文和把握要点；同时要善于结合作品中的具体材料进行内容和方法分析，努力将知识转化为应用能力。有条件者，应参加辅导班听老师讲解，并选取一本好的辅导书做参考。自学者应在熟悉课文、归纳要点、理解术语、分析材料上多下功夫，不要一味地死记硬背现成答案。

社会助学者应认真钻研考试大纲和教材，明确考试要求，以便对应考者进行切实有效的辅导。应引导应考者认真攻读教材，在理解的基础上把握要点、难点。要善于通过典型实例来解释名词术语，以达到应考者能举一反三的效果。要善于进行作品重要段落的综合分析，以提高应考者的实际应用能力。要善于通过作品分析来提高应考者的阅读能力、欣赏能力和写作能力，并帮助他们避免自学中可能出现的种种偏差。

四、关于命题考试的若干规定

（一）本课程的考试命题，应与大纲、教材保持一致。考试内容不得超出大纲规定的范围，能力层次不得高于大纲规定的考核目标。除作文外，其他各类试题的材料均取自教材。

（二）每份试卷的组配，均应综合考虑内容覆盖面、能力层次和难易度几方面的要求，按照下列比例进行：

1. 在全部试题中，语言文学知识约占15分，作品阅读分析约占55分，作文占30分。

2. 在作品阅读分析中，古文约占30分，现代语体文约占25分。散文约占28分

(议论文 8 分,记叙文 20 分),诗歌约占 20 分,小说约占 7 分。

3. 全部试题中,识记、理解、简单应用、综合应用四个能力层次的比例以 1∶3∶3∶3 为宜。其中只有作文的 30 分属于综合应用。

4. 除作文外,其他试题的难易度分为易、较易、较难、难四等,其比例以 2∶3∶3∶2 为宜。

5. 以上比例规定,命题时均可有 3 分以内的调整幅度。

(三) 本课程试题较适合的题型有:单项选择题、多项选择题、词语解释题、简答题、简析题、作文题。各种题型的具体样式可参见本大纲"附录"。

(四) 本课程的考试时间为 150 分钟。试题量应以中等水平的应考者能在规定时间内答完全部试题为度。

【附录】

题 型 举 例

一、单项选择题(下列 4 个备选项中,只有一项是最符合题目要求的,请将其选出)

1.《寡人之于国也》中,孟子认为形成"颁白者不负戴于道路"良好社会风尚的措施是

　　A. 五亩之宅,树之以桑

　　B. 鸡豚狗彘之畜,无失其时

　　C. 百亩之田,勿夺其时

　　D. 谨庠序之教,申之以孝悌之义

2. 李白《行路难》中,"停杯投箸不能食,拔剑四顾心茫然"的抒情方法是

　　A. 借景物抒情　　　　　　　　B. 借举止抒情

　　C. 借比喻抒情　　　　　　　　D. 借象征抒情

二、多项选择题(下列备选项中,至少有两个选项是符合题目要求的,请将其选出,多选、少选、错选均无分)

1. 下列作品中,体现民本思想的有

　　A.《寡人之于国也》　　　　　B.《论毅力》

　　C.《种树郭橐驼传》　　　　　D.《马伶传》

　　E.《过秦论》

2. 下列作品中,整体运用象征手法的有

　　A.《秋夜》　　　　　　　　　B.《香市》

　　C.《我与地坛》　　　　　　　D.《蚂蚁大战》

　　E.《雨巷》

三、词语解释题

1. 于是焉河伯始旋其面目。

旋：

2. 吾不害其长而已,非有能硕茂之也。

硕茂之：

四、简答题

1. 辛弃疾《摸鱼儿·更能消几番风雨》的总体风格特征是什么？
2. 简要概括小说《哦，香雪》的主要情节。

五、简析题

1. 阅读庄子《秋水》中的一段文字：

井蛙不可以语于海者，拘于虚也；夏虫不可以语于冰者，笃于时也；曲士不可以语于道者，束于教也。

请回答：

A. 这里说明人的认识要受到哪些方面的局限？
B. 这里运用了哪两种修辞手法？
C. 这里采取了什么论证方法？

2. 阅读鲁迅《秋夜》中的一段文字：

我记得有一种开过极细小的粉红花，现在还开着，但是更极细小了，她在冷的夜气中，瑟缩地做梦，梦见春的到来，梦见秋的到来，梦见瘦的诗人将眼泪擦在她最末的花瓣上，告诉她秋虽然来，冬虽然来，而此后接着还是春，蝴蝶乱飞，蜜蜂都唱起春词来了。她于是一笑，虽然颜色冻得红惨惨地，仍然瑟缩着。

请回答：

A. 写出其中"小粉红花"和她的"梦"的寓意。
B. 这里主要运用了什么表现方法和修辞手法？
C. 这里表现出作者怎样的感情？

六、作文题

孔子说："知之者不如好之者，好之者不如乐之者。"爱因斯坦说："兴趣是最好的老师。"

兴趣产生热爱，兴趣产生动力，兴趣创造愉悦，兴趣创造成功。

根据以上材料，写一篇不少于800字的文章，题目自拟，除诗歌外，文体不限。

后 记

《大学语文自学考试大纲》(2006年版),是受全国高等教育自学考试指导委员会委托,由文史类专业委员会组织制定的,从2007年4月起开始施行。

《大学语文自学考试大纲》(2006年版),由徐中玉、陶型传担任主编。编写组成员(按姓氏笔画排列)为:方克强、吴锦、周圣伟、夏康达、徐中玉、陶型传。担任本大纲审稿工作的是:王运熙(主审)、陈伯海、齐森华。

2018年对《大学语文自学考试大纲》(2006年版)进行了修订,执笔者为方克强、周圣伟、陶型传;审稿者为陈洪(主审)、李瑞山、谭帆。

在此一并表示衷心感谢。

全国高等教育自学考试指导委员会
文史类专业委员会
2018年6月

大学语文

编写说明

本书是受全国高等教育自学考试指导委员会委托,作为高等教育自学考试大学语文课程的组编教材而编写的。

大学语文是我国高等教育的一门文化教育、人文教育基础课。世界各国的高等教育,之所以都把本国语文作为公共必修课,是由于它在提高国民文化素质、人文素质方面具有普遍而深远的意义。设置本课程的目的,是为了在高中语文程度的基础上,进一步提高大学生的人文精神素养、阅读分析能力和写作表达能力,并为学好各类高等教育专业和实施通才教育打下良好的接受和再造基础。在我国整个高等教育自学考试学科体系中,大学语文课程具有不可替代的综合性文化基础教育职能。

十多年来,全国统一命题所依据的自学考试大学语文教材一直有两种:一种是6学分,规定为本科所用;一种是4学分,规定为应用专科所用。但从多年实践来看,这种区分并无必要。首先,作为一门文化基础课,对广大非中文专业的应考者来说,只需一个统一的达标要求,而没有必要再划分出两个档次;其次,各地各专业在选用大学语文教材时,实际上已经打破了原定本科用、专科用的限制,而呈现出自由选用、各取所需的局面;再次,一门课程,两种同名教材,给教材使用、命题配卷和考籍管理带来诸多不便,曾多次出现过交错失误。为此,经广泛征求意见,并报请全国考委同意,决定重编一本新的大学语文教材,以取代原来的两种教材而作为全国统一命题用书。

新编本《大学语文》,依据新修订《大学语文自学考试大纲》编写,体制与原教材基本一致,难度则略低于原本科本而与原专科本接近。主导思想仍然是精选美文,通过阅读、分析、欣赏古今中外脍炙人口的名篇,借助典范效应来启发、提高自学应考者的精神素养、审美能力和写作水平。我们坚信,在文学教育领域,真善美交融一体的典范诗文的感化、启迪作用,比空洞抽象的理论说教更全面、有效。本书所选作品,力求短小精悍、内涵丰赡、风格多样、文笔俊秀、可读性强,以期受到广大应考者的喜爱。在选篇中,适当增加了中外现当代作品,是为了增进现代意识,强化人文精神。在总共52篇诗文中,原来两本教材中已有的占一半,新增选的占一半,这是为了保持连续性,便于辅导教师和原有考生的过渡;文言作品和现代语体作品亦各占一半,是为了适当控制难度;保持原有的"作者简介""注释""提示""思考与练习"四个辅助栏目,并精心撰写"提示"的内容,力求体现自学考试教材的特点,以方便应考者的自学。

要学好大学语文,首先必须认真反复细读每一篇作品,以求在与作品的"亲密接触"中不断培养文学感悟能力。然后再对照大纲的要求和"提示"的概要,领会和把握作品内容与方法的要点,将感性体验上升为理性认识。同时还要进一步将这些理性认识落实到对作品中具体材料的解析中去,使分析能力和写作能力都真正得以提高。大学语文的学习,是一个从感性到理性再到感性不断循环往复的过程,绝非只是死记硬背一些现成结论所能奏效。

本教材肯定还会有不足、欠当之处,敬请老师、同学们指正、帮助。

徐中玉　陶型传

散文

文献

寡人之于国也①

孟　轲

孟子(约前372—前289),名轲,字子舆,战国中期邹国人。他继承并发展了孔子的学说,是孔子之后儒家学派的主要代表。他主张施仁政,行王道,倡导"民为贵,社稷次之,君为轻"的民本思想,反对暴政虐民,反对掠夺战争,重视后天的教化和环境对人的影响。这些思想具有一定的历史进步性。

孟子散文常采用"欲擒故纵"的论辩手法,并以多种多样的比喻来增强论辩的形象性和说服力。文章中有大量整齐对称的排偶句,富于感情色彩,使其论说具有难以阻挡的气势。

《孟子》共七篇(各分上下),一般认为是孟子和他的学生万章等共同编著的。《孟子》一书对后代的文化思想和散文发展均有深远影响。

梁惠王曰②:"寡人之于国也,尽心焉耳矣③!河内凶,则移其民于河东,移其粟于河内④;河东凶亦然⑤。察邻国之政,无如寡人之用心者。邻国之民不加少⑥,寡人之民不加多,何也?"

孟子对曰:"王好战⑦,请以战喻:填然鼓之⑧,兵刃既接⑨,弃甲曳兵而走⑩,或百步而后止,或五十步而后止,以五十步笑百步,则何如?"

曰:"不可;直不百步耳⑪,是亦走也⑫。"

曰:"王如知此,则无望民之多于邻国也。

"不违农时,谷不可胜食也⑬;数罟不入洿池⑭,鱼鳖不可胜食也⑮;斧斤以时入山林⑯,材木不可胜用也。谷与鱼鳖不可胜食,材木不可胜用,是使民养生丧死无憾也⑰。养生丧死无憾,王道之始也⑱。

"五亩之宅,树之以桑,五十者可以衣帛矣⑲;鸡豚狗彘之畜⑳,无失其时,七十者可以食肉矣;百亩之田㉑,勿夺其时,数口之家可以无饥矣;谨庠序之教㉒,申之以孝悌之义㉓,颁白者不负戴于道路矣㉔。七十者衣帛食肉,黎民不饥不寒㉕,然而不王者㉖,未之有也㉗。

"狗彘食人食而不知检㉘,涂有饿莩而不知发㉙;人死,则曰:'非我也,岁也㉚。'是何异于刺人而杀之,曰:'非我也,兵也㉛。'王无罪岁㉜,斯天下之民至焉㉝。"

【注释】

① 本篇选自《孟子·梁惠王上》。寡人:古代国君对自己的谦称,表示自己是寡德之人。

② 梁惠王(前400—前319):即魏惠王,名罃,"惠"是他的谥号。魏国原来的都城在安邑(今山西夏县西北),因受秦威胁,迁都大梁(今河南开封西北),所以又称梁惠王。

③ 焉:于是,作兼词用,兼起介词"于"和代词"是"的作用。耳:而已。

④ "河内"三句:如果河内地区发生灾荒,就迁移河内的灾民到河东,搬运河东的粮食到河内。河内:魏国的黄河以北地区,今河南济源一带。凶:灾凶,此指饥荒。粟:小米,这里泛指粮食。

⑤ 河东凶亦然:河东地区发生灾荒也这样办。意为河东发生灾荒,就迁移河东的灾民到河内,搬运河内的粮食到河东。

⑥ 加:更。

⑦ 好(hào):喜欢,爱好。

⑧ 填(tián)然鼓之:咚咚地敲起鼓来。填,拟声词,这里用来模拟鼓声。

⑨ 兵:兵器。刃:刀口,这里指锋利的兵器。接:接触,交锋。

⑩ 甲:铠甲。曳(yè)兵:拖着武器。走:跑,这里指逃跑。

⑪ 直:仅,只。

⑫ 是:此,这。

⑬ 不可胜(shēng)食:吃不完。胜,尽。

⑭ 数(cù):细密。罟(gǔ):网。洿(wū):低洼地,这里指池塘。

⑮ 鳖(biē):甲鱼。

⑯ 斤:斧头的一种。以时:按照一定的时间。《礼记·王制》:"草木零落,然后入山林。"

⑰ 养生:供养活着的人。丧死:为死者办丧事。

⑱ 王道:孟子主张用仁政来治理天下,称之为"王道"。

⑲ 五亩之宅:相传古代一个成年的农民可得五亩宅基地,住房和园田各占两亩半。衣(yì):穿。帛(bó):丝织品的总称,这里指丝绵衣服。

⑳ 豚(tún):小猪。彘(zhì):猪。畜(chù):人饲养的禽兽。

㉑ 百亩之田:相传古代一个成年农民可以分得一百亩耕地。

㉒ 谨庠(xiáng)序之教:认真办好学校教育。谨,谨慎从事,认真办好。庠序,古代乡学的名称,殷代称"序",周代称"庠"。

㉓ 申:重复,一再。这里有反复教导的意思。悌(tì):敬爱兄长。

㉔ 颁(bān)白者：须发花白的人。颁，通"斑"。负：背上驮东西。戴：头上顶东西。
㉕ 黎民：指老百姓。
㉖ 然：这样。王(wàng)：即称王天下，指以仁政来统治天下。
㉗ 未之有也：即未有之也，从来不曾有过的。
㉘ 检：约束，制止。
㉙ 涂：通"途"，道路。莩(piǎo)：饿死的人。发：打开，这里指开仓放粮以赈救饥民。
㉚ 岁：指一年的农事收成。
㉛ 非我也，兵也：不是我杀人，是兵器杀人。
㉜ 无罪岁：别归罪于年成不好。
㉝ 斯天下之民至焉：这样，普天下的老百姓就都会投奔到您这儿来了。

【提示】

　　本文具体阐述了孟子的王道理想和实行王道的根本措施，体现出孟子以民为本的治国思想，并在一定程度上揭示了战国时代的社会不平和阶级对立。

　　文章围绕"民不加多"和如何使"民加多"的问题展开论述。全文可分三部分：第一部分提出"民不加多"的疑问，第二部分分析"民不加多"的原因，第三部分阐述使"民加多"的初步措施、根本措施和应持的正确态度。三个部分末尾，分别用"寡人之民不加多""则无望民之多于邻国也""斯天下之民至焉"等语句收束，环环相扣，突出中心线索，使文章成为一个结构严谨的整体。

　　本文说理具有抑扬兼施、循循善诱的特色。先批评梁惠王的治国方法不当，然后再提出实行王道的具体措施；先揭露统治者不顾人民死活的行径，然后再说只要君王不怪罪年成不好就可以使"民至焉"：这都是先抑后扬。在打消梁惠王矜傲情绪的同时，又能抓住他渴望民众拥戴的潜在心理进行诱导；在阐述实行王道的具体措施时，采取先易后难、步步推进的程序：这都是循循善诱的体现。

　　孟子善用比喻。本文用逃跑者"以五十步笑百步"的比喻，来说明梁惠王的治国方法与邻国没有什么质的差别，用拿刀杀了人却说"非我也，兵也"做比喻，来揭露统治者把"涂有饿莩"归罪于年成不好的观点，都收到了把抽象的道理说得非常形象、生动而深刻的效果。此外，许多排比句的运用，也大大增强了文章的雄辩气势。

【思考与练习】

一、概括本文所体现的孟子王道政治的主要内容。

二、文章是以什么为线索展开论述的?

三、本文抑扬兼施、循循善诱的说理方法表现在什么地方?

四、孟子用"五十步笑百步"的比喻来说明什么问题?

秋　　水（节选）①

庄　周

庄子（约前369—前286），名周，战国时宋国蒙（今河南商丘东北）人。当过蒙地的漆园吏。

庄子是老子之后道家的主要代表，后世把他和老子并称为"老庄"。他主张顺应自然，提倡无为而无不为。他承认事物的相对性，但又否认客观事物的差别。他激烈批判"窃钩者诛，窃国者为诸侯；诸侯之门，而仁义存焉"的黑暗现实，在一定程度上揭露了剥削阶级残暴和虚伪的本质。他蔑视富贵利禄，拒绝和统治者合作，一生过着清贫的生活。

庄子的文章想象丰富，笔调恣肆，词藻瑰丽，并多采用寓言形式，富有浪漫色彩，对后代文学有重大影响。

《庄子》一书，共三十三篇。其中"内篇"七，相传是庄周自著，"外篇"十五、"杂篇"十一是他的门人和后学所作。

秋水时至，百川灌河②，泾流之大③，两涘渚崖之间④，不辩牛马⑤。于是焉河伯欣然自喜⑥，以天下之美为尽在己⑦。顺流而东行，至于北海，东面而视，不见水端⑧。于是焉河伯始旋其面目⑨，望洋向若而叹曰⑩："野语有之曰⑪，'闻道百，以为莫己若者'，我之谓也⑫。且夫我尝闻少仲尼之闻而轻伯夷之义者⑬，始吾弗信；今我睹子之难穷也⑭，吾非至于子之门则殆矣⑮，吾长见笑于大方之家⑯。"

北海若曰："井蛙不可以语于海者⑰，拘于虚也⑱；夏虫不可以语于冰者，笃于时也⑲；曲士不可以语于道者，束于教也⑳。今尔出于崖涘㉑，观于大海，乃知尔丑㉒，尔将可与语大理矣㉓。天下之水，莫大于海。万川归之，不知何时止而不盈㉔；尾闾泄之㉕，不知何时已而不虚㉖；春秋不变，水旱不知。此其过江河之流㉗，不可为量数。而吾未尝以此自多者㉘，自以比形于天地，而受气于阴阳㉙。吾在天地之间，犹小石小木之在大山也,方存乎见少,又奚以自多㉟?计四海之在天地之间也,不似礨空之在大泽乎㊱?计中国之在海内㊲,不似稊米之在大仓乎㊳?号物之数谓之万㊴,人处一焉㉟;人卒九州㊱,谷食之所生,舟车之所通㊲,人处一焉㊳;此其比万物也㊴,不似毫末之在于马体乎㊵?五帝之所连㊶,三王之所争㊷,仁人之所忧,任士之所劳㊸,尽此矣㊹。伯夷辞之以为名,仲尼语之以为博㊺,此其自多也,不似尔向之自多于水乎㊻?"

【注释】

① 《秋水》属《庄子》中的"外篇",本文节录了其中的开头部分。

② 时:按季节。灌:注入。河:黄河。

③ 泾(jīng)流:指水流。

④ 两涘(sì):河的两岸。涘,水边。渚(zhǔ)崖:水洲岸边。渚,水中洲岛。

⑤ 辩:通"辨"。

⑥ 焉:乎。河伯:黄河之神。

⑦ 以天下之美为尽在己:以为天下的美景全集中在自己这里。

⑧ 东面:脸朝东。端:边,尽头。

⑨ 旋其面目:改变他(欣然自喜)的面容。旋,转,转变。

⑩ 望洋:仰视的样子。也作"望羊""望阳""盳洋"。若:即海若,海神。

⑪ 野语:俗语,俚语。之:代下文所引野语内容。

⑫ 莫己若:即莫若己(没有人比得上自己)。我之谓也:即谓我也。两句都是宾语位于动词前。

⑬ 少仲尼之闻:小看孔子的学识(以孔子的学识为少)。闻,学识,学问。轻伯夷之义:轻视伯夷的义行(以伯夷的义行为轻)。伯夷:商代诸侯孤竹君的长子,因与弟叔齐互让君位,结果一齐逃到周。武王伐纣时,伯夷叔齐认为以臣伐君不义,于是叩马谏阻。商亡后,他们不食周粟,饿死在首阳山。封建社会把他们当作忠臣义士的典型。

⑭ 睹:看。子:您。本指海神,这里借指海。难穷:难以穷尽。穷,尽。

⑮ 殆:危险。

⑯ 长:长久,永远。大方之家:明白大道理的人。大方,大道。

⑰ 以:与。

⑱ 拘于虚也:眼界受狭小居处的局限。拘,拘束,局限。虚,通"墟",居住的地方。

⑲ 笃:固,拘限。时:时令。

⑳ 曲士:乡曲之士,指见识浅陋的人。束于教也:受所受教育的束缚。

㉑ 尔:你。崖涘:河岸。

㉒ 乃:才。丑:鄙陋。

㉓ 大理:大道理。

㉔ 盈:满。

㉕ 尾闾：神话中排泄海水的地方。

㉖ 已：停止。虚：虚空。

㉗ 此其过江河之流：海的容水量超过长江、黄河的水流。江河，长江、黄河，古称江、河。

㉘ 自多：自我夸耀。多，赞美，自负。

㉙ "自以"二句：我自以为列身于天地之间，禀受了阴阳之气。比，并，列。形，身形。

㉚ "方存"二句：正存有"自己所见甚少"的想法，又怎么会自我夸耀呢？奚以，何以，怎么。

㉛ 礨(lěi)空：蚁穴。一说，小孔穴。

㉜ 中国：这里指中原。

㉝ 稊(tí)：一种形似稗的草，果实似小米。大(tài)仓：储粮的大仓库。

㉞ 号物之数谓之万：称物的数量叫作"万"。号，称。

㉟ 人处一焉：人只是万物中的一类。处，居，占。焉，于此（于万物之中）。

㊱ 人卒九州：人尽九州，即九州都有人。一说，人卒即大众。卒，尽。九州，天下。

㊲ "谷食"二句：谷物生长的地方，车船所通达的地方。意谓九州到处有人。

㊳ 人处一焉：个人只是天下人中的一个。这里是以个人对天下人而说的，上文的"人处一焉"是以人类对万物而言的。

㊴ 此其比万物也：指个人与万物相比。

㊵ 毫末：毫毛的末梢。

㊶ 五帝：传说中的五位上古帝王，《史记》指黄帝、颛顼(Zhuānxū)、帝喾(Kù)、尧、舜。一说指伏羲、神农、黄帝、尧、舜。所连：所连续统治的。

㊷ 三王：指夏、商、周三代之君。夏禹、商汤、周武王。所争：所争夺的。

㊸ 任士：指以天下为己任的贤能之士。

㊹ 尽此矣：全在这里了，意谓就是这么一点细微的东西，正如马体之毫末。尽此，尽于此。

㊺ "伯夷"二句：伯夷以互相辞让君位而取得名声，孔子以谈说天下而显示渊博。

㊻ "此其"二句：他们这样自我夸耀，不正像你刚才因河水的上涨而自我夸耀一样吗？

【提示】

庄子的《秋水》篇由七个部分组成，本文节选了其中第一部分——河伯与海若的对话。这一部分结构完整，论证周密，可以把它作为一篇相对独立的文章来读。

这篇文章以对话方式展开，说明了这样一个道理：在无限广大的宇宙中，人的认识和作为都要受到主客观条件的制约，因而是十分有限的。简要地说，就是宇宙无限，而人的认识有限。庄子认为孔子的学问"少"，伯夷的道义"轻"，圣贤的学说是"自多"，就是基于这一宏观理念。无疑，这一中心旨意，即使在今天，也还有着消解自我中心主义和人类中心主义的积极意义。

本文善于将抽象的哲理化为具体的形象。首先,在整体构思上,作者虚构了一个河伯与海若对话的寓言故事,通过两个神话人物的对话来展开说理,阐明观点。其次,文章开头设置了一段对河水和海景的描写,以具体景物的比照来隐喻河伯与海若两种不同的认识境界,形象地渲染了文章主旨。再次,通过援譬设喻的手段,来表达深微玄奥的哲理,而所用比喻往往连类而及,层见叠出,引人联想,发人深思,从而将抽象的道理阐发得十分鲜明透彻。

此外,本文的论证方法颇有特色,经过由小到大、再由大到小的逐层推进,最后把结论自然地推到读者面前,令人信服。大量排比句和反诘句的配合运用,造成了文章滔滔莽莽的气势,增强了说理的力量,体现出庄子散文在语言方面的特色。

【思考与练习】

一、本文的主旨是什么?在客观上有何思想意义?

二、试谈本篇中的景物描写对表现主旨所起的作用。

三、举例说明本文善于援譬设喻的特点。

四、试分析本文的论证方法。

谏逐客书①

李 斯

李斯(？—前208)，战国时楚国上蔡(今属河南)人。秦代著名政治家。青年时代受学于荀子。学成，到秦国游说，得到秦王政的赏识，拜为客卿。秦统一六国后官至丞相，在秦王推进中央集权的过程中发挥了很大作用。秦二世时被权臣赵高陷害，腰斩于咸阳，夷灭三族。现存李斯著作不多，主要有《谏逐客书》《论统一书》《行督责书》和《自罪书》等，均见于司马迁撰写的《史记·李斯列传》。

臣闻吏议逐客，窃以为过矣②。

昔缪公求士③，西取由余于戎④，东得百里奚于宛⑤，迎蹇叔于宋⑥，来丕豹、公孙支于晋⑦，此五子者，不产于秦，而缪公用之，并国二十，遂霸西戎。孝公用商鞅之法⑧，移风易俗，民以殷盛，国以富彊⑨，百姓乐用，诸侯亲服，获楚、魏之师⑩，举地千里，至今治彊。惠王用张仪之计⑪，拔三川之地⑫，西并巴、蜀⑬，北收上郡⑭，南取汉中⑮，包九夷⑯，制鄢、郢⑰，东据成皋之险⑱，割膏腴之壤，遂散六国之从⑲，使之西面事秦，功施到今⑳。昭王得范雎㉑，废穰侯㉒，逐华阳㉓，彊公室㉔，杜私门，蚕食诸侯，使秦成帝业。此四君者，皆以客之功。由此观之，客何负于秦哉？向使四君却客而不内㉕，疏士而不用，是使国无富利之实，而秦无彊大之名也。

今陛下致昆山之玉㉖，有随、和之宝㉗，垂明月之珠，服太阿之剑㉘，乘纤离之马㉙，建翠凤之旗㉚，树灵鼍之鼓㉛。此数宝者，秦不生一焉，而陛下说之㉜，何也？必秦国之所生然后可，则是夜光之璧不饰朝廷，犀象之器不为玩好㉝，郑、卫之女不充后宫，而骏良駃騠不实外厩㉞，江南金锡不为用，西蜀丹青不为采。所以饰后宫充下陈、娱心意说耳目者㉟，必出于秦然后可，则是宛珠之簪㊱，傅玑之珥㊲，阿缟之衣㊳，锦绣之饰不进于前，而随俗雅化佳冶窈窕赵女不立于侧也㊴。夫击瓮叩缶弹筝搏髀㊵，而歌呼呜呜快耳者，真秦之声也；郑卫桑间㊶，昭虞武象者㊷，异国之乐也。今弃击瓮叩缶而就郑卫,退弹筝而取昭虞,若是者何也?快意当前,适观而已矣㊸。今取人则不然,不问可否,不论曲直,非秦者去,为客者逐。然则是所重者在乎色乐珠玉,而所轻者在乎人民也,此非所以跨海内、制诸侯之术也。

臣闻地广者粟多,国大者人众,兵彊则士勇。是以太山不让土壤㊹,故能成其大;河海不择细流,故能就其深㊺;王者不却众庶,故能明其德。是以地无四方,民无异国,四时充美,鬼神降福,此五帝三王之所以无敌也。今乃弃黔首以资敌国㊻,却宾客以业诸侯㊼,使天下之士退而不敢西向,裹足不入秦,此所谓藉寇兵而赍盗粮者也㊽。

夫物不产于秦,可宝者多;士不产于秦,而愿忠者众。今逐客以资敌国,损民以益仇,内自虚而外树怨于诸侯,求国无危,不可得也。

【注释】

① 本文选自《史记·李斯列传》。
② 窃:私自,自谦之词。过:错误。
③ 缪公:秦穆公,春秋五霸之一。公元前659年至前621年在位。
④ 由余:晋国人,流亡于戎。后奉西戎王之命出使秦国,被秦穆公设计收买。穆公用由余之谋伐戎,并国十二,开地千里。
⑤ 百里奚:楚国宛(今河南南阳)人。初仕虞国,晋灭虞后,他以战俘身份作为晋献公女儿的陪嫁奴仆入秦。后出走宛地,秦穆公闻其贤,用五张羊皮赎回,并拜其为相。
⑥ 蹇叔:本是岐(今陕西岐山)人,客居于宋国。因百里奚的推荐,秦穆公以厚币接他入秦任上大夫。
⑦ 丕豹:晋大夫丕郑之子。其父被杀,遂自晋奔秦。公孙支:岐州人,居于晋。他们西入秦国后,分别被穆公任为大将和大夫。
⑧ 孝公:秦孝公,公元前361年至前338年在位。商鞅:姓公孙,名鞅,卫人。入秦,劝秦孝公变法,使秦国力大盛。
⑨ 彊:同"强"。
⑩ 获楚、魏之师:指商鞅于公元前340年率秦军大破魏军,继而又战胜楚军。
⑪ 惠王:秦惠文王,公元前337年至前311年在位。张仪:魏国人,西入秦,被惠王任为相。张仪提出了用"连横"瓦解东方六国"合纵"的谋略。
⑫ 三川之地:指韩国之洛阳一带。三川,黄河、洛水、伊水。
⑬ 巴、蜀:战国时期的两个小国,分别在今重庆一带和四川中部。公元前316年,秦灭巴、蜀。
⑭ 上郡:郡名,战国魏文侯置,后为秦所夺,治肤施(今陕西榆林东南)。
⑮ 汉中:郡名,战国楚怀王置,在汉水中游,公元前312年,秦大破楚军而占取之,移治南郑(今陕西汉中东)。
⑯ 九夷:这里泛指散居在当时楚国境内的若干少数民族。

⑰ 鄢(Yān)、郢(Yǐng)：楚国先后建都的地方。鄢，今湖北宜城南。郢，今湖北荆州江陵西北。本句指公元前280年至前277年秦国攻取大片楚地事。

⑱ 成皋：又名虎牢，军事要地，在今河南荥阳西北。

⑲ 六国之从(zòng)：战国时齐、楚、赵、魏、韩、燕六国的抗秦联盟。从，通"纵"，即合纵。

⑳ 施(yì)：延，延续。

㉑ 昭王：秦昭王，公元前306年至前251年在位。范雎：魏国人，入秦后被昭王拜为相。

㉒ 穰(Rǎng)侯：即魏冉，封于穰，故称穰侯。

㉓ 华阳：华阳君，名芈(Mǐ)戎。魏冉和华阳君都是秦昭王的母亲宣太后的弟弟，专权骄横。

㉔ 公室：王室，朝廷。

㉕ 向使：当初假使。内(nà)：通"纳"，接纳。

㉖ 昆山之玉：昆仑山北麓(今新疆和田地区)所产的良玉。

㉗ 随、和之宝：随侯珠，和氏璧，都是有名的珍宝。

㉘ 太阿：宝剑名，相传为春秋时吴国的欧冶子、干将所铸。

㉙ 纤离：古代骏马名。

㉚ 翠凤之旗：用翠凤的羽毛装饰的旗。

㉛ 灵鼍(tuó)之鼓：用灵鼍皮蒙的鼓。鼍，俗名猪婆龙，即扬子鳄。

㉜ 说(yuè)：通"悦"。

㉝ 犀象之器：用犀牛角和象牙制成的器物。

㉞ 駃騠(juétí)：骏马。

㉟ 下陈：指君王殿下陈列的珍宝、姬侍。

㊱ 宛珠：宛地(靠近汉水)出产的珍珠。

㊲ 傅玑之珥(ěr)：镶着珠玑的耳饰。珥，耳环。

㊳ 阿(ē)缟(gǎo)：东阿(ē)县(今属山东)出产的白绢。

㊴ 随俗雅化：随着习俗的变化而不断改变自己娴雅的妆饰。

㊵ 击瓮叩缶(fǒu)：敲打瓦罐瓦盆。搏髀(bì)：拍着大腿。

㊶ 郑卫桑间：指郑、卫两国的民乐民歌。

㊷ 昭虞武象：昭，一作"韶"，韶虞，相传是虞舜时的乐曲名。武象，相传为周武王时的舞曲名。

㊸ 适观：适合观赏。

㊹ 太山：即泰山。让：辞，拒绝。

㊺ 就：成就，完成。

㊻ 黔首：秦代对百姓的称呼。黔，黑。

㊼ 业诸侯：使诸侯成就功业。业，这里用作动词。

㊽ 藉寇兵：借给贼寇武器。赍(jī)盗粮：送给强盗粮食。

【提示】

　　秦始皇初年,李斯以客卿身份被拜为丞相。由于客卿在秦国的势力日益增大,影响到原有贵族的利益,秦国贵族就联合起来,以韩国派水工郑国为秦国开凿水渠、阴谋消耗秦国实力事件为口实,奏请秦王驱逐客卿。于是秦王下了逐客令,李斯也在被逐之列。鉴于这一政策的重大失误,李斯遂向秦王上奏了这篇《谏逐客书》。

　　在奏疏中,李斯开门见山地提出驱逐客卿是错误的这一中心论点,随即通过历叙秦国历史上四位君主都是借重客卿致富强而成霸业的历史事实,征实没有客卿的功劳,就没有秦国今天的强盛;接着又通过铺陈秦王所喜爱的珍宝、美色、音乐都来自别的诸侯国,而独独要驱逐客卿,说明这种"重物轻人"的作为是不符合要统一天下的大政方针的;最后则从理论上阐明纳客方能不断强大、逐客就是损己助敌的利害关系,回应开头,完足驱逐客卿是错误的这一主旨。

　　这个奏疏写得有理、有力、有节,使秦王撤销了逐客令。在皇权专制时代,这种"逆鳞"作为能获得成功,是极其罕见的,由是,这篇奏疏也就得以成为传颂千古的典范议论文。究其成功之处,主要可从如下四个方面去体会:一是抓住秦王想尽快吞并六国、一统天下的最大欲望,把每个层次的着眼点和收束点,都集中到这一根本利害关系上,从而击中了要害,打动了秦王的心,这是奏疏能说服秦王的关键。二是铺陈张扬,用无可辩驳的事实说话。奏疏第二第三段泼墨最多,主要是摆事实讲道理,先以大量秦王熟识之典型而切近的事实诱导,然后用简洁切要的结语点拨,论据充分,点拨警策,从而收到了事实胜于雄辩的效果。三是正反对比,利害对举,论证切中腠理。奏疏每段的论证过程,都是从正与反、利与害两个方面展开,交织着昔与今、物与人、纳与逐、利与害、损与益、强与亡等多重鲜明对比,从而把纳客之利、逐客之害阐发得十分透辟有力。四是大量采用铺陈手法和排比句式,词采纷呈,笔力雄健,极大地增强了文章的气势、韵律和感染力、说服力。

【思考与练习】

　　一、文章意在论说逐客之过,但不直斥秦王逐客之非,而详叙秦国历代君王纳客之功和秦王所喜爱的珍宝美色,这是出于何种考虑?

　　二、中心议题是要不要驱逐客卿,但作者只字不提客卿的利益,却处处为秦国的盛衰和统一大业着想,这在策略上有何高明之处?

　　三、文中多用正反对比、利害对举的论说方法,请指出并说明其作用。

　　四、清李兆洛在《骈体文钞》中尊本文为"骈体之祖",请结合文本谈谈你的看法。

过秦论①

贾 谊

贾谊(前200—前168),洛阳(今河南洛阳东)人。西汉著名政治家、文学家。也是最早的汉赋作家之一。十八岁时就以文才出名。二十岁时被汉文帝召为博士,一年后升为太中大夫。他对当时政治提出不少改革建议,遭到周勃等权贵的忌妒、毁谤,被贬为长沙王的太傅,后人因称其为贾长沙、贾太傅。文帝七年(前173)被召回长安,任梁怀王的太傅。文帝虽赞赏他的博学,但对于他多次上疏陈述的政治主张却未采纳。后来梁怀王骑马摔死,他悲泣自责,忧闷而死。贾谊的作品,《汉书·艺文志》著录有文五十八篇,赋七篇。其文见于现存的《新书》,亦名《贾子》。

  秦孝公据崤函之固②,拥雍州之地③,君臣固守以窥周室④,有席卷天下,包举宇内,囊括四海之意,并吞八荒之心⑤。当是时也,商君佐之⑥,内立法度,务耕织,修守战之具,外连衡而斗诸侯⑦。于是秦人拱手而取西河之外⑧。

  孝公既没,惠文、武、昭襄蒙故业⑨,因遗策⑩,南取汉中,西举巴蜀,东割膏腴之地,北收要害之郡。诸侯恐惧,会盟而谋弱秦,不爱珍器重宝肥饶之地,以致天下之士⑫,合从缔交⑬,相与为一⑭。当此之时,齐有孟尝,赵有平原,楚有春申,魏有信陵⑮。此四君者,皆明智而忠信,宽厚而爱人,尊贤而重士,约从离衡⑯,兼韩、魏、燕、赵、宋、卫、中山之众⑰。于是六国之士,有宁越、徐尚、苏秦、杜赫之属为之谋⑱,齐明、周最、陈轸、召滑、楼缓、翟景、苏厉、乐毅之徒通其意⑲,吴起、孙膑、带佗、倪良、王廖、田忌、廉颇、赵奢之伦制其兵⑳。尝以十倍之地,百万之师,叩关而攻秦㉑。秦人开关延敌㉒,九国之师逡巡而不敢进㉓。秦无亡矢遗镞之费,而天下已困矣。于是从散约败,争割地而赂秦。秦有余力而制其弊,追亡逐北㉔,伏尸百万,流血漂橹㉕;因利乘便,宰割天下,分裂山河。彊国请服,弱国入朝。延及孝文王、庄襄王㉖,享国之日浅,国家无事。

及至始皇,奋六世之馀烈②,振长策而御宇内③,吞二周而亡诸侯④,履至尊而制六合㉚,执敲扑而鞭笞天下㉛,威振四海。南取百越之地㉜,以为桂林、象郡㉝,百越之君,俯首系颈㉞,委命下吏。乃使蒙恬北筑长城而守藩篱㉟,却匈奴七百余里,胡人不敢南下而牧马,士不敢弯弓而报怨。于是废先王之道,焚百家之言,以愚黔首;堕名城,杀豪杰,收天下之兵,聚之咸阳,销锋镝㊱,铸以为金人十二,以弱天下之民。然后践华为城㊲,因河为池㊳,据亿丈之高,临不测之渊以为固。良将劲弩,守要害之处;信臣精卒,陈利兵而谁何㊴。天下已定,始皇之心,自以为关中之固,金城千里㊵,子孙帝王万世之业也。

始皇既没,余威震于殊俗㊶。然陈涉瓮牖绳枢之子㊷,氓隶之人㊸,而迁徙之徒也㊹。才能不及中人,非有仲尼、墨翟之贤,陶朱、猗顿之富㊺,蹑足行伍之间,而俛起阡陌之中,率疲弊之卒,将数百之众,转而攻秦;斩木为兵,揭竿为旗,天下云合响应,赢粮而景从㊻。山东豪俊并起而亡秦族矣。

且夫天下非小弱也;雍州之地,殽函之固,自若也。陈涉之位,非尊于齐、楚、燕、赵、韩、魏、宋、卫、中山之君也;鉏耰棘矜㊼,非铦于钩戟长铩也㊽;适戍之众,非抗于九国之师也;深谋远虑,行军用兵之道,非及乡时之士也㊾。然而成败异变,功业相反,何也?试使山东之国与陈涉度长絜大㊿,比权量力,则不可同年而语矣。然秦以区区之地,致万乘之势,序八州而朝同列,百有余年矣;然后以六合为家,殽函为宫;一夫作难而七庙堕㊿,身死人手,为天下笑者,何也?仁义不施,攻守之势异也。

【注释】

① 本文选自贾谊《新书》卷一。原文一般分为上、中、下三篇,这里选的是上篇。"过秦"的"过",是过失、过错的意思,这里用作动词,"过秦"就是指责秦国的过失。

② 秦孝公:秦国的国君,名渠梁,公元前361年至前338年在位。殽函:殽山和函谷关。殽,亦作"崤"。

③ 雍州:古九州之一,今陕西、甘肃、青海一带。

④ 窥周室:暗暗地计划吞并周朝。窥,窥伺,偷看,意谓寻找机会予以吞并。

⑤ 八荒:八方荒远的地方。

⑥ 商君:商鞅。

⑦ 连衡:也作"连横",是当时秦国外交斗争的一种策略。斗诸侯:使诸侯自相斗争。

⑧ 拱手:两手相合,指毫不费力。

⑨ 惠文、武、昭襄:秦国的三位国君惠文王、武王、昭襄王。惠文王名驷,是孝公的儿子;武王是惠文王的儿子,昭襄王是武王的异母弟。蒙:有承接的意思。

⑩ 因:沿袭。

⑪ 不爱:不吝惜。

⑫ 致:招纳。

⑬ 合从:也作"合纵",是六国联合共同对付秦国的策略。

⑭ 相与为一:互相援助,成为一体。

⑮ "齐有"四句:孟尝,孟尝君,齐国的公子,姓田名文。平原,平原君,赵国的公子,名胜。春申,春申君,姓黄名歇。信陵,信陵君,魏国的公子,名无忌。

⑯ 约从离衡:相约为合从,离散秦国的连衡策略。

⑰ 韩、魏、燕、赵、宋、卫、中山:《史记·秦始皇本纪》"燕"后有"楚、齐"二字。

⑱ 宁越:赵人。徐尚:宋人。苏秦:周人,是当时的"合从长"。杜赫:周人。

⑲ 齐明:东周臣。周最:东周君的儿子。陈轸:楚人。召滑:楚臣。楼缓:魏相。翟景:魏人。苏厉:苏秦之弟。乐毅:燕将。

⑳ 吴起:卫人。孙膑:齐将。带佗:楚将。倪良、王廖:都是当时的兵家。田忌:齐将。廉颇、赵奢:都是赵将。

㉑ 叩关:指攻打函谷关。

㉒ 延敌:引敌人进来。延,引进。

㉓ 逡巡:徘徊,行而不进。

㉔ 亡:逃跑。此指败逃的敌军。北:溃败,此指败走的敌军。

㉕ 橹:盾牌。

㉖ 孝文王:秦国国君,昭襄王的儿子,在位只有三天就死了。庄襄王:孝文王的儿子,在位三年就死了。

㉗ 六世:指孝公、惠文王、武王、昭襄王、孝文王、庄襄王六代。馀烈:遗留下来的功业。

㉘ 振:挥动。策:马鞭子。御:驾御,统治。

㉙ 吞二周:吞并西周和东周。秦昭襄王五十一年(前256)灭西周,秦庄襄王元年(前249)灭东周。

㉚ 履至尊:登上帝位。六合:天地四方,指天下。

㉛ 敲扑:刑具,短的叫敲,长的叫扑。

㉜ 百越:古代越族居住在江、浙、闽、粤各地,各部族各有名称,而统称百越,也叫百粤。

㉝ 桂林、象郡:秦所置的二郡,都在今广西境内。

㉞ 俛首:低头,表示服从。俛,通"俯"。系颈:颈上系绳,表示投降。

㉟ 蒙恬:秦将。始皇时领兵三十万北逐匈奴,修筑长城。

㊱ 锋镝(dí):泛指兵器。锋,刀尖;镝,箭头。

㊲ 践华为城:依凭着华山当作城墙。

㊳ 因河为池:顺沿着黄河当作池(护城河)。

㊴ 谁何:指盘诘查问,代词用作动词。

㊵ 金城:坚固的城池。

㊶ 殊俗:不同的风俗,指边远地区。

㊷ 瓮牖(yǒu)绳枢:以破瓮作窗户,以草绳系户枢,形容家里穷。

㊸ 氓(méng):民。隶:奴隶。

㊹ 迁徙之徒:被征发的人,指陈涉被征发戍守渔阳而言。

㊺ 陶朱:春秋时越国的范蠡。他帮助越王勾践灭吴后,离开越国,跑到陶,自称陶朱公。他善于经营生计,后人常以“陶朱”为富人的代称。猗顿:春秋时鲁国人。他向陶朱公学致富之术,大畜牛羊于猗氏(今山西临猗一带)南部,积累了很多的财物。

㊻ 赢粮:担着粮食。赢,担负。景从:如影随形地跟着。景,通“影”。

㊼ 鉏耰(yōu)棘矜(jīn):鉏,同“锄”。耰,锄柄。棘,通“戟”。矜,戟柄。

㊽ 铦(xiān):锋利。钩戟:有钩的戟。长铩(shā):长矛。

㊾ 乡(xiàng)时:先前。乡,同“向”。

㊿ 度长絜(xié)大:量量长(短),比比大(小)。絜,衡量。

(51) 七庙:天子的宗庙。周制天子祀祖立七庙。

【提示】

战国时期,秦国借商鞅变法之力强大起来,灭掉诸侯列国,建立了中央集权的强大帝国;但这个庞然大物却不堪一击,迅即灭亡。这是为什么?历史的教训值得借鉴。贾谊写《过秦论》的意图,就是要剖析秦始皇的失误,以警戒当世君主记取秦帝国短命的教训,避免重蹈覆辙,正如他在《过秦论》下篇中所说的:“前事之不忘,后之师也。”

文章的中心旨意是:秦帝国速亡的原因在于“仁义不施”。这一中心论点,与孔子的“仁爱”理念,孟子的“仁政”理想,是一脉相承的。儒家的这一传统思想,虽然始终放射着诱人的光芒,但在长期的封建社会却始终不可能真正实行,那是由于它与皇权专制政体相抵牾的缘故。

通过铺陈历史事实彰显意理,是本文在整体建构上的显著特点。全文铺陈史实,只于最后一句点明主旨,并无逻辑推演,但意理自明。这是因为秦帝国因暴政而速亡的历史事实十分突出,只要把超强而速崩的实情予以充分张扬,“仁义不施,攻守之势异也(不施行仁政,是强势进攻还是颓势挨打的局势也就发生了根本变化)”的结论,也就不言而喻了。这是事实胜于雄辩的典型例证。

通过强烈的对比反衬来透析意理,是本文的主要表达方法。文中的对比反衬是双层的:第一层是六国与秦国、六国与陈涉的对比,以强大的六国却被秦国“不战而屈”来反衬秦国的更加强大,以六国的强大对比陈涉的“弱小疲敝”来反衬陈涉的微不足道;第二层是陈涉与秦国的对比,比六国微弱得不值一提的陈涉,“斩木为兵,揭竿为旗”,竟然能“天下云合响应”,“豪俊并起”,一举灭掉了比六国还要强大的秦国。

多层反差极大的对比反衬,将"攻守之势"的"异"彰显得十分鲜明,于是秦帝国"仁义不施"而速亡的教训,就被鞭辟得更加精深警策了。

胸有成竹,感情充沛,纵横驰骋,文笔扬厉,造成了本文滔滔滚滚的恢宏气势;而骈赋体式的浸润,洋洋洒洒的铺陈手法,重重叠叠的排比句式,又使这恢宏气势不仅具有朗朗上口的畅达,而且富含一唱三叹的韵味。

【思考与练习】

一、前人指出,贾谊作强秦与陈涉之比,有卵石之异,但结果却是卵能碎石。对此,作者的结论是什么?你的看法如何?

二、《谏逐客书》一发端就提出文章主旨,《过秦论》到文章最后才点明主旨,你认为两者采取不同建构的原因有哪些?

三、试解释本文所采用的双层对比反衬手法,并说明其表达效果。

四、你认为本文的恢宏气势是由哪些因素造成的?

五、对"仁义不施,攻守之势异也"这一思想,今天是否仍有借鉴意义?

五代史伶官传序①

欧阳修

欧阳修(1007—1072),字永叔,号醉翁,晚年自称六一居士。北宋庐陵(今江西吉安)人。早年丧父,家境贫寒,母亲郑氏以芦荻代笔,泥沙代纸,教他读书写字。宋仁宗天圣八年(1030)进士。支持范仲淹的"庆历革新",遭到守旧派的排挤和打击,屡遭贬谪。晚年官至枢密副使、参知政事。王安石执政后,辞官退隐,死后追赠为太师,谥文忠。

欧阳修是北宋诗文革新运动的领袖,反对宋初以来追求形式的靡丽文风,主张文章应"明道""致用""事信""言文"。在散文、诗词等方面他都有很高的成就。其散文说理畅达,抒情委婉。有《欧阳文忠公集》《新五代史》和《新唐书》(与宋祁合撰)。

呜呼!盛衰之理,虽曰天命,岂非人事哉②!原庄宗之所以得天下③,与其所以失之者,可以知之矣④。

世言晋王之将终也⑤,以三矢赐庄宗而告之曰:"梁,吾仇也⑥;燕王,吾所立⑦;契丹与吾约为兄弟,而皆背晋以归梁⑧。此三者,吾遗恨也。与尔三矢,尔其无忘乃父之志⑨!"庄宗受而藏之于庙⑩,其后用兵,则遣从事以一少牢告庙⑪,请其矢,盛以锦囊,负而前驱,及凯旋而纳之⑫。方其系燕父子以组⑬,函梁君臣之首⑭,入于太庙,还矢先王,而告以成功,其意气之盛,可谓壮哉!及仇雠已灭⑮,天下已定,一夫夜呼,乱者四应,仓皇东出,未及见贼而士卒离散,君臣相顾,不知所归,至于誓天断发,泣下沾襟⑯,何其衰也⑰!岂得之难而失之易欤?抑本其成败之迹,而皆自于人欤⑱?

《书》曰:"满招损,谦得益⑲。"忧劳可以兴国,逸豫可以亡身⑳,自然之理也。故方其盛也,举天下之豪杰㉑,莫能与之争;及其衰也,数十伶人困之,而身死国灭,为天下笑㉒。夫祸患常积于忽微㉓,而智勇多困于所溺㉔,岂独伶人也哉㉕!

作《伶官传》。

【注释】

① 本文选自《新五代史·伶官传》。后人为了将宋初薛居正所编《五代史》和欧阳修所编《五代史》区别开来,通常称薛著为《旧五代史》,欧著为《新五代史》。五代:指唐朝崩溃后在中原更替的后梁、后唐、后晋、后汉、后周五个王朝。伶官:宫廷授有官职的伶人。伶,古时称演戏、歌舞、作乐的人。

② "虽曰"二句:虽然说是上天的意志,难道不是人为的吗?

③ 原:推究,推本求源。庄宗:李存勖(xù),唐末西突厥沙陀部族的首领,消灭后梁称帝,建立后唐。

④ 之:指代"盛衰之理,虽曰天命,岂非人事哉"的道理。

⑤ 世言:世人说。晋王:指李存勖的父亲李克用,因出兵帮助唐王朝镇压黄巢起义有功,封陇西郡王,后又封为晋王。

⑥ 梁,吾仇也:朱温,原为黄巢将领,降唐后,改名朱全忠,受封为梁王。后篡夺唐王朝政权,国号梁,都汴州,又迁都洛阳。朱温曾经想杀害李克用。

⑦ 燕王,吾所立:燕王,指刘仁恭。刘本为幽州将,李克用帮他夺得幽州,并保举他为卢龙节度使,故曰"吾所立"。不久,刘仁恭叛唐归梁。后来朱全忠封他的儿子刘守光为燕王。这里称刘仁恭为燕王,是笼统的说法。

⑧ 契丹:唐末北方少数民族,这里指契丹族首领耶律阿保机。李克用曾与他结拜为兄弟,约定合力举兵灭梁。后来耶律阿保机背约,与梁通好。

⑨ 其:语气副词,表示期望、命令的语气。乃:你的。

⑩ 庙:太庙,帝王祭祀祖先的宗庙。

⑪ 从事:这里指负责具体事务的官员。一少牢:用猪、羊各一头作祭品(祭祀时,牛、猪、羊三牲齐备,称太牢)。牢,祭祀用的牲畜。告:祷告。

⑫ 及:等到。纳:放回。

⑬ 方:当……时。系燕父子以组:912年李存勖遣将攻破幽州,俘获刘仁恭,追捕了刘守光,押回太原,献于太庙。系(jì),捆绑。组,丝带,这里指绳索。

⑭ 函梁君臣之首:923年,李存勖攻破大梁。梁末皇帝朱友贞(朱温的儿子)命令部将皇甫麟将自己杀死,随即皇甫麟也刎颈自杀。函,木匣,这里意为用木匣装盛,名词作动词用。

⑮ 仇雠(chóu):仇敌。

⑯ "一夫"八句:926年,驻扎贝州(今河北清河)的军人皇甫晖因夜间聚赌不胜,发动兵变,攻入邺城(今河北临漳)。邢州(今河北邢台)和沧州(今属河北)的驻军相继兵变响应。庄宗派李嗣源(李克用养子)前往镇压,不料李嗣源被部下拥立为帝,联合邺城乱军向京都洛阳进击。庄宗慌慌张张地率军东进,至万胜镇,闻李嗣源已占据大梁(开封),被迫引兵折回,到洛阳城东的石桥,置酒悲泣,部将元行钦等百余人,剪断头发,向天立誓,表示以死报国,君臣相顾哭泣。一夫,一个人,指皇甫晖。仓皇,匆促,慌张。

⑰ 何其衰也:多么衰败啊!

⑱ "岂得"三句:难道是因为得天下困难、失天下容易的缘故吗?或者认真推究他成败的原委,其实都是由于人为的呢?抑,或,还。本,推究本源,名词作动词用。自,由于。

⑲ 《书》:即《尚书》。"满招损,谦得益":见《尚书·大禹谟》,原文是"满招损,谦受益"。

⑳ 忧劳:忧患勤劳。逸豫:逍遥游乐,不能居安思危。

㉑ 举:全,尽。

㉒ "数十伶人"三句:庄宗灭梁后,宠用伶人,纵情声色,朝政日非。继李嗣源兵变后,伶人出身的皇帝近卫军首领郭从谦乘机作乱,庄宗中流矢而死。国灭,庄宗死后,李嗣源即位,称为明宗,后唐并未灭亡。不过李嗣源是李克用的养子,并非嫡传,按照当时的传统观念来看,也可以说是"国灭"。

㉓ 积于忽微:从细微小事逐渐积累起来。

㉔ 所溺:沉溺迷爱的人或事物。

㉕ 岂独伶人也哉:难道仅仅是伶人吗?

【提示】

这是一篇著名的史论。作者认为,国家的盛衰、事业的成败,主要取决于人事,取决于执政者的思想行为。并扼要提出"忧劳可以兴国,逸豫可以亡身"、"祸患常积于忽微,而智勇多困于所溺"等具体论断,精辟透彻,发人深省。

本文阐明观点的主要论据,是五代后唐庄宗李存勖先盛后衰、先成后败的历史事实,例据典型而有说服力。在写法上,则欲抑而先扬,先极赞庄宗成功时意气之"壮",再叹其失败时形势之"衰",通过盛与衰、兴与亡、得与失、成与败的强烈对比,突出庄宗历史悲剧的根由所在,使"本其成败之迹,而皆自于人"的结论,显得更加令人信服。

文章笔力雄健而有气势,行文跌宕顿挫,表达情见乎辞,篇幅虽然短小,却是一篇搏兔而用全力之作。

【思考与练习】

一、谈谈本文的中心论点和有关警句对我们有什么启迪作用。

二、试以本文第二段为例,说明作者是如何运用对比手法进行论证的。

三、识别文中所运用的理论论据和事实论据,并说明其作用。

论 毅 力①

梁启超

梁启超(1873—1929),字卓如,号任公,别署饮冰室主人,广东新会人。光绪举人。他是中国近代思想界的一个主要代表人物,最早用资产阶级史学观点和方法来研究中国历史,也是最早高度评价和极力提倡小说创作的人。作为资产阶级启蒙思想家,早期他曾起过积极的作用,产生广泛的影响。他是变法维新派领袖康有为的学生,两人主张一致,号称"康梁"。戊戌变法前,曾主办《时务报》,推动了维新运动。变法失败后,他流亡日本,主编《清议报》《新民丛报》,宣传立宪保皇。辛亥革命后,历任司法总长、财政总长等职,晚年任清华大学国学研究院教授。他著作丰富,文章流畅,感情奔放,颇有特色。有《饮冰室合集》。

天下古今成败之林,若是其莽然不一途也②。要其何以成,何以败③?曰:有毅力者成,反是者败。

盖人生历程,大抵逆境居十六七,顺境亦居十三四,而顺逆两境又常相间以迭乘④。无论事之大小,必有数次乃至十数次之阻力,其阻力虽或大或小,而要之必无可逃避者也⑤。其在志力薄弱之士,始固曰吾欲云云⑥,吾欲云云,其意以为天下事固易易也,及骤尝焉而阻力猝来⑦,颓然丧矣⑧;其次弱者,乘一时之意气,透过此第一关,遇再挫而退;稍强者,遇三四挫而退;更稍强者,遇五六挫而退;其事愈大者,其遇挫愈多,其不退也愈难,非至强之人,未有能善于其终者也。

夫苟其挫而不退矣,则小逆之后,必有小顺;大逆之后,必有大顺。盘根错节之既经⑨,而随有应刃而解之一日。旁观者徒艳羡其功之成⑩,以为是殆幸运儿⑪,而天有以宠彼也⑫,又以为我蹇于遭逢⑬,故所就不彼若也。庸讵知所谓蹇焉、幸焉者⑭,皆彼与我之相同,而其能征服此蹇焉,利用此幸焉与否,即彼成我败所由判也⑮。更譬诸操舟⑯,如以兼旬之期,行千里之地者,其间风潮之或顺或逆,常相参伍⑰。彼以坚苦忍耐之力,冒其逆而突过之⑱,而后得从容以进度其顺。我则或一日而返焉,或二三日而返焉,或五六日而返焉,故彼岸终不可达也。

孔子曰:"譬如为山,未成一篑,止,吾止也;譬如平地,虽覆一篑,进,吾往也⑲。"孟子曰:"有为者,譬若掘井,掘井九仞,而不及泉,犹为弃井也⑳。"成败之数㉑,视此而已。

【注释】

① 本篇节选自《饮冰室合集》中的《专集·新民说》第十五节,是作者在"百日维新"失败后不久写的。梁启超借此勉励处于逆境的同人,不要因一时受挫而灰心,鼓励他们克服困难,继续前进。

② "天下"二句:意为从古到今,人们事业的成败,经验教训众多,呈现出种种不一的情况、途径。莽然,广大众多的样子。

③ 要:概括地推究。何以:为什么。

④ 相间:互相穿插。迭乘:交替地呈现。

⑤ 要之:总之。

⑥ 固:必然,一定。吾欲云云:我要怎样怎样,指提出主观想法。

⑦ 及:等到。骤:很快地。尝:尝试,经历。猝(cù):突然。

⑧ 颓:倒塌。丧:灰心丧气。

⑨ 盘根错节:树木根干枝节回绕交错。以喻事情的繁难复杂。

⑩ 艳羡:非常羡慕。

⑪ 殆:大概是。

⑫ "而天"句:上天特别有爱于他。

⑬ 蹇(jiǎn):跛足,引申为艰难、困厄。遭逢:遭遇。

⑭ 庸讵(jù):岂,怎么。

⑮ 判:分开,区别。

⑯ 操舟:驾驶船。

⑰ 参伍:交相错杂。

⑱ 冒其逆句:顶着逆风恶浪而突破、通过这一难关。

⑲ "譬如为山"二句:见《论语·子罕》。篑(kuì),盛土的竹筐。平,填平。

⑳ "有为者"五句:见《孟子·尽心上》。仞(rèn),古代长度单位。周制以八尺为一仞,汉制以七尺为一仞。弃井,废井。

㉑ 数(shù):天数,含有规律的意思。

【提示】

本文论述毅力对事业成败的重要作用,明确提出了"有毅力者成,反是者败"的观点,并强调只有毅力至强者方能取得事业的最终成功。其意图在于激励当时投身资产阶级改良运动的志士仁人,不要因一时的挫折而灰心丧气,而应以坚韧的毅力去战胜逆境,争取成功,有着很强的现实针对性。而其思想认识及其所阐发的事理,对我们如何处置人生道路上的不同境遇,如何面对工作和学习上的困难,同样具有不容忽视的指导意义。

文章从人生必遇顺逆两境、顺逆两境可以互相转化、贵在坚持三方面进行论证,自始至终运用了正反对举的说理方法。作者从成与败、顺与逆、强与弱、彼与我等多个方面比照阐发,把毅力的重要性说得十分透彻。层递和比喻等修辞手法的运用,不仅增强了说理的逻辑力量,也使道理显得深入浅出。

作者眼界宏阔,思路活跃,文章论证周密,结构严谨,很见功力。

【思考与练习】

一、结合自身经验,谈谈本文所说道理有何启发意义。

二、本文是如何在论证过程中贯串正反对举方法的?请作具体分析。

三、指出文中运用层递手法的地方,并说明其作用。

容忍与自由①

胡 适

胡适(1891—1962),初名嗣穈,学名洪骍,字适之,安徽绩溪人。现代著名诗人、文史学者、思想家。青年时代留学美国,攻读哲学、文学,受赫胥黎、杜威思想影响较大。1917年回国后,任北京大学教授,宣扬民主、科学,倡导反封建的新文化运动,发表《文学改良刍议》《文学进化观念与戏剧改良》等文章,率先从事白话新诗与文学史的写作,成为五四新文学运动的一位主要代表人物。

胡适在我国哲学史、文学史、古典小说和古籍整理等多个领域的研究工作中,都有重要成果。主要著作有《尝试集》《白话文学史》《中国哲学史大纲》《中国章回小说考证》《胡适文存》(共三集)等。

十七八年前,我最后一次会见了母校康耐尔大学的史学大师布尔先生(George Lincoln Burr)。我们谈到英国史学大师阿克顿(Lord Acton)一生准备要著作一部"自由之史",没有完成他就死了。布尔先生那天谈话很多,有一句话我至今没有忘记。他说:"我年纪越大,越感觉到容忍(tolerance)比自由还更重要。"

布尔先生死了十多年了,他这句话我越想越觉得是一句不可磨灭的格言。我自己也有"年纪越大,越觉得容忍比自由还更重要"的感想。有时我竟觉得容忍是一切自由的根本:没有容忍,就没有自由。

我十七岁的时候(1908)曾在《竞业旬报》上发表几条"无鬼丛话",其中有一条是痛骂小说《西游记》和《封神榜》的,我说:

　　《王制》有之②:"假于鬼神时日卜筮以疑众③,杀。"吾独怪夫数千年来之掌治权者,之以济世明道自期者④,乃懵然不之注意⑤,惑世诬民之学说得以大行,遂举我神州民族投诸极黑暗之世界!……

这是一个小孩子很不容忍的"卫道"态度。我那时候已是一个无鬼论者,所以发出那样摧除迷信的狂论,要实行《王制》的"假于鬼神时日卜筮以疑众,杀"的一条经典。

我在那时候当然没有梦想到说这话的小孩子在十五年后(1923)会很热心的给《西游记》作两万字的考证!我在那时候当然更没有想到那个小孩子在二三十年后还时时留心搜求可以考证《封神榜》的作者的材料!我在那时候也完全没有想想《王制》那句话的历史意义。那一段《王制》的全文是这样的:

> 析言破律,乱名改作,执左道以乱政⑥,杀。作淫声异服奇技异器以疑众⑦,杀。行伪而坚,言伪而辩,学非而博,顺非而泽以疑众⑧,杀。假于鬼神时日卜筮以疑众,杀。此四诛者,不以听⑨。

我在五十年前,完全没有懂得这一段话的"诛"正是中国专制体制下禁止新思想、新学术、新信仰、新艺术的经典的根据。我在那时候抱着"破除迷信"的热心,所以拥护那"四诛"之中的第四诛:"假于鬼神时日卜筮以疑众,杀。"我当时完全没有想到第四诛的"假于鬼神……以疑众"和第一诛的"执左道以乱政"的两条罪名都可以用来摧残宗教信仰的自由。我当时也完全没有注意到郑玄注里用了公输般作"奇技异器"的例子⑩,更没有注意到孔颖达《正义》里举了"孔子为鲁司寇七日而诛少正卯"的例子⑪来解释"行伪而坚,言伪而辩,学非而博,顺非而泽以疑众,杀"。故第二诛可以用来禁绝艺术创作的自由,也可以用来"杀"许多发明"奇技异器"的科学家。故第三诛可以用来摧残思想的自由,言论的自由,著作出版的自由。

我在五十年前引用了《王制》第四诛,要"杀"《西游记》《封神榜》的作者。那时候我当然没有梦想到十年之后我在北京大学教书时就有一些同样"卫道"的正人君子也想引用《王制》的第三诛,要"杀"我和我的朋友,当年我要"杀"人,后来人要"杀"我;动机是一样的:都是因为动了一点正义的火气,就失掉容忍的度量了。

我自己叙述五十年前主张"假于鬼神时日卜筮以疑众,杀"的故事,为的是要说明我年纪越大,越觉得"容忍"比"自由"还更重要。

我到今天还是一个无神论者,我不信有一个有意志的神,我也不信灵魂不朽的说法。

我自己总觉得,这个国家、这个社会、这个世界,绝大多数人信神的,居然能有这雅量,能容忍我的无神论,能容忍我这个不信神不信灵魂不灭的人,能容忍我在国内和国外自由发表我的无神论的思想,从没有人因此用石头掷我,把我关在监狱里,或把我捆在柴堆上用火烧死。我在这个世界里居然享受了四十多年的容忍与自由。我觉得这个国家、这个社会、这个世界对我的容忍态度是可爱的,是可以感激的。

所以我自己总觉得我应该用容忍的态度来报答社会对我的容忍。所以我自己不信神,但我能诚心的谅解一切信神的人,也能诚心的容忍并且敬重一切信仰有神的宗教。

我要用容忍的态度来报答社会对我的容忍,因为我年纪越大,我越觉得容忍的重要意义。若社会没有这点容忍的气度,我决不能享受四十多年的大胆怀疑的自由,公开主张无神论的自由了。

在宗教自由史上,在思想自由史上,在政治自由史上,我们都可以看见容忍的态度是最难得、最稀有的态度。人类的习惯是喜同而恶异的,总不喜欢和自己不同的信仰、思想、行为。这就是不容忍的根源。不容忍只是不能容忍和我自己不同的新思想和新信仰。一个宗教团体总相信自己的宗教信仰是对的,是不会错的,所以它总相信那些和自己不同的宗教信仰必定是错的,必定是异端,邪教。一个政治团体总相信自己的政治主张是对的,是不会错的,所以它总相信那些和自己不同的政治见解必定是错的,必定是敌人。

一切对异端的迫害,一切对"异己"的摧残,一切宗教自由的禁止,一切思想言论的被压迫,都由于这一点深信自己是不会错的心理。因为深信自己是不会错的,所以不能容忍任何和自己不同的思想信仰了。

试看欧洲的宗教革新运动的历史。马丁·路德(Martin Luther)和约翰·高尔文(John Calvin)等人起来革新宗教⑫,本来是因为他们不满意于罗马旧教的种种不容忍,种种不自由。但是新教在中欧、北欧胜利之后,新教的领袖们又都渐渐走上了不容忍的路上去,也不容许别人起来批评他们的新教条了。高尔文在日内瓦掌握了宗教大权,居然会把一个敢独立思想、敢批评高尔文的教条的学者塞维图斯(Servetus)定了"异端邪说"的罪名,把他用铁链锁在木桩上,堆起柴来,慢慢的活烧死。这是1553年10月23日的事。

这个殉道者塞维图斯的惨史⑬,最值得人们的追念和反省。宗教革新运动原来的目标是要争取"基督教的人的自由"和"良心的自由"。何以高尔文和他的信徒们居然会把一位独立思想的新教徒用慢慢的火烧死呢?何以高尔文的门徒(后来继任高尔文为日内瓦的宗教独裁者)柏时(Beze)竟会宣言"良心的自由是魔鬼的教条"呢?

基本的原因还是那一点深信我自己是"不会错的"的心理。像高尔文那样虔诚的宗教改革家,他自己深信他的良心确是代表上帝的命令,他的口和他的笔确是代表上帝的意志,那么他的意见还会错吗?他还有错误的可能吗?在塞维图斯被烧死之后,高尔文曾受到不少人的批评。1554年,高尔文发表一篇文字为他自己辩护,他毫不迟疑地说:"严厉惩治邪说者的权威是无可疑的,因为这就是上帝自己的说话。……这工作是为上帝的光荣的战斗。"

上帝自己的说话,还会错吗?为上帝的光荣作战,还会错吗?这一点"我不会错"的心理,就是一切不容忍的根苗。深信我自己的信念没有错误的可能(infallible),我的意见就是"正义",反对我的人当然都是"邪说"了。我的意见代表上帝的意旨,反对我的人的意见当然都是"魔鬼的教条"了。

这是宗教自由史给我们的教训:容忍是一切自由的根本;没有容忍"异己"的雅量,就不会承认"异己"的宗教信仰可以享受自由。但因为不容忍的态度是基于"我们的信念不会错"的心理习惯,所以容忍"异己"是最难得、最不容易养成的雅量。

在政治思想上,在社会问题的讨论上,我们同样的感觉到不容忍是常见的,而容忍总是很稀有的。我试举一个死了的老朋友的故事作例子。四十多年前,我们在《新青年》杂志上开始提倡白话文学的运动,我曾从美国寄信给陈独秀,我说:

此事之是非,非一朝一夕所能定,亦非一二人所能定。甚愿国中人士能平心静气与吾辈同力研究此问题。讨论既熟,是非自明。吾辈已张革命之旗,虽不容退缩,然亦决不敢以吾辈所主张为必是而不容他人之匡正也。

独秀在《新青年》上答我道:

鄙意容纳异议,自由讨论,固为学术发达之原则,独于改良中国文学当以白话为正宗之说,其是非甚明,必不容反对者有讨论之余地;必以吾辈所主张者为绝对之是,而不容他人之匡正也。……

我当时就觉得这是很武断的态度。现在四十多年之后,我还忘不了陈独秀这一句话,我还觉得这种"必以吾辈所主张者为绝对之是"的态度是很不容忍的态度,是最容易引起别人的恶感,是最容易引起反对的。

我曾说过,我应该用容忍的态度来报答社会对我的容忍。现在常常想,我们还得戒律自己⑭:我们若想别人容忍谅解我们的见解,我们必须先养成能够容忍谅解别人的见解的度量。至少至少我们应该戒约自己决不可"以吾辈所主张者为绝对之是"。我们受过实验主义的训练的人,本来就不承认有"绝对之是",更不可以"以吾辈所主张者为绝对之是"。

【注释】

① 本文原刊于台湾省出版的《自由中国》1959年3月14日第26卷第6期。选入《中国新文学大系》(1949—1976)《杂文卷》,上海文艺出版社1997年11月第1版。

② 《王制》:儒家经典《礼记》中的一篇。《礼记》是秦汉以前各种礼仪论著的选集,共有《王制》《礼运》《学记》《乐记》《中庸》《大学》等49篇。相传是西汉戴胜所编纂。《王制》比较系统地记述了有关封国、爵禄、朝觐、丧祭、巡狩、刑政、学校等典章制度,内容与实际的商周礼制不尽相符。

③ 假于鬼神时日卜筮(shì)以疑众:假借鬼神的名义,经常用蓍草占卜的迷信举动来蛊惑民众。

④ 以济世明道自期者:期望自己能够成为补救时艰、阐明事理的人。

⑤ 懵(měng)然:糊里糊涂、不明事理的样子。

⑥ 析言破律:曲解圣贤之言,破坏既定法制。乱名改作:扰乱名物概念,改变行为规范。左道:旁门邪道。

⑦ 淫声异服奇技异器:放荡音乐、奇异服装、怪诞技法、奇异器物。《礼记》原作"奇技奇器"。

⑧ 行伪而坚:行为虚伪却固执己见。言伪而辩:言论虚伪却巧言善辩。学非而博:学理错误却驳杂恣肆。顺非而泽:依从错误却文过饰非。

⑨ 不以听:不必再审问和听取意见。

⑩ 郑玄注:汉代郑玄对《礼记》的注释。公输般:春秋时鲁国人,公输氏,名般,亦作班、盘,通称鲁班。古代建筑大匠,被后代奉为木工的祖师。曾创造攻城的云梯、磨粉的硙(wèi)等多种奇巧的木制工具。

⑪ 孔颖达《正义》:唐代孔颖达的《礼记正义》一书。少正卯:孔子同时代人。据《荀子·宥坐》所说,孔子在鲁国摄政第七日就杀了少正卯,理由是少正卯犯有《王制》里所说的"四诛"等罪恶。清代学者经考证,对孔子诛少正卯一事多持怀疑态度。

⑫ 马丁·路德和约翰·高尔文:1517年,德国马丁·路德发表《九十五条论纲》,揭开欧洲宗教革新运动的序幕,反对教皇对各国教会的控制,要求建立适合君主专制的新教会、新教义,深得市民上层和一部分德国诸侯的支持。法国高尔文受马丁·路德影响,1533年改信新教,建立新教教会,废除主教制,代之以长老制,在日内瓦建成政教合一的神权体制,成为一个宗教独裁者,其主张和信条适合资产阶级激进派的要求。后曾以"异端"罪名,处死西班牙科学家塞维图斯等多人。高尔文,或译为高加文;塞维图斯,或译为塞尔维特。

⑬ 殉(xùn)道者:为维护所崇敬的信仰、道理而牺牲自己生命的人。

⑭ 戒律:警戒,约束。

【提示】

本文的中心论点是"没有容忍,就没有自由"。作者分三个层次来阐发这一中心论点:首先从"年纪越大,越觉得容忍比自由还更重要"说起,说明"容忍是一切自由的根本";接着指出"人类的习惯是喜同而恶异",揭示出容忍难以实行的心理根源;最后则指出"必以吾辈所主张者为绝对之是"的态度是极其错误的,强调"绝对之是"根本不存在。显然,这三个层次是逐层深入的。

从个人经验说到宗教史,再说到政治思想,视野广阔,体现出容忍是一种普适理念。人性上的普遍"喜同恶异",心理上的总觉得自己"不会错",政治上的经常标榜"绝对之是",充分显示出容忍度量的难能可贵。而不承认"绝对之是"的存在,则是建立在"宇宙无限、人的认识有限"理性观念基础之上的明智态度。无疑,在这些关于容忍的理念、度量和态度中,渗透着一个精神内核,那就是和而不同。面对当今多极并立的世界、多元共存的文化,包涵容忍雅量在内的和而不同原则,越来越显现出它的普遍积极意义。

本文善于运用例证法来阐发道理。作者年少时援引《王制》专制律条痛骂《西游记》和《封神榜》,宗教史上高尔文活活烧死塞维图斯等科学家,提倡白话文时陈独秀"不容反对者有讨论之余地",这三个典型例证,分别证明了文章中三个层次的分论点,都具有十分鲜明而强劲的启示力和说服力,作者无须多说,读者就能从事例本身悟出诸多至理深意。

文章从自身的经验谈起,坦诚地进行自我反思和批判,以身说法,拉近了作者与读者的心灵距离,极具亲和力。作者不摆理论架势,将至理深意融化在平易的白话之中,剀切道来,排除了读者阅读和理解的障碍,极易被读者接受。这种文笔和态度,充分体现出胡适所倡导的"言之有物、明白清楚"的文风。这种文风,是一种胸有成竹、透彻于心、而后返璞归真、深入浅出的极高境界,故被誉为"大家风范"。

【思考与练习】

一、谈谈你对"容忍"与"自由"之关系的理解。

二、胡适认为不存在"绝对之是",你的看法如何?

三、识记文中的三个例证及其所说明的道理。

四、谈谈本文"言之有物、明白清楚"的大家风范。

咬文嚼字①

朱光潜

朱光潜(1897—1986)，安徽桐城人。我国现当代著名的美学家和文艺理论家。青年时代曾赴欧洲留学，致力于文学、心理学与哲学的研究。这些领域的广博知识，不仅为他的美学研究提供了良好的基础，而且促成了他后来将三者熔为一炉的美学思想的形成。1933年回国后，历任北京大学、四川大学、武汉大学教授。1946年后他一直在北京大学任教，讲授美学与西方文学。

代表作有《悲剧心理学》《文艺心理学》《西方美学史》等。其《谈文学》和《谈美书简》等理论读物，深入浅出，内容切实，文笔流畅，对初学文学写作和文艺理论的读者颇多启迪。

郭沫若先生的剧本《屈原》里婵娟骂宋玉说："你是没有骨气的文人！"上演时他自己在台下听，嫌这话不够味，想在"没有骨气的"下面加"无耻的"三个字。一位演员提醒他把"是"改为"这"，"你这没有骨气的文人！"就够味了。他觉得"这"字改得很恰当，他研究"这"两种语法的强弱不同，以为"你是什么"只是单纯的叙述语，没有更多的意义，有时或许竟会"不是"；"你这什么"便是坚决的判断，而且附带语省略去了。根据这种见解，他把另一文里"你有革命家的风度"一句话改为"你这革命家的风度"（参见《文学创作》第四期郭沫若《札记四则》）。

这是炼字的好例。我们不妨借此把炼字的道理研究一番。那位演员把"是"改为"这"，确是改得好，不过郭先生如果记得《水浒》，就会明白一般民众骂人，都用"你这什么"式语法。石秀骂梁中书说②："你这与奴才做奴才的奴才！"杨雄醉骂潘巧云说③："你这贱人！你这淫妇！你这你这大虫口里流涎！你这你这……"一口气就骂了六个"你这"。看这些实例，"你这什么！"倒不仅是"坚决的判断"而是带有极端憎恶的惊叹语，表现着强烈的情感。"你是什么"便只是不带情感的判断，纵有情感也不能在文字本身上见出。不过它也不一定就是"单纯的叙述语，没有更多的含义"。《红楼梦》里茗烟骂金荣说④："你是个好小子，出来动一动你茗大爷！"这里"你是"含有假定语气，也带"你不是"一点讥刺的意味，如果改成"你这好小子！"神情就完全不对了。从此可知"你这"式语法并非在任何情形之下都比"你是"式语法来得更有力。其次，郭先生援例把"你有革命家的风度"改为"你这革命家的风度"，似乎改得并不很妥。一、"你这"式语法大半表示深恶痛嫉，在赞美时便不适宜。二、"是"在逻辑上是联接词（copula），相当于等号；"有"的性质全不同。在"你有革命家的风度"一句中"风度"是动词的宾词；在"你这革命家的风度"中"风度"便变成主词，和"你（的）"平行根本不成一句话。

　　这番话不免啰嗦，但是我们原在咬文嚼字，非这样锱铢必较不可。咬文嚼字有时是一个坏习惯，所以这个成语的涵义通常不很好。但是在文学，无论阅读或写作，我们必须有一字不肯放松的谨严。文学借文字表现思想感情；文字上面有含糊，就显得思想还没有透彻，情感还没有凝炼。咬文嚼字，在表面上像只是斟酌文字的分量，在实际上就是调整思想和情感。从来没有一句话换一个说法而意味仍完全不变。例如《史记》李广射虎一段⑤："（李广）见草中石，以为虎而射之，中石没镞，视之，石也。因复更射之，终不能复入石矣。"这本是一段好文章，王若虚在《史记辨惑》里说它"凡多三石字"⑥，当改为："以为虎而射之，没镞，既知其为石，因更复射，终不能入。"或改为："尝见草中有虎，射之，没镞。视之，石也。"在表面上改的似乎简洁些，却实在远不如原文。"见草中石，以为虎"并非"见草中有虎"。原文"视之，石也"有发现错误而惊讶的意味。改为"既知其为石"便失去这意味。原文"终不能复入石矣"有失望而放弃得很斩截的意味，改为"终不能入"便觉索然无味。这种分别稍有文字敏感的人细心玩索一番，自会明白。

　　一般人根本不了解文字和思想情感的密切关系，以为更改一两个字不过是要文字顺畅些或是漂亮些。其实更动了文字，就同时更动了思想情感，内容和形式是相随而变的。姑举一个人人皆知的实例。韩愈在月夜里听见贾岛吟诗⑦，有"鸟宿池边树，僧推月下门"两句，劝他把"推"字改成"敲"字。这段文字因缘古今传为美谈，于今人要把咬文嚼字的意思说得好听一点，都说"推敲"。古今人也都赞赏"敲"字比"推"字下得好。其实这不仅是文学上的分别，同时也是意境上的分别。"推"固然显得鲁莽一点，但是它表示孤僧步月归寺，门原来是他自己掩的，于今他"推"。他须自掩自推，足见寺里只有他孤零零的一个和尚。在这冷寂的场合，他有兴致出来步月，兴尽而返,独往独来,自在无碍,他也自有一副胸襟气度。"敲"就显得他拘礼些,也就显得寺里有人应门。他仿佛是乘月夜访友,他自己不甘寂寞,那寺里如果不是热闹场合,至少也有一些温暖的人情。比较起来,"敲"的空气没有"推"的那么冷寂。就上句"鸟宿池边树"看来,"推"似乎比"敲"要调和些。"推"可以无声,"敲"就不免剥啄有声,惊起了宿鸟,打破了岑寂,也似乎频添了搅扰。所以我很怀疑韩愈的修改是否真如古今所称赏的那么妥当。究竟哪一种意境是贾岛当时在心里玩索而要表现的,只有他自己知道。如果他想到"推"而下"敲"字,或是想到"敲"而下"推"字,我认为那是不可能的事。所以问题不在"推"字和"敲"字哪一个比较恰当,而在哪一种境界是他当时所要说的而且与全诗调和的。在文字上推敲,骨子里实在是在思想情感上"推敲"。

　　无论是阅读或写作,字的难处在意义的确定与控制。字有直指的意义,有联想的意义。比如说"烟",它的直指的意义见过燃烧体冒烟的人都会明白,只是他的联想的意义迷离不易捉摸,它可联想到燃烧弹,鸦片烟榻,庙里焚香,"一川烟水","杨柳万条烟","烟光凝而暮山紫","蓝田日暖玉生烟"⑧……种种境界。直指的意义载在字典,有如月轮,明显而确实;联想的意义是文字在历史过程上所累积的种种关系,有如轮外圆晕,晕外霞光,其浓淡大小随人随时随地而各各不同,变化莫测。科学的文字愈限于直指的意义就愈精确,文学的文字有时却必须顾到联想的意义,尤其是在诗方面。直指的意义易用,联想的意义却难用,因为前者是固定的,后者是游离的;前者偏于类型,后者偏于个性。既是游离的、个别的,它就不易控制,而且它可以使意蕴丰富,也可以使意思含糊甚至于支离。比如说苏东坡的《惠山烹小龙团》诗里三四两句"独携天上小团月,来试人间第二泉","天上小团月"是由"小龙团"茶联想起来的,如果你不知道这个关联,原文就简直不通;如果你不了解明月照着泉水和清茶泡在泉水里那一点共同的清沁肺腑的意味,也就失去原文的妙处。这两句诗的妙处就在不即不离若隐若现之中。它比用"惠山泉水泡小龙团茶"一句话来得较丰富,也来得较含混有蕴藉。难处就在于含混中显得丰富。由"独携小龙团,来试惠山泉"变成"独携天上小团月,来试人间第二泉",这是点铁成金。文学之所以为文学,就在这一点生发上面。

　　这是一个善用联想意义的例子。联想意义也最易误用而生流弊。联想起于习惯,习惯老是欢喜走熟路。熟路抵抗力最低,引诱性最大,一人走过,人人就都跟着走,愈走就愈平滑俗滥,没有一点新奇的意味。字被人用得太滥,也是如此。从前做诗文的人都依靠《文料触机》《幼学琼林》《事类统编》之类书籍,要找词藻典故,都到那里去乞灵。美人都是"柳腰桃面","王嫱、西施",才子都是"学富五车,才高八斗";谈风景必是"春花秋月",叙离别不离"柳岸灞桥";做买卖都有"端木遗风",到现在用铅字排印书籍还是"付梓""杀青"。像这样例子举不胜举,它们是从前人所谓"套语",我们所谓"滥调"。一件事物发生时立即使你联想到一些套语滥调,而你也就安于套语滥调,毫不斟酌地使用它们,并且自鸣得意。这就是近代文艺心理学家们所说的"套板反应"(stock response)⑨。一个人的心理习惯如果老是倾向"套板反应",他就根本与文艺无缘,因为就作者说,"套板反应"和创造的动机是仇敌;就读者说,它引不起新鲜而真切的情趣。一个作者在用字用词上面离不掉"套板反应",在运思布局上面,甚至于在整个人生态度方面也就难免如此。不过习惯力量的深广非我们意料所及,沿着习惯去做,总比新创较省力,人生来有惰性,常使我们不知不觉地一滑就滑到"套板反应"里去。你如果随便在报章杂志或是尺牍宣言里面挑一段文章来分析,你就会发现那里面的思想情感和语言大半都由"套板反应"起来的。韩愈谈他自己做古文,"惟陈言之务去"⑩。这是一句最紧要的教训。语言跟着思想情感走,你不肯用俗滥的语言,自然也就不肯用俗滥的思想情感,你遇事就会朝深一层去想,你的文章也就真正是"作"出来的,不至落入下乘。

　　以上只是随便举几个实例,说明咬文嚼字的道理。例子举不尽,道理也说不完。我希望读者从这粗枝大叶的讨论中,可以领略运用文字所应有的谨严精神。本着这个精神,他随处留心玩索,无论是阅读或写作,就会逐渐养成创作和欣赏都必需的好习惯。他不能懒,不能粗心,不能受一时兴会所生的幻觉迷惑而轻易自满。文学是艰苦的事,只有刻苦自励,推陈翻新,时时求思想情感与语文的精炼与吻合,他才会逐渐达到艺术的完美。

【注释】

　　① 本文写于抗日战争后期,后收入1946年出版的《谈文学》论文集,今见录于《朱光潜美学文集》第二卷。

　　② 石秀:梁山泊英雄一百零八人之一,绰号"拚命三郎"。梁中书:宋朝北京大名府留守司留守,太师蔡京的女婿。

　　③ 杨雄:梁山泊英雄一百零八人之一,绰号"病关索"。潘巧云:杨雄之妻。

　　④ 茗烟:贾宝玉贴身书童。金荣:贾府亲戚,顽童。

　　⑤ 李广(?—前119):西汉名将,善骑射,驻守边塞时,匈奴数年不敢攻扰,被称为"飞将军"。后随大将

军卫青攻匈奴,以迷失道路被责,自杀。

⑥ 王若虚(1174—1243):金朝文学家,官至翰林直学士。论文主张辞达理顺,于诗反对模拟雕琢。所著《五经辨惑》等十余种,对汉、宋儒者注经及史书、古文的字句疵病,颇有批评。

⑦ 贾岛(779—843):中唐诗人,为韩愈所赏识。诗的风格和孟郊相近,有"郊寒岛瘦"之说。"鸟宿池边树,僧敲月下门"二句,出自他的《题李凝幽居》一诗。

⑧ 烟光凝而暮山紫:见王勃《滕王阁序》。蓝田日暖玉生烟:见李商隐《锦瑟》。

⑨ 套板反应:朱光潜在《文学上的低级趣味(上):关于作品内容》一文中说:"许多关于自然的描写都没有情感上的绝对必要,只是相习成风,人家盲目地说这才美,自己也就跟着相信这真是美。这种心理习惯,就是心理学家所谓'套板反应'(stock response),是一切低级趣味的病根。"这段文字与本文的话可参照互释。

⑩ 惟陈言之务去:见韩愈《答李翊书》。

【提示】

这是一篇文艺专论,论述文学写作与阅读中讲究文字运用的道理,提倡"咬文嚼字"的谨严精神。

全文分三部分。第一部分从郭沫若修改一句台词的具体实例引发出"炼字"的话题,并就此例表明了自己的意见和理由。第二部分,作者为通常被视为贬义的"咬文嚼字"一词翻案,提出本文的中心论点:"在文学,无论阅读或写作,我们必须有一字不肯放松的谨严。"作者从两个方面展开论述。先讲斟酌文字与表达思想感情的关系。指出文学借文字表现思想感情,没有一句话换一个说法而意味仍完全不变的;文字的推敲其实是思想感情上的推敲,并不仅仅是为了语句的通畅或漂亮。再阐述文字的直指意义与联想意义的关系、文字的习惯性与创造性的关系。指出科学的文字限于直指意义,文学的文字则必须照顾到联想意义;语言的习惯性联想造成套语滥调,"惟陈言之务去"才是创造的态度。第三部分从运用文字的谨严精神进一步提出文学创作的普遍道理:"文学是艰苦的事,只有刻苦自励,推陈翻新,时时求思想情感与语文的精炼与吻合,他才会逐渐达到艺术的完美。"

在阐述论点时,本文多用归纳论证方法,往往先说结论,再广征博引,列举小说、诗歌、戏剧等方面的大量实例,凿凿有据,且能将抽象的概念或陌生的道理讲得有如日常生活经验那般浅显易懂,读来生动隽永。作者还注意从心理学的角度解释文艺现象,探及事物的内因和本原,使文章显得有一定的理论深度。

【思考与练习】

一、本文的中心论点是什么？作者是从哪几个方面来论述这一中心论点的？

二、本文主要采用了什么论证方法？

三、文中有些自然段的开头是这样的："这是炼字的好例"，"这番话不免啰嗦"，"这是一个善用联想意义的例子"，"以上只是随便举几个实例"。试问，这些话在文章的结构中起什么作用？

如何避免愚蠢的见识①

罗 素

罗素(1872—1970)，英国哲学家、数学家、逻辑学家。英国剑桥大学三一学院毕业后留校任教。1920年曾来中国讲学。1938—1944年在美国芝加哥大学、加利福尼亚大学讲学。1950年获诺贝尔文学奖。在哲学上，早期为新实在论者，20世纪初提出逻辑原子主义和中元一元论学说。在数学上，从事过数理逻辑和数学基础的研究。以他命名的"罗素悖论"曾对20世纪的数学基础发生过重大影响。在教育上，主张自由教育，认为教育的基本目的应该是培养"活力、勇气、敏感、智慧"四种品质。在政治上，反对侵略战争，倡导和平主义。主要著作有《哲学问题》《心的分析》《物的分析》《西方哲学史》《论教育》等。

怀有各种各样愚蠢的见识乃是人类的通病。要想避免这种通病，并不需要超人的天才，下面提供的几项简单原则，虽然不能保证你不犯任何错误，却可以保证你避免一些可笑的错误。

如果一个问题但凭观察就可以解决的话，就请您亲自观察一番。亚里士多德误以为妇女牙齿的数目比男人少②。这种错误，他本来是可以避免的，而且办法很简单。他只消请他的夫人把嘴张开亲自数一数就行了。但他却没有这样做，原因是他自以为是。自以为知道而实际上自己并不知道；这是我们人人都容易犯的一种致命错误。我自己就以为刺猬好吃油虫，理由无非是我听人这么讲过；但是如果我真的要动手写一部介绍刺猬习性的著作，我就不应该妄下断语，除非我亲自看见一只刺猬享用这种并不可口的美餐。然而亚里士多德却不够谨慎。古代和中古时代的著作家谈起麒麟和火蛇来头头是道；但是他们当中谁也没有觉得，既然自己从未见过任何麒麟和火蛇，那就必须避免武断。

不过也有许多事情不那么容易用经验加以检验。如果你像大多数人一样在许多这类事情上有颇为激烈的主张,也有一些办法可以帮你认识自己的偏见。如果你一听到一种与你相左的意见就发怒,这就表明,你已经下意识地感觉到你那种看法没有充分理由③。如果某个人硬要说二加二等于五,或者说冰岛位于赤道,你就只会感到怜悯而不是愤怒,除非你自己对数学和地理也是这样无知,因而他的看法竟然动摇了你的相反的见解。最激烈的争论是关于双方都提不出充分证据的那些问题的争论。迫害见于神学领域而不见于数学领域,因为数学问题是知识问题,而神学问题则仅是见解问题。所以,不论什么时候,只要发现自己对不同的意见发起火来,你就要小心;因为一经检查,你大概就会发现,你的信念并没有充分证据。

摆脱某些武断看法的一种好办法就是设法了解一下与你所在的社会圈子不同的人们所持有的种种看法。我年轻时期在外国——法、德、意、美等国住过很长时间。我觉得这对削弱狭隘偏见的强烈程度很有好处。如果你无法外出旅行,也要设法和一些持不同见解的人们有些交往,或者阅读一种和你政见不同的报纸。如果这些人和这种报纸在你看来是疯狂的、乖张的,甚至是可恶的,那么你不应该忘记在人家看来你也是这样。双方的这种看法可能都是对的,但不可能都是错的。这样想一下,应该能够慎重一些。

有些人富于心理想象力。对于这些人来说,一个好办法便是设想一下自己在同一位怀有不同偏见的人进行辩论。这同实地跟论敌进行辩论比起来有一个(也只有一个)有利条件,那就是这种方法不受时间和空间的限制。圣雄甘地就对铁路、轮船和机器深表遗憾④;在他看来整个产业革命都要不得。也许你永远没有机会真的遇见一位抱有这种见解的人,因为在西方国家里大多数人都把现代技术的种种好处视为当然。但是如果你想弄确实你同意这种流行的看法乃是正确的,那么一个好办法就是设想一下甘地为了反驳现代技术的种种好处而可能提出的论据,从而检验一下你自己想到的证据。我自己有时就因为进行这种想象性的对话而真的改变了原来的看法;即令没有改变原来的看法,也常常因为认识到假想的论敌有可能满有道理而变得不那么自以为是。

对于那些容易助长你狂妄自大的意见尤宜提防。不论男人或女人,十之八九都坚信男性或女性特别优越。双方都有不可胜数的证据。如果你自己是男性,你可以指出大多数诗人和科学家都是男子;而如果你是女性,你可以用大多数罪犯也都是男子来反唇相讥。这个问题本来就根本无法解决;但是,自尊心却使大多数人都看不到这一点。不管我们属于世界上哪个国家,我们大家总是认为我们自己的民族比所有其他民族都优越。既然每个民族都有自己特有的长处和短处,我们就把自己的价值标准加以调整,以便证明自己民族的长处乃是真正重要的长处,而其缺点相对来说则微不足道。在这个问题上,一位明白事理的人也一定会承认,它没有明显正确的答案。由于我们无法和人类之外的智者辩论清楚,所以要处理这个人之作为人的自高自大的问题就更加困难了。就我所知,处理这个普遍存在的人类自高自大问题的唯一方法就是,要经常提醒自己,在茫茫宇宙中一个小小角落的一颗小小星球的生命史上,人类仅仅是一个短短的插曲,而且说不定宇宙中其他地方还有一些生物,他们优越于我们的程度不亚于我们优越于水母的程度⑤。

【注释】

① 本文选自《外国散文精选》。
② 亚里士多德(前384—前322):古希腊哲学家、科学家。
③ 下意识:一般指平时不显露、不自觉的心理作用。弗洛伊德曾将心理过程分为无意识、下意识和意识三个层次,称介于无意识和意识之间的过渡部分为下意识。
④ 甘地(1869—1948):印度民族运动领袖,主张"非暴力抵抗",长期领导印度国大党,在印度被尊为"圣雄"。
⑤ 水母:腔肠动物门水母型个体的统称。

【提示】

本文从思想方法的角度告诉人们如何少犯错误,是一篇既严谨又通俗的说理文章。

"愚蠢的见识"不仅是错误的见识,而且是错误见识中最不应出现的一类——可笑的错误。可是,"怀有各种各样愚蠢的见识乃是人类的通病"。这就点明了解决这一问题的重要性与迫切性。

要避免愚蠢的见识,首先要找到造成这种愚蠢的原因。文章认为,自以为是和自高自大是形成人类这种"通病"的主要原因。由于自以为是,有些原本不难弄明白的问题因不去深究而造成常识性的错误。由于自高自大,将个人或群体的立场介入对事理的判断,便陷于自我中心主义、性别中心主义、民族中心主义乃至人类中心主义等认识误区,带着傲慢与偏见去认识自身与客观世界,就难免产生愚蠢的见解。

文章从三个层面阐述了避免愚蠢见解的方法。第一层面讲科学的认知态度。对凭观察就可以解决的问题,可用经验加以检验;不能用经验加以检验的,就要有充分的证据。第二层面讲听取不同意见。除了类似我们经常说的"兼听则明"这一层意思,作者还提出了"心理想象力",用"假想的论敌"来反驳自己以防止自以为是。第三层面阐明客观世界的复杂性和不确定性。有些问题"本来就根本无法解决",有些问题"没有明显正确的答案",所以只有采取谦虚慎重的态度,才能克服自高自大;而克服狂妄自大的根本办法就是要树立"宇宙无限,而人的认识十分有限"这一基本理念。

　　本文逻辑层次清晰,行文要言不烦,论述周密严谨。作者将一个关涉哲学认识论的大论题,用通俗易懂的语言与读者侃侃而谈,尤其是从头到尾使用了一般文章中较少采用的第二人称"你",又引入"我"的生活经验作为论述的依托,使文章形成了"你""我"之间面对面谈话的表达风格,产生了亲切、贴切的效果。文中还大量运用了以"如果"开头的句式,还有"也许""说不定""设想一下"等表意委婉的虚拟语,体现了作者谨慎的作风与谦和的态度,这也正是对自己文章观点的身体力行的表现。

【思考与练习】

一、概括本文所提出的造成愚蠢见识的原因和避免愚蠢见识的途径。

二、本文是如何通过例证方法来阐明自己的主要观点的?

三、本文的行文风格有什么特点?

议论文的阅读与写作

议论文是以议论为主要表达方式的一种文体。它通过列举事实材料和运用逻辑推理,来阐发对事物的理解和认识,表明对问题的观点和态度。各行各业的人为了接受或表达思想,都需要经常阅读和写作这种文体。

一篇议论文,通常包含论点、论据、论证三大要素。论点是议论文所阐发的思想观点;论据是文中用来证明论点的根据;论证是论点与论据之间逻辑关系的揭示。这三者的紧密关联,构成了一篇议论文的主体。

一、论　点

阅读一篇议论文,首先要在理解全文的基础上,认知、归纳文章的中心论点。中心论点是统领文章内容的总论点,需用简明而准确的语言予以概括把握。有些文章的中心论点,作者已在行文中点明,如《谏逐客书》的中心论点是"臣闻吏议逐客,窃以为过矣",《过秦论》的中心论点是"仁义不施,攻守之势异也",《五代史伶官传序》的中心论点是"盛衰之理,虽曰天命,岂非人事哉",《论毅力》的中心论点是"有毅力者成,反是者败",《容忍与自由》的中心论点是"没有容忍,就没有自由",《咬文嚼字》的中心论点是"无论阅读或写作,我们必须有一字不肯放松的谨严"等。但有些文章的中心论点,作者在行文中并没有点明,需由读者在综合分析后概括出来,如《寡人之于国也》的中心论点可概括为"阐述以民为本的王道理想",《秋水》的中心论点可概括为"宇宙无限,人的认识有限"等。

在一篇议论文中,作者往往分几个层次、从几个方面来论说中心论点,从而形成几个分论点。分论点围绕中心论点展开,是中心论点的重要内涵,有深化中心论点的作用。如《容忍与自由》一文大致就有三个分论点:第一个是"年纪愈大,愈觉得容忍比自由更重要";第二个是"人类的习惯是喜同而恶异","这就是不容忍的根源";第三个是我们应当戒约自己决不可"以吾辈所主张者为绝对之是"。显然,这三个分论点紧密相连，层层深入，把"没有容忍，就没有自由"的中心论点阐发得相当充分而深刻。由于重要的分论点是对中心论点的深入分析，所以往往更具发人深省的现实意义。如《秋水》中认为人的认识总是要受到时间、空间、后天教育限制的观点；《五代史伶官传序》中认为"忧劳可以兴国，逸豫可以亡身"的观点；《论毅力》中认为只有毅力至强方能取得事业最终成功的观点；《容忍与自由》中认为不要以为自己的主张为绝对正确的观点；《咬文嚼字》中认为文学语言的联想意义比直指意义更丰赡的观点等等，都是语重心长，富有哲理，值得认真体味。

写作议论文时，心中先要有一个大致的"腹稿"。打腹稿的要点，则是确立中心论点和分论点。确立了正确、鲜明而有新意的中心论点，文章就有了灵魂，思路就有了线索；确定了几个合理而又有价值的分论点，也就有了行文的层次，有了文章的基本构架。这样，文章也就成功了一大半。

二、论　据

议论文的说服力建筑在论据之上。论据大致有两类：一类是事实的材料，另一类是理论的材料。事实材料多种多样，既可以是具体的事实，也可以是概括的事实，既可以是统计数字，也可以是亲身经历和感受。理论材料则是事实材料的概括形态，往往已经过实践的检验和证明。它包括先哲的经典著述和至理名言，民间的谚语和俗语，科学上的公理和定律等。一般说来，事实材料是确证论点的最可靠依据，而理论材料则往往体现为考虑问题的思路和方法，将两者结合起来会更有说服力。

阅读议论文，要认真把握其中的重要论据，理解它们分别证明了什么论点。例如，在《寡人之于国也》中，孟子用"狗彘食人食"和"涂有饿莩"来说明当时社会的贫富悬殊、阶级对立；在《论毅力》中，梁启超用五种不同毅力的人的不同结果来说明只有毅力至强方能取得事业的最终成功；在《容忍与自由》中，胡适用自己的、高尔文的和陈独秀的三个实例来说明没有容忍就没有自由的三个分论点等，都是用非常贴切的事实材料来证明一定道理的范例。在《五代史伶官传序》中，欧阳修引用《尚书》"满招损，谦得益"的话来揭示后唐庄宗的亡国原因；在《咬文嚼字》中，朱光潜用西方心理学中的"套板反应"和韩愈的"惟陈言之务去"来反对陈词滥调，提倡创新；在《容忍与自由》中，胡适引用布尔"我年纪越大，越感觉到容忍比自由还更重要"的话来展开他对容忍与自由之关系的论述，则都属于借理论材料来证明论点的范例。能否一看到这些事实或理论论据与上下文的关系,就能理解作者用它们所论说的道理,这是检验读者理解能力和认识能力的重要方面。

写作议论文要注重论据的选择和使用,而选择和使用论据则应以是否具有说服力为标准。首先要注意论据的确凿性,其次要注意论据的典范性,再次要注意论据和论点的统一性。说理充分的论说文,一般是事实材料和理论材料的结合运用。

三、论 证

论证是用种种方法证明论点的过程,可分为立论和驳论两大类。立论是以充分的论据正面证明作者观点正确的议论形式,驳论是以有力的论据证明别人观点错误的议论形式。任何证明都体现为一定的论证方法,概括起来,基本的论证方法有下列几种。

(一)归纳法

归纳论证是一种由个别到一般的论证方法,它是通过列举和分析若干"个别",归纳它们所共有的质性,从而得出一个具有普遍意义的结论。其中所列举和分析的"个别",可能是若干具体实例,也可能是若干分论点。通过具体实例来证明论点,多属初步归纳,一般被称为例证法;将若干分论点综合为一个总论点,则是在初步归纳基础上的再归纳,一般称之为概括法。一篇议论文中的归纳,大多具有这样两个层面。如《咬文嚼字》的第二大部分,就是先通过分析"鸟宿池边树,僧推月下门"中"推"字改为"敲"字的艺术效果,来说明文字运用与情感表达的密切关系,再通过"烟"字运用中各种生发意义的分析,来证明文字的联想意义比直指意义更丰富多彩,最后再通过列举写作中的种种陈词滥调,来张扬语言表达中的创造精神。这三者都是通过具体实例分析来阐发分论点,然后作者又将这几个分论点概括起来,就得到了文章的总论点:咬文嚼字十分重要,写文章"必须有一字不肯放松的谨严"精神。显然,这种逐层归纳、概括的论证方法,体现出一般议论文的整体建构规律。

写作议论文,要善于运用例证法,摆事实,讲道理。通过分析事例来展开论说,是克服思路贫乏、语言干枯的有效途径。议论文的事例,不宜像记叙文那样进行详细描述,应采用夹叙夹议的方式,去掉那些与论点无关的东西,保留乃至强化与论点血肉相连的角度和环节,用议论的格调将事例带出。要根据事例的实际情况,恰当进行详略处理:对别人可能不熟悉的事例,要交代清楚,可稍具体些;对众所周知的实例,则应点到为止,力求简洁。在这些方面,《容忍与自由》《咬文嚼字》等选文,都为我们提供了许多范例,应仔细阅读体会。

(二) 演绎法

演绎论证是一种由一般到个别的论证方法,它是从一般原理出发,经过一定的逻辑推演,从而得出一个关于个别情况的结论。结论的正确性依赖于前提,前提与结论之间是必然的逻辑关系。由于逻辑思维是人类理性的集中体现,所以演绎推理是议论文中普遍运用的论证方法。演绎论证法有三段论、假言推理、选言推理等多种形式,其中最常见的是三段论。

三段论由大前提、小前提和结论三部分组成,是由一个概念联系着的两个前提推导出结论的演绎推理。例如在《寡人之于国也》中,孟子认为实行王道的基本标准是"使民养生丧死无憾",这是大前提;而梁惠王"移民""移粟"的小恩小惠不能"使民养生丧死无憾",这是小前提;于是孟子就得出结论,认为梁惠王并没有真正实行王道。这就是一个完整的三段式推理。由于大前提、小前提中往往有一个是不言自明的常识,所以三段论中往往会有一个前提并不在行文中出现。例如在《秋水》中,大前提是在无限的宇宙中人的认识十分有限,小前提是孔孟是人,所以庄子得出结论说孔孟之道也是既"少"又"轻"、十分有限的;显然,在这个推理过程中,由于小前提是常识而被省略了。

一般说来,在议论文中,凡引进普遍性原理或名家名言的地方,都是运用演绎论证方法来证明论点的。例如,在《咬文嚼字》中,引进"套板反应"的普遍原理,就是通过演绎法来论说文章语言贵在创新的道理;在《容忍与自由》中,提出"人类的习惯是喜同而恶异"的普遍原理,就是通过演绎法来证明"容忍的态度是最难得、最稀有的态度";在《五代史伶官传序》中,引用《尚书》中"满招损,谦得益"的名言,就是通过演绎法来证明后唐庄宗是因骄傲而亡国的道理。在阅读议论文时,要注意其中的普遍原理和名人名言,理解它们是通过演绎法说理;在写作议论文时,要善于运用普遍原理和名人名言,这可以增强文章的说理深度和逻辑力量。

（三）比较法

比较论证是一种由个别到个别的论证方法，一般分为对比法和类比法两类。

对比法是将同一类别中具有不同乃至相反性质和特点的事物进行比较，从而彰显是非、得出结论的论证方法。例如，在《五代史伶官传序》中，贯穿着盛与衰、兴与亡、得与失、成与败的强烈对比，可以说全文主要是通过对比法来阐发道理的。《论毅力》也是善于运用对比论证法的范文，但其中有两个层次需要分清：一是全文贯穿着有毅力与无毅力两种态度、成功与失败两种结果的对比，把"有毅力者成，反是者败"的基本观念论说得很清楚；二是通过"志力薄弱之士""其次弱者""稍强者""更稍强者"与"至强之人"的五个层次的比较，以及行舟中"一日而返""二三日而返""五六日而返"与坚持到底四个层次的比较，将只有毅力至强方能取得事业最终成功的观点彰显得十分鲜明，从而深化了中心论点；这种层次比较论证的方法也应当看作是对比法的一种类型。

类比法是将性质、特点相同或相近的非同类事物进行比较，从而通过相似性连类来认识事理、得出结论的论证方法。简单地说，类比法就是通过打比方来说明道理的论证方法，因此，议论文中的一切比喻都是类比法的体现。例如，《寡人之于国也》中的"五十步笑百步"之喻，《论毅力》中的"行舟""为山""平地""掘井"之喻，就都是通过类比法来讲道理。由于例证法和类比法都是用个别事物来说理，所以很容易混淆，需仔细辨识。如在《秋水》中，为了阐发宇宙无限而人的认识有限的道理，庄子连续列举了"四海之在天地""中国之在海内""人卒九州"等事物，同时又列举了"礨空之在大海""稊米之在大仓""毫末之在马体"等事物；但对论点来说，前三者是事例，后三者是比喻，所以前者用的是例证法，后者用的是类比法。把握议论文的论证方法，要特别注意那些几种论证方法相互交织的地方。例如，《论毅力》中引用孔子"为山""平地"的话来证明论点，都是比喻，所以总体说来用的是类比论证方法；但由于其中又强调了"止"与"进"、败与成的对比，所以同时又包含着对比论证方法。

（四）驳论的着眼点

由于议论文是由论点、论据、论证三部分组成的，所以驳论的着眼点就有三种选择:或反驳论点,或反驳论据,或反驳论证。当然也可以从几个着眼点同时进行反驳。反驳论点,即直接证明对方论点本身的片面、虚假或谬误,这是驳论中最常见的角度;反驳论据,是因为错误的论点常常是建筑在错误的论据之上,揭示论据的谬误,也就否定了论点;反驳论证,就是揭示对方在论证过程中的逻辑错误,如前提与结论的矛盾、论点与论据的矛盾、各分论点之间的矛盾等。

　　本教材中没有整篇以驳论为主的文章,但在一些立论文和记叙文中,也夹带了一些驳论的环节,仍需注意。例如,在《论毅力》中,梁启超在反驳"旁观者"认为别人成功是由于"殆幸运儿"、自己失败是"蹇于遭逢"的观点时说:"所谓蹇焉、幸焉者,皆彼与我之相同,而其能征服此蹇焉、利用此幸焉与否,即彼成我败所由判也。"这就是直接反驳论点。在《张中丞传后叙》中,韩愈驳斥诬蔑许远变节投降的观点时,先反复申述许远不怕死、决不会投降的理由,这是直接反驳论点;接着又指出:以"城之陷,自远所分始"为论据来证明许远的投降变节是"儿童""小人"之见,十分荒谬,这就是通过反驳论据来扳倒论点,相当有说服力。

　　无论是反驳论点、反驳论据还是反驳论证,其论说过程,仍然需采取演绎、归纳、对比、类比等论证方法,这是不言而喻的。

秦晋殽之战①

《左传》

《左传》,又称《春秋左氏传》或《左氏春秋》,相传为春秋末鲁国史官左丘明所撰。《左传》系为解释《春秋》而引史作传,所以依循《春秋》体例,以鲁国国君在位的先后次序记述史实,是我国历史上第一部形式比较完备的编年体史书。《左传》记事,起自鲁隐公元年(前722),终于鲁哀公二十七年(前468),比《春秋》多十一年。详细记载了这期间各诸侯国的政治、军事、外交、经济、文化等方面的重要史实。对诸侯间的矛盾与争斗,所记尤为翔实。

从写作角度看,《左传》成就卓越,许多方面堪称先秦叙事散文的典范。记叙脉络清晰,剪裁详略得当,描写简约生动,语言质朴明达,尤其是在战争因果的揭示、外交辞令的描述、人物性格的刻画方面,多所建树。这些优长,对后世的史书与散文写作影响深远。

冬②,晋文公卒③。庚辰④,将殡于曲沃⑤;出绛⑥,柩有声如牛⑦。卜偃使大夫拜⑧,曰:"君命大事⑨:将有西师过轶我⑩;击之,必大捷焉。"

杞子自郑使告于秦⑪,曰:"郑人使我掌其北门之管⑫,若潜师以来⑬,国可得也。"穆公访诸蹇叔⑭,蹇叔曰:"劳师以袭远⑮,非所闻也。师劳力竭,远主备之,无乃不可乎。师之所为,郑必知之;勤而无所⑯,必有悖心⑰;且行千里,其谁不知!"公辞焉⑱。召孟明、西乞、白乙⑲,使出师于东门之外。蹇叔哭之,曰:"孟子⑳,吾见师之出,而不见其入也㉑!"公使谓之曰:"尔何知,中寿㉒,尔墓之木拱矣㉓!"

蹇叔之子与师㉔,哭而送之,曰:"晋人御师必于殽㉕,殽有二陵焉,其南陵,夏后皋之墓也㉖;其北陵,文王之所辟风雨也㉗。必死是间,余收尔骨焉。"

秦师遂东。

三十三年春,秦师过周北门㉘,左右免胄而下㉙,超乘者三百乘㉚。王孙满尚幼㉛,

观之,言于王曰㉜:"秦师轻而无礼,必败。轻则寡谋,无礼则脱㉝,入险而脱,又不能谋,能无败乎?"

及滑㉞,郑商人弦高将市于周㉟,遇之。以乘韦先㊱,牛十二,犒师。曰:"寡君闻吾子将步师出于敝邑㊲,敢犒从者㊳。不腆敝邑㊴,为从者之淹㊵,居则具一日之积㊶,行则备一夕之卫㊷。"且使遽告于郑㊸。

郑穆公使视客馆,则束载、厉兵、秣马矣㊹。使皇武子辞焉㊺,曰:"吾子淹久于敝邑,唯是脯资饩牵竭矣㊻。为吾子之将行也,郑之有原圃㊼,犹秦之有具囿也㊽,吾子取其麋鹿,以间敝邑㊾,若何?"杞子奔齐㊿,逢孙、扬孙奔宋㉛。

孟明曰:"郑有备矣,不可冀也㉒,攻之不克,围之不继㉓,吾其还也。"灭滑而还。……

晋原轸㉔曰:"秦违蹇叔,而以贪勤民㉕,天奉我也㉖。奉不可失,敌不可纵㉗。纵敌患生,违天不祥,必伐秦师。"栾枝曰㉘:"未报秦施㉙,而伐其师,其为死君乎?"先轸曰:"秦不哀吾丧㉠,而伐吾同姓㉡,秦则无礼,何施之为?吾闻之,一日纵敌,数世之患也。谋及子孙㉢,可谓死君乎!"遂发命,遽兴姜戎㉣。子墨衰绖㉤,梁弘御戎㉥,莱驹为右㉦。

夏,四月,辛巳,败秦师于殽,获百里孟明视、西乞术、白乙丙以归。遂墨以葬文公㉧。晋于是始墨㉨。

文嬴请三帅㉩,曰:"彼实构吾二君㉪,寡君若得而食之,不厌㉫,君何辱讨焉㉬?使归就戮于秦㉭,以逞寡君之志,若何?"公许之。

先轸朝,问秦囚。公曰:"夫人请之,吾舍之矣㉮。"先轸怒曰:"武夫力而拘诸原㉯,妇人暂而免诸国㉰,堕军实而长寇雠㉱,亡无日矣㉲!"不顾而唾㉳。

公使阳处父追之㉴,及诸河,则在舟中矣。释左骖㉵,以公命赠孟明,孟明稽首曰:"君之惠㉶,不以累臣衅鼓㉷,使归就戮于秦;寡君之以为戮㉸,死且不朽。若从君惠而免之㉹,三年,将拜君赐㉺。"

秦伯素服郊次㉻,乡师而哭㉼,曰:"孤违蹇叔,以辱二三子,孤之罪也。不替孟明㉽。孤之过也,大夫何罪?且吾不以一眚掩大德㉾。"

【注释】

① 本文选自《左传》中的僖公三十二年(前628)、三十三年,标题从通行的选本。殽(xiáo):又作"崤",山名,在今河南省洛宁县北,东接渑池,西接陕西界。有东、西二殽,本文中所说的秦晋之战,发生在东殽的南北二陵之间。

② 冬:指鲁僖公(又称釐公)三十二年冬天。
③ 晋文公:名重耳,"春秋五霸"之一,曾与秦穆公缔结秦晋之盟。
④ 庚辰:晋文公死后的第二天,据推算,为十二月初十日。
⑤ 殡:殡葬。曲沃:地名,在今山西闻喜、曲沃和绛县之间,是晋君祖坟所在地。
⑥ 出绛(Jiàng):(灵柩)运出绛。绛:地名,晋国都城,故址在今山西翼城东南。
⑦ 柩有声如牛:棺木传出像牛叫的声音。
⑧ 卜偃:晋国的卜筮官郭偃。使大夫拜:领着众官员向灵柩行礼。
⑨ 君命大事:晋文公发布军事命令。这是郭偃借对"柩有声如牛"现象占卦,从而进行战争动员。
⑩ 西师:西方国家的军队,指秦军。过轶:(车队)越过。
⑪ 杞子:秦大夫名,秦国派驻郑国的监护部队的长官。
⑫ 掌:掌握。管:钥匙。此指防务。
⑬ 潜师:秘密发兵。
⑭ 穆公,秦穆公,名任好。诸:之于。蹇(jiǎn)叔:秦国的老臣。
⑮ 劳师:使军队疲劳。袭远:袭击远方的国家。
⑯ 勤而无所:劳而无功。勤:劳。
⑰ 悖心:叛离的心思。
⑱ 辞:拒听(劝谏)。
⑲ 孟明、西乞、白乙:孟明视、西乞术、白乙丙,均为秦国将领。
⑳ 孟子:孟明。
㉑ 入:返回。
㉒ 中寿:通常理解为中等寿命。
㉓ 墓之木拱:墓旁的树已有两臂合围那么粗了。此是穆公对蹇叔的诅咒。拱:指两臂合围的径围。
㉔ 与(yù)师:随师出征。与:参与。
㉕ 御:抵抗,阻击。
㉖ 夏后皋:夏桀的祖父。
㉗ 文王:周文王。辟:通"避"。
㉘ 周北门:周天子都城(洛阳)的北门。
㉙ 左右:战车上的左右卫士。免胄:摘下头盔。
㉚ 超乘:跃而登车。
㉛ 王孙满:周襄王之孙。
㉜ 王:周襄王,当时的周天子。
㉝ 脱:粗略,此指不谨慎、不守纪律约束。
㉞ 滑:原为姬姓小国,在今河南滑县。本年为秦所灭,"殽之战"后为晋所占。
㉟ 市于周:(去)周的都城(洛阳)做生意。
㊱ 乘(shèng)韦:四张熟牛皮。乘:代指四(每乘四马)。韦:皮革。先:先送。

㊲ 寡君:郑国国君的谦称。吾子:对秦帅的尊称。敝邑:对本国(郑国)的谦称。

㊳ 敢:自谦冒昧之辞。

㊴ 不腆(tiǎn):贫穷。腆:丰厚,富饶。

㊵ 淹:停留,驻扎。

㊶ 积:军需给养。

㊷ 卫:安全保卫工作。

㊸ 遽(jù)告:通过驿车迅速传递消息。遽:驿车。

㊹ 束载、厉兵、秣(mò)马:扎束行装、磨砺兵器、喂饱马匹。指做好了战斗准备。

㊺ 皇武子:郑国大夫。辞:辞谢,此指下逐客令,请他们离开郑国。

㊻ 脯资饩(xì)牵:各种食物。脯:熟肉。资:粮食。饩:已杀的牲畜。牵:尚在栏内未杀的牲畜。

㊼ 原圃:狩猎之地。

㊽ 具囿:狩猎之地。

㊾ 间:通“闲”,休息。

㊿ 奔齐:逃往齐国。

(51) 逢孙、扬孙:人名,皆为随从杞子驻郑的秦军将领。

(52) 冀:希望(获胜)。

(53) 继:继续。一说指援军。

(54) 原轸(zhěn):又名先轸,晋国大臣,晋军主帅。

(55) 勤民:使百姓辛劳(指出征郑国)。

(56) 天奉我也:苍天奉送给我们的机会。奉:送,给予。

(57) 纵:放纵,放跑。

(58) 栾枝:晋国大夫。

(59) 报:报答。施:恩施,恩惠。死君:忘记国君(晋文公)。

(60) 不哀吾丧:不为我国君之死而哀悼。

(61) 同姓:晋、郑两国国君均姬姓。

(62) 谋及子孙:为国家的长远利益考虑。

(63) 遽:急速。兴:征调。姜戎:晋国国内的一支部落。

(64) 子:晋襄公,系晋文公之子。因当时晋文公尚未安葬,襄公尚未继位,故称子。墨:动词,穿黑色。衰绖(cuīdié):白色孝服和麻带。因出征之师着白色服装不吉利,故染黑。

(65) 梁弘:晋国将领。御戎:驾御兵车。

(66) 莱驹:晋国将领。右:副将。

(67) 墨以葬文公:穿着黑色的丧服为文公举行葬礼。

(68) 始墨:开始形成着黑色丧服的风俗。

(69) 文嬴:秦穆公之女,晋文公之妻,晋襄公之嫡母。请三帅:请求释放三个被俘的秦国将领。

(70) 构:使……结怨。二君:两国之君。

⑦ 厌:通"餍",满足,甘心。

⑦ 君何辱讨焉:您何必屈尊而去处罚他们呢?

⑦ 就戮于秦:到秦国受处罚。

⑦ 舍:舍弃,放。

⑦ 拘:捉拿。原:原野,此指战场。

⑦ 暂:仓促,这里指轻易。免:赦免。

⑦ 堕(huī):通"隳",损害,毁坏。军实:战果。长(zhǎng)寇雠(仇):助长敌方气焰。

⑦ 亡无日:距亡国的日子不长了。

⑦ 不顾:顾不上(在晋襄公面前的规矩)。一说,顾指回头。

⑧ 阳处父:晋国大夫。

⑧ 释左骖(cān):解下驾车的左边的马。

⑧ 以公命:假托晋襄公的名义。

⑧ 惠:恩惠。

⑧ 不以累臣衅鼓:意为"不把我等战俘杀死"。累臣:囚臣,孟明自称。累,通缧,粗大的麻绳。衅鼓:古代用牲畜或战俘的血涂抹在钟鼓上的仪式。

⑧ 寡君:指秦穆公。

⑧ 从君惠:顺从晋襄公的恩惠。

⑧ 拜君赐:拜谢晋君的恩赐。

⑧ 秦伯:秦穆公。郊次:等候在郊外。

⑧ 乡师:面对军队。乡:通"向"。

⑨ 不替孟明:不曾下令终止孟明的袭郑之举。替:废。一说此句系作者插叙,非秦穆公的话。

⑨ 眚(shěng):翳障,眼力障碍,比喻小过错。

【提示】

春秋中叶,东周王朝日益萎靡,已经无力掌控天下,诸侯国中的强大者则凭借军事实力逐鹿中原,扩张地盘和势力。殽之战的爆发,根本原因即在于秦晋两国要争夺中原的霸权。

孟子曾说,"春秋无义战"。《左传》作者对春秋间的战争也多持否定态度,而对战争的发动者多所谴责。秦穆公为了插足中原,不仅不讲信义,背弃盟约,偷袭盟邦郑国,而且利令智昏,不听蹇叔对形势的分析预测,制订了"劳师袭远"的错误方略,从而导致了秦军的败亡。因此,作者认为,秦穆公"以贪勤民",师出不义,是挑起战争的罪魁祸首,应该承担罪责。

作者记叙殽之战,重点不在描述战争经过和战争场面,而在揭示秦军所以失败的原因。因而对战争本身,仅以"夏四月"等寥寥数语一带而过,而将笔墨倾注于交代战争酝酿阶段各方对形势的分析、判断、应对以及道义、民心、策略、士气等因素对战争胜负的影响,以揭示战争胜负的必然性。所以,尽管文章所记的人物众多,头绪纷繁,读来却脉络清晰,神气凝聚。

本文虽以记事为主,但也时或简洁描绘人物的言行,刻画了蹇叔、秦穆公、弦高、先轸等人物的鲜明个性。外交辞令的描述非常出色,弦高犒师、皇武子辞客、孟明谢赐的三段言辞,都委婉得体而曲折尽意,且绵里藏针,意在言外。

【思考与练习】

一、概括本文的主旨。
二、列析秦军失败的几个原因。
三、晋国的文嬴、先轸处理秦国战俘的态度为什么截然不同?
四、举例说明本文外交辞令意在言外的特色。

冯谖客孟尝君①

《战国策》

《战国策》,原名《国策》《国事》《事语》《短长》等,记录了战国初期到六国灭亡共240年(前460—前220)间各国政治、军事、外交方面的动态。作者应为战国晚期的史官和纵横家。西汉末年,经刘向整理编订,全书列为西周、东周、秦、齐、楚、赵、韩、魏、燕、宋、卫、中山十二国策,共三十三篇,定名为《战国策》。

《战国策》中保存了战国时期的许多珍贵史料,对战国时期谋臣策士游说诸侯或互相辩难的言行,记载得尤为具体,是研究战国史的重要文献。同时,《战国策》也是一部优秀的散文集,它记叙生动,推理透辟,写人传神,笔调夸张,善于运用寓言故事和新奇的比喻来说明抽象的道理,具有浓厚的艺术魅力和文学趣味,对西汉以来史传文和议论文的发展产生过积极影响。

齐人有冯谖者,贫乏不能自存②,使人属孟尝君③,愿寄食门下④。孟尝君曰:"客何好⑤?"曰:"客无好也。"曰:"客何能⑥?"曰:"客无能也。"孟尝君笑而受之,曰:"诺。"

左右以君贱之也⑦,食以草具⑧。居有顷⑨,倚柱弹其剑,歌曰:"长铗归来乎⑩!食无鱼。"左右以告。孟尝君曰:"食之,比门下之客⑪。"居有顷,复弹其铗,歌曰:"长铗归来乎!出无车。"左右皆笑之,以告。孟尝君曰:"为之驾⑫,比门下之车客。"于是乘其车,揭其剑⑬,过其友⑭,曰:"孟尝君客我⑮。"后有顷,复弹其剑铗,歌曰:"长铗归来乎!无以为家⑯。"左右皆恶之,以为贪而不知足。孟尝君问:"冯公有亲乎?"对曰:"有老母。"孟尝君使人给其食用⑰,无使乏。于是冯谖不复歌。

后孟尝君出记⑱,问门下诸客:"谁习计会⑲,能为文收责于薛者乎⑳?"冯谖署曰㉑:"能。"孟尝君怪之,曰:"此谁也?"左右曰:"乃歌夫'长铗归来'者也。"孟尝君笑曰:"客果有能也,吾负之㉒,未尝见也。"请而见之,谢曰㉓:"文倦于事㉔,惯于忧㉕,而性懧愚㉖,沉于国家之事㉗,开罪于先生㉘。先生不羞㉙,乃有意欲为收责于薛乎?"冯谖曰："愿之。"于是约车治装㉚，载券契而行㉛，辞曰："责毕收，以何市而反㉜？"孟尝君曰："视吾家所寡有者㉝。"

驱而之薛㉞，使吏召诸民当偿者悉来合券㉟。券遍合，起，矫命以责赐诸民㊱，因烧其券。民称万岁。

长驱到齐，晨而求见。孟尝君怪其疾也㊲，衣冠而见之，曰："责毕收乎？来何疾也！"曰："收毕矣。""以何市而反？"冯谖曰："君云'视吾家所寡有者'。臣窃计，君宫中积珍宝，狗马实外厩，美人充下陈㊳；君家所寡有者，以义耳！窃以为君市义㊴。"孟尝君曰："市义奈何？"曰："今君有区区之薛，不拊爱子其民㊵，因而贾利之㊶。臣窃矫君命，以责赐诸民，因烧其券，民称万岁。乃臣所以为君市义也。"孟尝君不说㊷，曰："诺，先生休矣㊸。"

后期年㊹，齐王谓孟尝君曰㊺："寡人不敢以先王之臣为臣。"孟尝君就国于薛㊻。未至百里，民扶老携幼，迎君道中。孟尝君顾谓冯谖曰㊼："先生所为文市义者，乃今日见之。"冯谖曰："狡兔有三窟㊽，仅得免其死耳。今君有一窟，未得高枕而卧也。请为君复凿二窟。"

孟尝君予车五十乘，金五百斤，西游于梁㊾，谓惠王曰㊿："齐放其大臣孟尝君于诸侯(51)，诸侯先迎之者，富而兵强。"于是梁王虚上位(52)，以故相为上将军，遣使者，黄金千斤，车百乘，往聘孟尝君。冯谖先驱(53)，诫孟尝君曰："千金，重币也(54)，百乘，显使也(55)，齐其闻之矣。"梁使三反(56)，孟尝君固辞不往也(57)。

齐王闻之，君臣恐惧，遣太傅赍黄金千斤(58)，文车二驷(59)，服剑一(60)，封书谢孟尝君曰："寡人不祥(61)，被于宗庙之祟(62)，沉于谄谀之臣(63)，开罪于君！寡人不足为也(64)，愿君顾先王之宗庙(65)，姑反国统万人乎(66)！"冯谖诫孟尝君曰："愿请先王之祭器(67)，立宗庙于薛(68)。"庙成，还报孟尝君曰："三窟已就，君姑高枕为乐矣。"

孟尝君为相数十年，无纤介之祸者(69)，冯谖之计也。

【注释】

① 本文选自《战国策·齐策四》。冯谖(Xuān)：齐国游说之士。谖，一作"煖"，《史记》又作"驩"，音皆同。客：做门客。孟尝君：齐国贵族，姓田名文，齐湣王时为相。田文之父田婴是齐威王小儿子，齐宣王时受封于薛(今山东滕县东南)，田文沿袭，孟尝君是他的封号。孟尝君以好养士(门客)闻名，与魏国信陵君、楚国春申君、赵国平原君并称为"战国四公子"。

② 存：生存，生活。

③ 属(zhǔ)：通"嘱"，嘱托，请求。

④ 寄食门下:在孟尝君门下做食客。

⑤ 好(hào):爱好,擅长。

⑥ 能:才能,本事。

⑦ 贱:轻视,看不起。

⑧ 食(sì)以草具:给他粗劣的饭菜。食,给人吃。

⑨ 居有顷:过了不久。

⑩ 长铗(jiá):冯谖随身携带的剑。归来:离开,回去。来,语气词。

⑪ 比门下之客:比照中等门客的生活待遇。孟尝君门下的食客分为三等:下等吃菜,即草具之客;中等食有鱼,即门下之客;上等出有车,即车客。

⑫ 为之驾:为他配车。

⑬ 揭:举。

⑭ 过:拜访。

⑮ 客我:以客待我,即把我当上等门客看待。

⑯ 无以为家:没有能力养家。

⑰ 给:供给。

⑱ 记:账册。一说,指书状之类文告。

⑲ 习:熟悉。计会(kuài):即会计。

⑳ 责(zhài):"债"的古字,所欠的钱财。

㉑ 署:署名,签名。

㉒ 负:辜负,对不起。实际意思是没有发现他的才干。

㉓ 谢:道歉。

㉔ 倦于事:忙于事务,疲劳不堪。

㉕ 愦(kuì)于忧:忧愁思虑太多,心烦意乱。愦,通"溃",乱。

㉖ 懧(nuò)愚:懦弱无能。懧,通"懦"。

㉗ 沉:沉浸,埋头于。

㉘ 开罪:得罪。

㉙ 不羞:不以此感到羞辱。

㉚ 约车治装:准备车马,整理行装。约车,系马于车前。

㉛ 券契:债据。

㉜ 市:买。反:同"返"。

㉝ 寡有:缺乏,缺少。

㉞ 驱:赶着车。之:往。

㉟ 当偿者:应当还债的人。合券:合验债券。古代契约分为两半,立约双方各执其一。

㊱ 矫命:假托受(孟尝君)命令以行事。

㊲ 疾:迅速。

㊳ 下陈：古代殿堂下陈放礼品、站列婢妾的地方。

㊴ 市义：买回百姓的恩义，即为孟尝君收买人心。

㊵ 拊爱：爱抚。拊，同“抚”。子其民：把民众看作自己的子女。

㊶ 贾(gǔ)利：用商人放债的办法来获取利息。

㊷ 说：通“悦”。

㊸ 休矣：意为“算了吧”。

㊹ 后期(jī)年：一周年之后。期年，整整一年。

㊺ 齐王：齐湣王。《史记·孟尝君列传》：“齐(湣)王惑于秦、楚之毁，以为孟尝君名高其主，而擅齐国之权，遂废孟尝君。”所谓“不敢以先王之臣为臣”，是托词。

㊻ 就国：回自己的封地。

㊼ 顾：回头看。

㊽ 窟：洞。

㊾ 梁：魏国。当时魏已迁都到大梁(今河南开封)，故称为梁。

㊿ 惠王：梁惠王，魏武侯之子。

(51) 放：放逐。

(52) 虚上位：把宰相的职位空出来。上位，指宰相的官位。

(53) 先驱：抢先坐车赶回。

(54) 重币：贵重的财物礼品。

(55) 显使：地位显要的使臣。

(56) 三反：先后三次往返。反，同“返”。

(57) 固辞：坚决辞谢。

(58) 太傅：官职。赍(jī)：拿物品送人。

(59) 文车：文彩、装饰精美的车。驷：四匹马拉的车。

(60) 服剑：佩剑。

(61) 不祥：意为糊涂。一说不善，没有福气。

(62) 被(pī)于宗庙之祟：遭受祖宗神灵降下的灾祸。被，通“披”，遭受。

(63) 沉于谄谀之臣：被阿谀奉承的臣子所迷惑。

(64) 不足为：不值得你看重并辅助。一说无所作为。

(65) 顾：顾念。

(66) 姑：姑且。万人：指全国百姓。

(67) 请先王之祭器：请分出一些祭祀先王的器物。

(68) 立宗庙于薛：在薛地再建一座祭祀齐王祖先的宗庙。这是巩固孟尝君政治地位的重要举措，因为宗庙一立，封地就不能取消，而且还要加以保护。

(69) 纤介：细小。纤，细丝。介，同“芥”，小草。

【提示】

本文记叙了策士冯谖为孟尝君营就"三窟"、巩固政治地位的经过,展现了冯谖不甘屈居人下、报效知己、深谋远虑的奇特风采,同时也表现了孟尝君宽容大度、礼贤下士的品德,从一个侧面反映了战国时期的"养士"风气和政治风貌。当然,对冯谖注重民心向背和孟尝君的礼贤下士,在今天也应当给予充分肯定,但对其中的权术观念和"士为知己者死"等意识,则还需进行现代理性分析,不可全盘接受,也不能一概否定。

文中刻画冯谖的形象,主要采取了欲扬先抑、层层深入的方法。开始写他"无好""无能",寄食于人却再三弹铗而歌,要求优厚的生活待遇,仿佛是不知餍足的小人。但当孟尝君召人收债时,他自告奋勇,挺身而出,迅速"市义"而归。在孟尝君失势就国看到"市义"的奇效后,冯谖又做出了更远的谋划,为孟尝君"复凿二窟",孟尝君从此高枕无忧,长保荣华富贵。由此可见,冯谖起初是故意深藏不露,有意试探,而在孟尝君礼贤下士、真情相待之后,才不遗余力地为之出谋划策,这体现了"士为知己者死"的信念。一波三折、生动有趣的情节,既彰显出冯谖的独特个性,又收到了引人入胜的效果。

文中的另一个人物孟尝君,则与冯谖形成对照。冯谖的再三弹铗,反托出孟尝君的宽容大度。而当冯谖大展奇才的时候,又显出孟尝君的目光短浅:他不懂"市义"的意义,不明诸侯之间的矛盾可资利用,不知借宗族关系保护自己。而冯谖则深知百姓的艰难,以"市义"来赢得民心,利用齐王与梁王之间争夺贤才的矛盾来抬高孟尝君,以宗庙之重巩固孟尝君封地。人物之间的映照,使全文波澜迭起,姿态横生。

【思考与练习】

一、文中描写冯谖初为门客时频频争地位待遇的作用是什么?

二、从哪里可以看出冯谖与孟尝君之间是互为对照的?

三、请谈谈你对冯谖为孟尝君营就"三窟"的看法。

垓下之围①

司马迁

司马迁(约前145或前135—?),字子长,西汉夏阳(今陕西韩城南)人。伟大的史学家、文学家和思想家。早年在家乡"耕牧河山之阳";10岁到长安,从孔安国、董仲舒等名儒治学;20岁时出外游历,足迹遍及南北各地,考察风土人情,搜集历史传说。元封三年(前108),承袭父职任太史令,读到大量皇家藏书。他继承父志,于太初元年(前104)开始编写《史记》。天汉二年(前99),由于为不得已而投降匈奴的李陵申辩,得罪汉武帝,被处宫刑。出狱后任中书令。他含垢忍辱,发愤著书,终于写成《太史公书》,后称《史记》。

《史记》记叙了上自传说中的黄帝,下至汉武帝太初年间共三千多年的历史,是我国第一部纪传体通史。全书一百三十篇:"本纪"十二篇,"表"十篇,"书"八篇,"世家"三十篇,"列传"七十篇。《史记》以写人物为中心,形象地展开了广阔的社会生活画面,有很高的艺术成就。在史学和文学方面,对后代都有极深刻的影响。鲁迅称赞它为"史家之绝唱,无韵之《离骚》"。

项王军壁垓下②,兵少食尽,汉军及诸侯兵围之数重。夜闻汉军四面皆楚歌③,项王乃大惊曰:"汉皆已得楚乎?是何楚人之多也!"项王则夜起,饮帐中。有美人名虞,常幸从④;骏马名骓⑤,常骑之。于是项王乃悲歌慷慨⑥,自为诗曰:"力拔山兮气盖世,时不利兮骓不逝⑦;骓不逝兮可奈何,虞兮虞兮奈若何⑧!"歌数阕⑨,美人和之。项王泣数行下。左右皆泣,莫能仰视⑩。

于是项王乃上马骑⑪,麾下壮士骑从者八百余人⑫,直夜溃围南出⑬,驰走。平明⑭,汉军乃觉之,令骑将灌婴以五千骑追之。项王渡淮,骑能属者百余人耳⑮。项王至阴陵⑯,迷失道,问一田父,田父绐曰⑰:"左。"左,乃陷大泽中。以故汉追及之。项王乃复引兵而东,至东城⑱,乃有二十八骑。汉骑追者数千人。项王自度不得脱⑲,谓其骑曰:"吾起兵至今,八岁矣,身七十余战㉒,所当者破㉑,所击者服,未尝败北㉒,遂霸有天下;然今卒困于此㉒,此天之亡我,非战之罪也。今日固决死㉔,愿为诸君快战㉕,必三胜之,为诸君溃围、斩将、刈旗㉖,令诸君知天亡我,非战之罪也。"乃分其骑以为四队,四向㉗。汉军围之数重。项王谓其骑曰:"吾为公取彼一将。"令四面骑驰下,期山东为三处㉘。于是项王大呼驰下。汉军皆披靡㉙。遂斩汉一将。是时,赤泉侯为骑将㉚,追项王,项王瞋目叱之㉛,赤泉侯人马俱惊,辟易数里㉜。与其骑会为三处。汉军不知项王所在,乃分军为三,复围之。项王乃驰,复斩汉一都尉,杀数十百人。复聚其骑,亡其两骑耳。乃谓其骑曰:"何如?"骑皆伏曰㉝:"如大王言。"

于是项王乃欲东渡乌江㉞。乌江亭长舣船待㉟,谓项王曰:"江东虽小,地方千里,众数十万人,亦足王也。愿大王急渡。今独臣有船,汉军至,无以渡。"项王笑曰:"天之亡我,我何渡为!且籍与江东子弟八千人渡江而西,今无一人还,纵江东父兄怜而王我㊱,我何面目见之?纵彼不言,籍独不愧于心乎?"乃谓亭长曰:"吾知公长者㊲。吾骑此马五岁,所当无敌,尝一日行千里,不忍杀之,以赐公。"乃令骑皆下马步行,持短兵接战。独籍所杀汉军数百人。项王身亦被十余创㊳。顾见汉骑司马吕马童㊴,曰:"若非吾故人乎㊵?"马童面之㊶,指王翳曰㊷:"此项王也。"项王乃曰:"吾闻汉购我头千金,邑万户,吾为若德㊸。"乃自刎而死。王翳取其头,余骑相蹂践,争项王,相杀者数十人。最其后,郎中骑杨喜、骑司马吕马童、郎中吕胜、杨武各得其一体。五人共会其体;皆是。故分其地为五:封吕马童为中水侯,封王翳为杜衍侯,封杨喜为赤泉侯,封杨武为吴防侯,封吕胜为涅阳侯㊹。

……

太史公曰㊺:"吾闻之周生曰㊻,舜目盖重瞳子㊼,又闻项羽亦重瞳子,羽岂其苗裔邪㊽?何兴之暴也!㊾夫秦失其政,陈涉首难,豪杰蜂起,相与并争,不可胜数。然羽非有尺寸㊿,乘势起陇亩之中,三年,遂将五诸侯灭秦,分裂天下而封王侯,政由羽出㊾,号为'霸王',位虽不终㊿,近古以来未尝有也。及羽背关怀楚㊿,放逐义帝而自立㊿,怨王侯叛己,难矣㊿。自矜功伐㊿,奋其私智而不师古,谓霸王之业,欲以力征经营天下㊿,五年卒亡其国,身死东城,尚不觉悟,而不自责,过矣㊿。乃引'天亡我,非用兵之罪也㊿',岂不谬哉!"

【注释】

① 本文节选自《史记·项羽本纪》。题目系编者所加。垓下:地名,在今安徽灵璧东南。

② 壁：营垒；此处用作动词，即在……扎营。
③ 四面皆楚歌：四面八方都响起用楚方言所唱的歌曲。喻指楚人多已降汉。
④ 幸从：得到宠爱，跟随在项羽身边。
⑤ 骓（zhuī）：毛色黑白相间的马。这里是以毛色为马命名。
⑥ 慷慨：悲愤激昂。
⑦ 逝：奔驰。
⑧ 奈若何：将你怎么办。若，你。
⑨ 数阕（què）：好几遍。乐曲终止叫阕。
⑩ 莫：没有人。
⑪ 骑（jì）：名词，一人一马为一骑。
⑫ 麾下：部下。
⑬ 直夜：当夜。溃围：突破重围。
⑭ 平明：天亮时。
⑮ 骑能属者：能跟从而来的骑兵。属，随从。
⑯ 阴陵：秦时地名，在今安徽定远西北。
⑰ 田父：农夫。绐（dài）：欺骗。
⑱ 东城：秦时地名，在今安徽定远东南。
⑲ 度（duó）：揣测，估计。脱：脱身。
⑳ 身：亲身参加。
㉑ 所当者：所遇到的敌方。
㉒ 尝：曾。败北：战败，败走。
㉓ 卒：最终。
㉔ 固：必，一定。
㉕ 快战：痛痛快快地打一仗。
㉖ 刈（yì）：割，砍。
㉗ 四向：向着四面。
㉘ 期：约定。山东：山的东面。为三处：意谓分三处集合。
㉙ 披靡：如草随风而倒，形容惊溃散乱的样子。
㉚ 赤泉：地名，在今河南淅川西。赤泉侯：汉将杨喜，因破项羽有功，封赤泉侯。
㉛ 瞋（chēn）目：瞪大眼睛。叱（chì）：大声呵斥。
㉜ 辟（bì）易：退避，避开。
㉝ 伏：通"服"，心服。
㉞ 乌江：即今安徽和县东北之乌江浦。
㉟ 亭长：乡官。秦、汉时制度，十里一亭，设亭长一人。舣（yǐ）：移船靠岸。
㊱ 纵：即使。王我：拥护我为王。

㊲ 长者:性情谨厚的人。

㊳ 创:创伤。

㊴ 顾:回头看。

㊵ 故人:旧相识。吕马童系项羽旧部,后背楚投汉。

㊶ 面之:面对着项王。

㊷ 指王翳:把项王指给王翳看。

㊸ 吾为若德:我给你个好处。

㊹ 涅阳侯:同上面的中水侯、杜衍侯、赤泉侯、吴防侯,都是封号。涅阳,在今河南镇平南。中水,在今河北献县西北。杜衍,在今河南南阳西南。赤泉,见上。吴防,在今河南遂平。

㊺ 太史公:即太史令,司马迁自称。《史记》每篇传记文后均设"太史公曰"一段文字,以抒发他对传主一生行事、遭遇的总结性意见。

㊻ 周生:周先生,汉时儒者,名不详。

㊼ 盖:表推测,"或许是""可能是"之意。重(chóng)瞳子:旧说指一只眼睛里有两个眸子。

㊽ 苗裔:后代。

㊾ 暴:骤然,突然。

㊿ 尺寸:尺寸之地,指极少的封地。

㉛ 陇亩:田野,指民间。

㉜ 将:率领。五诸侯:齐、赵、韩、魏、燕五国。此处泛指楚以外的各路义军。

㉝ 政:政令。

㉞ 不终:没取得较长远的好结果。

㉟ 背关怀楚:放弃关中,怀归楚地。指项羽不扼据关中而还军建都彭城。

㊱ 放逐义帝:项羽之叔项梁起兵时,立楚王后代熊心为怀王,灭秦后项羽尊其为义帝。后项羽自立为西楚霸王,徙义帝往长沙郴县,并密令于途中杀之。

㊲ 难矣:意思是说,项羽在这种情况下还想成大事,那就太困难了。

㊳ 自矜:自夸,自负。功伐:指武力征伐之功业。

㊴ 私智:一己之能。师古:以古代成功立业的帝王为师。

㊵ 经营:治理,整顿。

㊶ 过矣:实在是大错特错了。

㊷ 引:援引,以……为理由。

【提示】

《项羽本纪》是《史记》中著名的人物传记之一。这里所节选的垓下之围部分,主要记叙了项羽最后失败、身死乌江的一些史事片断。司马迁不以成败论英雄,把项羽列入为帝王立传的"本纪",在对项羽作盖棺论定时,既肯定了项羽起兵灭秦的重大历史功绩,又批评了他缺乏政治远见、专恃武力以经营天下的致命错误。

本文通过三个场面的描写,塑造了一个个性特点十分鲜明的悲剧英雄形象。在四面楚歌中霸王别姬,慷慨悲歌,表现了英雄多情而又无可奈何的心境,同时也暗示出项羽不善用人、众叛亲离的困境。在东城"快战"中连斩数将,说到做到,展露了项羽勇猛无比的英姿,同时也表现出他爱逞匹夫之勇、不理解自己失败原因的悲剧性。因愧见江东父老而自刎乌江,宁死不辱,揭示了项羽内心世界中知耻重义的一面,同时也表现出他走投无路、只能一死了之的英雄末路心情。多角度的个性描写和心理刻画,大大增加了人物形象的立体感。

司马迁写人物传记,善于在历史事实的关键环节进行合乎情理的艺术加工。"虞兮虞兮"的悲歌,成为"霸王别姬"的典型情节。"天之亡我"在项羽口中先后三次重复出现,充分表现出项羽"身死东城,尚不觉悟"。"瞋目而叱",吓退汉将杨喜数里,在失败关口仍见出项羽的英武气势。将宝马赠予乌江亭长,既是对亭长好意的报答,又是对战马的爱怜深情。最后自刎,对吕马童说"吾为若德",则表现出对敌人的鄙视和视死如归的精神。这些有血有肉的细节描写,使人物性格鲜明突出,情致丰赡,艺术效果十分显著。

《史记》语言生动,影响深远,短短的垓下之围中就留下了"霸王别姬""四面楚歌""羞见江东父老"等含义丰富的成语。

【思考与练习】

一、本文主要描写了哪三个场面?这三个场面各表现了项羽怎样的性格特点?

二、指出文中的细节加工之处,说明其表现作用。

三、结合文中"太史公曰"一段评议,谈谈你对项羽功过及其失败原因的看法。

张中丞传后叙^①

韩 愈

韩愈(768—824),字退之,河内河阳(今河南孟县)人。自称郡望为昌黎(今属河北),故世称韩昌黎。唐代著名文学家、政治家。自幼勤勉好学,沉潜诗书。唐德宗贞元八年(792)进士。贞元末,官监察御史,因上疏请求减免灾民赋税,贬阳山令。唐宪宗元和年间,随宰相裴度平定淮西藩镇之乱,迁刑部侍郎。不久即因谏迎佛骨,贬潮州刺史。穆宗时,历官国子监祭酒、京兆尹等,至吏部侍郎。卒谥"文",故后世称韩文公。

在思想上,韩愈推崇儒学,排斥佛老;在文学上,他崇尚秦汉散文,反对六朝以来的骈俪文风,并因此倡导了有革新意义的古文运动,强调文学要为儒学道统服务,要求言之有物,辞必己出。韩愈诗文都有很高成就,尤以文章著称,名列"唐宋八大家"之首。其文内容殷实,气势壮盛,词锋锐利,语言练达。苏轼称他"文起八代之衰"。对唐及后世散文创作有巨大、深远的影响。有《昌黎先生集》。

元和二年四月十三日夜[2],愈与吴郡张籍阅家中旧书[3],得李翰所为《张巡传》[4]。翰以文章自名,为此传颇详密[5]。然尚恨有阙者:不为许远立传[6],又不载雷万春事首尾[7]。

远虽材若不及巡者[8],开门纳巡,位本在巡上,授之柄而处其下[9],无所疑忌,竟与巡俱守死,成功名[10]。城陷而虏[11],与巡死先后异耳[12]。两家子弟材智下,不能通知二父志,以为巡死而远就虏,疑畏死而辞服于贼[13]。远诚畏死[14],何苦守尺寸之地[15],食其所爱之肉[16],以与贼抗而不降乎?当其围守时,外无蚍蜉蚁子之援[17],所欲忠者,国与主耳,而贼语以国亡主灭。远见救援不至,而贼来益众[18],必以其言为信。外无待而犹死守[19],人相食且尽,虽愚人亦能数日而知死处矣[20],远之不畏死亦明矣。乌有城坏,其徒俱死[21],独蒙愧耻求活?虽至愚者不忍为[22]。呜呼!而谓远之贤而为之邪[23]?

说者又谓远与巡分城而守㊵,城之陷,自远所分始,以此诟远㊶。此又与儿童之见无异㊷。人之将死,其脏腑必有先受其病者;引绳而绝之,其绝必有处㊸。观者见其然㊹,从而尤之㊺,其亦不达于理矣㊻!小人之好议论,不乐成人之美㊼,如是哉!如巡、远之所成就,如此卓卓㊽,犹不得免,其他则又何说㊾!

当二公之初守也,宁能知人之卒不救㊿,弃城而逆遁㉛?苟此不能守㉜,虽避之他处何益?及其无救而且穷也㊴,将其创残饿羸之余㊵,虽欲去,必不达。二公之贤,其讲之精矣㊶!守一城,捍天下㊷,以千百就尽之卒,战百万日滋之师㊸,蔽遮江淮㊹,沮遏其势㊺,天下之不亡,其谁之功也!当是时,弃城而图存者,不可一二数㊻;擅强兵坐而观者,相环也㊼。不追议此㊽,而责二公以死守,亦见其自比于逆乱㊾,设淫辞而助之攻也㊿。

愈尝从事于汴、徐二府,屡道于两府间㊿,亲祭于其所谓双庙者㊶。其老人往往说巡、远时事,云:南霁云之乞救于贺兰也㊷,贺兰嫉巡、远之声威功绩出己上㊸,不肯出师救。爱霁云之勇且壮,不听其语,强留之,具食与乐,延霁云坐。霁云慷慨语曰:"云来时,睢阳之人不食月余日矣㊹!云虽欲独食,义不忍;虽食,且不下咽!"因拔所佩刀断一指,血淋漓,以示贺兰。一座大惊,皆感激为云泣下㊺。云知贺兰终无为云出师意,即驰去。将出城,抽矢射佛寺浮图㊻,矢著其上砖半箭㊼,曰:"吾归破贼,必灭贺兰!此矢所以志也㊽。"愈贞元中过泗州㊾,船上人犹指以相语㊿。城陷,贼以刃胁降巡㊿,巡不屈,即牵去,将斩之;又降霁云,云未应。巡呼云曰:"南八㉞,男儿死耳,不可为不义屈!"云笑曰:"欲将以有为也㉟;公有言,云敢不死!"即不屈。

张籍曰:"有于嵩者,少依于巡㊱;及巡起事㊲,嵩常在围中㊳。籍大历中于和州乌江县见嵩㊴,嵩时年六十余矣。以巡初尝得临涣县尉㊵,好学无所不读。籍时尚小,粗闻巡、远事,不能细也。云:巡长七尺余,须髯若神㊶。尝见嵩读《汉书》,谓嵩曰:'何为久读此?'嵩曰:'未熟也。'巡曰:'吾于书读不过三遍,终身不忘也。'因诵嵩所读书,尽卷不错一字㊷。嵩惊,以为巡偶熟此卷,因乱抽他帙以试㊸,无不尽然㊹。嵩又取架上诸书试以问巡,巡应口诵无疑。嵩从巡久,亦不见巡常读书也。为文章,操纸笔立书㊺,未尝起草。初守睢阳时,士卒仅万人㊻,城中居人户,亦且数万,巡因一见问姓名,其后无不识者。巡怒,须髯辄张㊼。及城陷,贼缚巡等数十人坐,且将戮㊽。巡起旋㊾,其众见巡起,或起或泣。巡曰:'汝勿怖㊿!死,命也。'众泣不能仰视。巡就戮时,颜色不乱,阳阳如平常㊿。远宽厚长者,貌如其心;与巡同年生,月日后于巡,呼巡为兄,死时年四十九。"嵩贞元初死于亳、宋间㊿。或传嵩有田在亳、宋间,武人夺而有之,嵩将诣州讼理⑳,为所杀。嵩无子。张籍云。

【注释】

① 张中丞传:即李翰所写的《张巡传》。张巡(709—757),邓州南阳(今河南南阳)人。安禄山反叛时,任真源县令,起兵抗敌。后与许远同守睢阳(今河南商丘南),诏拜御史中丞。后叙:写在文章后面的跋文。这篇后叙对张巡等人的事迹作了补充。"叙",通"序"。

② 元和二年:807年。元和,唐宪宗李纯年号。

③ 吴郡:今江苏苏州。张籍:字文昌,原籍吴郡,寄居和州乌江(今安徽和县东北)。因韩愈推荐,举进士。擅长写乐府诗,与王建齐名,并称"张王"。

④ 李翰:字子羽,赵州赞皇(今属河北)人。他曾客居睢阳,亲见战守事迹。

⑤ "翰以"二句:李翰对自己写的文章很自负,所写的《张巡传》也写得很详尽周密。自名,自许,自负。

⑥ 许远:字令威(709—758),杭州盐官(今浙江海宁)人。安史乱时,为睢阳太守。

⑦ 雷万春:张巡的部将,与巡同守睢阳,城破时与巡一起遇难。本文后面叙述南霁云轶事,而不叙雷万春之事,当是雷的事迹在当时已不可考,所以韩愈恨其"有阙"。一说,此处"雷万春"当为"南霁云"之误,前后文才相呼应。首尾:始末。

⑧ 材:才能。

⑨ "开门"三句:肃宗至德二载(757)正月,安庆绪部将尹子奇以兵十三万攻睢阳,睢阳太守许远乃向张巡告急,巡即自附近的宁陵引兵来救。许远将兵权交给张巡指挥,自己担任调运军粮、修理战具等工作。纳,接纳。授之柄,把指挥的权柄授予张巡。

⑩ "竟与"二句:最后与张巡一起守城而死,建立了功勋,保全了名节。

⑪ 虏:被俘虏。

⑫ "与巡"句:只是死的时间与张巡前后不同罢了。

⑬ "两家"四句:张、许两家的儿子才智不高,不能理解他们父辈的志向,认为张巡被杀而许远受俘,怀疑他是怕死而向敌人屈服了。代宗大历年间,张巡之子去疾听信传闻之辞,上书言远畏死降敌,要求追夺许远官爵,上面几句是针对这一情况说的。通知,通晓,理解。就戮,受俘。辞服,说了屈服的话。

⑭ 诚:果真。

⑮ 尺寸之地:形容地方狭小。

⑯ 食其所爱之肉:睢阳被围日久,城中食尽,罗雀掘鼠,雀鼠又尽,张巡杀爱妾,许远杀家奴,以为士兵之食。

⑰ 蚍蜉(pífú)蚁子之援:形容极微小的援助。蚍蜉,黑色的大蚂蚁。

⑱ 益:更加。

⑲ 外无待:当时御史大夫、河南节度使贺兰进明屯兵临淮,许叔冀、尚衡在彭城,皆因嫉妒或畏惧,观望不肯救援。

⑳ 数(shǔ)日:计算日期。指为期极短。

㉑ 乌有:哪里有。坏:指城被攻破。徒:徒众,部众,指一起守城的人。

㉒ 至愚者:最愚笨的人。不忍为:不忍心这样做。

㉓ "而谓"句:难道说像许远这样贤明的人会去做这样的事情吗?

㉔ 说者:指发议论的人。分城而守:当时张巡守城东北,许远守城西南。

㉕ 诟(gòu):辱骂,诽谤。

㉖ 见:见识。

㉗ "人之将死"四句:用人之将死和引绳而绝做比喻,说明城陷时也必然会有一个地方先被攻破。引,拉扯。绝,断。处,地方。

㉘ 然:如此。

㉙ 尤:责备。

㉚ 不达于理:不明事理。

㉛ 不乐成人之美:不乐于成全别人的美名。

㉜ 卓卓:超出一般人的样子。

㉝ "其他"句:还有什么可说的呢。

㉞ 宁能:岂能,哪能。卒:最终,终于。

㉟ 逆遁:预先逃跑。

㊱ 苟:假使。

㊲ 穷:困窘。

㊳ 将:带领。创残饿羸(léi)之余:指战败受创残剩下来的伤病而又饥饿瘦弱的士兵。

㊴ 讲:议论。精:精辟,周到。

㊵ "守一城"二句:守住了睢阳一座城,捍卫了整个国家。睢阳是通向江淮的要道,把敌人阻挡在睢阳,也就保全了江淮,使朝廷得到喘息、补充的机会。

㊶ 就尽:渐趋覆没。就,接近,趋向。

㊷ 日滋之师:日益增多的军队。

㊸ 蔽遮:屏蔽,遮护。

㊹ 沮遏(jǔ'è)其势:阻止了敌人凌厉的攻势。

㊺ "弃城"二句:弃城逃跑、贪图活命的人,不是一两个。当时如山南东道节度使鲁炅弃南阳逃奔襄阳,灵昌太守许叔冀逃奔彭城;谯郡太守杨万石、雍丘县令令狐潮则先后降敌。

㊻ 擅(shàn)强兵:拥有强大的军队。如下文的贺兰进明就是拥有强兵而坐观其败的人。相环:四周都是。

㊼ 追议:追究议论。此:指上面提到的这种人。

㊽ 自比于逆乱:自列于叛逆乱臣之中。比,并列。

㊾ 设淫辞:制造夸大失实的谣言。

㊿ "愈尝"二句:我曾在汴、徐二州的节度幕府任推官,多次来往于两州之间。从事,唐时通称幕僚为从事,这里作动词用,犹言任职。汴,汴州,今河南开封。徐,徐州,今江苏徐州。府,幕府。道,经过,来往。

(51) 双庙:张巡、许远死后,肃宗追赠巡为扬州大都督,远为荆州大都督,并在睢阳立庙,当时称为双庙。

(52) 乞救：求救。贺兰：河南节度使贺兰进明，当时他的军队驻扎在临淮（今江苏盱眙西北）。

(53) 出己上：超过自己。

(54) 具食与乐：备办了酒食和歌舞。

(55) 不食月余日：一个多月没有什么食物可吃。

(56) 义不忍：从道义上说也不忍心。

(57) 感激：感动，激发。

(58) 浮图：佛塔。

(59) “矢著”句：箭的半截射进了佛塔上边的砖中。

(60) 志：同“誌（zhì）”，作标记。

(61) 贞元：唐德宗李适年号（785—805）。泗州：唐属河南道，州治在临淮。

(62) 指以相语：指着佛塔告诉我。

(63) 以刃胁降巡：用刀威胁张巡，要他投降。

(64) 南八：南霁云在兄弟中排行第八，故称南八。

(65) “欲将”句：想要有所作为。

(66) 敢：岂敢。

(67) 少依于巡：年轻时就跟随张巡。

(68) 起事：指起兵讨伐安、史叛军。

(69) 常：尝。围中：围城之中，指睢阳。

(70) 大历：唐代宗李豫年号（766－779）。

(71) “以巡”句：因为曾经跟随张巡的关系，起初得到了一个临涣县尉的职务。临涣，在今安徽宿县西北。

(72) 须髯（rán）：胡须的总称。长在下巴上的称须，长在两腮的称髯。若神：像天神一样。

(73) 尽卷：指背完一卷。

(74) 帙（zhì）：书套。这里借指书。

(75) 尽然：都是这样。

(76) 操纸笔立书：拿起纸笔就写。

(77) 仅：将近。

(78) 且：庶几，将，近。

(79) 辄：即，就。张：蓬开。

(80) 戮（lù）：杀。

(81) 旋：转身。一说作“小便”解。

(82) 汝：你们。怖：害怕。

(83) 颜色不乱：脸色不变。

(84) 阳阳：安详的样子。

(85) 亳（Bó）：亳州，今安徽亳州。宋：宋州，即睢阳。

(86) 诣（yì）州讼理：到州里去告状。诣，到，往。

【提示】

　　安史之乱初期,叛军攻势凌厉,气焰嚣张,唐军则屡遭败绩,形势危殆。在这种局面下,张巡、许远以万余部众坚守孤城睢阳,抗击强大的敌人,"蔽遮江淮,沮遏其势",为日后唐军的反攻争取了宝贵的时间,创造了有利的条件。尽管最终英勇牺牲,但他们的气概和功绩,可歌可泣,深受人们景仰。平乱以后,朝中有人利用张巡儿子的幼稚,散布谣言,混淆视听,以为藩镇割据势力张目。韩愈对此愤慨万分。他所以写作本文,既是补李翰所为《张巡传》之缺憾,更是为了说明事实真相,驳斥小人谬论,歌颂英雄以弘扬正气,打击邪恶以维护朝廷政权的统一。

　　全文的最大特色是议论与叙事紧密结合。前半部分侧重议论,针对污蔑许远的错误论调进行驳斥,在驳斥中补叙许远事迹,并高度赞扬了张巡、许远共同"守一城,捍天下"的历史功绩。后半部分侧重叙事,着重记叙了南霁云的动人事迹,并补叙了张巡、许远的其他轶事。两个部分既有上述分工,又有着内在联系:前者议论为后者的"纲",后者叙事是前者的事实佐证,两部分都紧紧围绕着赞美英雄、斥责小人的主题,从而使文章显得神气凝聚。

　　本文几个英雄人物性格突出,形象鲜明,首先得力于传神的细节描写。如写南霁云的拔刀断指、抽矢射塔,写张巡的超人记忆力和就义时的动作、语言,都是文中精彩的片断。其次,作者注意让人物的不同性格相互映衬,如张巡的从容镇定、视死如归、博闻强记,许远的宽厚谦和、为国让贤,南霁云的疾恶如仇、忠贞刚烈,一经互相辉映,就更加光彩照人。反面人物贺兰进明的卑劣行径,又有力地反衬出英雄们的磊落胸怀和凛然正气。

　　韩愈行文气势充沛,充满激情,本文的多个段落于此均有所体现,尤其是"守一城,捍天下……其谁之功也"一段文字,议论风发,义正词严,慷慨激昂,真有立懦起顽、震撼人心的力量。

【思考与练习】

　　一、体会并说明本文议论与叙事紧密结合的特色。
　　二、本文在塑造英雄人物形象时,采用了哪些方法?试作具体分析。
　　三、本文为什么叫作"后叙"?
　　四、概括南霁云的性格特征,并分析作者所用的细节描写手法。

种树郭橐驼传①

柳宗元

柳宗元(773—819),字子厚,河东解(今山西运城西南解州镇)人。世称柳河东。唐德宗贞元九年(793)进士,曾任集贤殿正字、蓝田尉、监察御史里行等职。顺宗时,官礼部员外郎。他参加了主张政治革新的王叔文集团,反对宦官专权和藩镇割据。王叔文失败后,柳宗元被贬为永州司马,十年后调任柳州刺史,病逝于任所,因又称柳柳州。

柳宗元和韩愈齐名,同为古文运动的倡导者,同为"唐宋八大家"之一,故并称"韩柳"。他的作品对下层人民的悲惨处境和社会生活中的不合理现象加以揭露和批判,说理透辟,笔锋犀利,具有很强的说服力。他的山水游记刻画细致,寄托深远,具有很高的艺术性。他写作的一些讽刺寓言,篇幅虽小,寓意深刻,也为后人广泛传诵。他的诗歌风格幽峭洁净,自成一家。有《柳河东集》。

郭橐驼,不知始何名。病偻②,隆然伏行③,有类橐驼者④,故乡人号之"驼"。驼闻之,曰:"甚善,名我固当。"因舍其名,亦自谓"橐驼"云。

其乡曰丰乐乡,在长安西。驼业种树⑤,凡长安豪富人为观游及卖果者⑥,皆争迎取养⑦。视驼所种树,或移徙,无不活,且硕茂、早实以蕃⑧。他植者虽窥伺效慕⑨,莫能如也⑩。

有问之,对曰:"橐驼非能使木寿且孳也⑪,能顺木之天,以致其性焉尔⑫。凡植木之性,其本欲舒⑬,其培欲平⑭,其土欲故⑮,其筑欲密⑯。既然已⑰,勿动勿虑,去不复顾⑱。其莳也若子⑲,其置也若弃⑳,则其天者全而其性得矣。故吾不害其长而已,非有能硕茂之也;不抑耗其实而已㉑,非有能早而蕃之也。他植者则不然:根拳而土易㉒;其培之也,若不过焉则不及㉓。苟有能反是者㉔,则又爱之太殷㉕,忧之太勤,且视而暮抚,已去而复顾。甚者爪其肤以验其生枯㉖,摇其本以观其疏密,而木之性日以离矣㉗。虽曰爱之,其实害之;虽曰忧之,其实仇之:故不我若也㉘。吾又何能为哉!"

问者曰:"以子之道,移之官理㉙,可乎?"驼曰:"我知种树而已,理,非吾业也。然吾居乡,见长人者好烦其令㉚,若甚怜焉㉛,而卒以祸㉜。旦暮吏来而呼曰:'官命促尔耕,勖尔植㉝,督尔获;早缫而绪㉞,早织而缕㉟;字而幼孩㊱,遂而鸡豚㊲。'鸣鼓而聚之㊳,击木而召之㊴。吾小人辍飧饔以劳吏者㊵,且不得暇㊶,又何以蕃吾生而安吾性耶？故病且怠㊷。若是,则与吾业者,其亦有类乎㊸。"

问者嘻曰㊹:"不亦善夫！吾问养树,得养人术。"

传其事以为官戒㊺。

【注释】

① 橐(tuó)驼:骆驼。骆驼背上有高起如囊袋的肉峰,因此亦称骆驼为橐驼。"橐"是一种口袋。

② 偻(lǚ):脊背弯曲。指驼背。

③ 隆然:指脊背高起。伏行:俯下身体走路。

④ 类:类似,好像。

⑤ 业种树:以种树为职业。

⑥ 为观游:修建观赏游览场所。

⑦ 争迎取养:争着把他接到家里,雇用他种树。

⑧ 硕茂:高大茂盛。早实以蕃:果实结得早而多。

⑨ 他植者:其他种树的人。窥伺:暗中观察。效慕:仿效学习。

⑩ 莫能如:没有人能比得上。如,及。

⑪ 寿且孳(zī):活得时间长而且生长茂盛。

⑫ "能顺木"二句:能够顺着树木生长的自然规律,使它的本性获得充分发展罢了。天,指事物发展的自然规律。致,使获得。性,指树木的本性。

⑬ 本:根。欲:要。舒:舒展。

⑭ 培:壅土,在根基部分堆上土。

⑮ 故:旧。指原来的陈土。

⑯ 筑:捣土。密:坚实。

⑰ 既然已:这样做了以后。

⑱ 去:离开。顾:回头看。

⑲ 莳(shì):栽种。若子:像爱护子女一样。

⑳ 置:搁。指栽好后搁置在旁边。

㉑ 抑耗:抑制减损。

㉒ 拳:屈曲,不舒展。土易:指换上了新土。
㉓ "若不"句:指不是培土过了量就是培土不够。
㉔ 苟:如果。反是:与此相反。
㉕ 殷:深,此指爱护得过分。
㉖ 爪:用手指甲去抓。肤:指树木表皮。
㉗ 离:散,丧失。
㉘ 不我若:不及我。
㉙ 官理:为官治民的道理。
㉚ 长(zhǎng)人者:为民之长者,指官吏。
㉛ 怜:爱。指爱护百姓。
㉜ 卒以祸:最终给百姓造成灾难。
㉝ 勖(xù):勉励。
㉞ 缫(sāo):抽引茧丝。而:通"尔",你。此下四个"而"同。绪:丝头,这里指丝。
㉟ 缕(lǚ):线,这里指用线织布。
㊱ 字:养育。
㊲ 遂:成长,此指喂养好。豚(tún):小猪,这里泛指猪。
㊳ 聚之:把他们召集来。
㊴ 击木:敲打着木梆。
㊵ 辍(chuò):停止。飧饔(sūnyōng):晚餐和早餐,引申为吃饭。飧,晚餐。饔,早餐。劳:慰劳。且:尚且。
㊶ 病:困苦。怠:疲劳。
㊷ 其亦有类乎:大概也有相类似之处吧。
㊸ 嘻:笑。
㊹ 官戒:当官者的鉴戒。

【提示】

　　这篇人物传记带有寓言性质,作者借植树能手郭橐驼之口,揭露了当时"长人者好烦其令"的社会弊端,阐发了"养民"治国的进步思想。
　　本文说理,总体上采用类比方法:用种树类比治民,用种树要"顺木之天,以致其性"类比治民要"顺民之天以致民之性",用种树要"其莳也若子"类比做官要爱护老百姓,用种树要"其置也若弃"类比治国要让老百姓休养生息,用"他植者"种树"爱之太殷,忧之太勤"类比"长人者好烦其令"。如此层层类比,环环相应,说透了种树的原理,也就把治民的道理讲清楚了。

文章阐述种树的道理,采用了对比手法。郭橐驼种树和"他植者"种树,在原理、态度、方法和结果诸方面都构成了对比。这一系列对比,将种树过程中的是与非、正与误、利与弊都衬托得十分清晰。

文章第三自然段中写"他植者"种树的两种错误态度时,略写态度马虎方面,详写"爱之太殷,忧之太勤"方面,这是为了与后文中揭露"长人者好烦其令"的社会弊端相对应,体现了本文详略得当、前后照应、脉络贯通的艺术特点。

【思考与练习】

一、概括文章的中心思想。

二、说明文章的类比方法。

三、分析本文第三自然段的层次内容。

前赤壁赋①

苏 轼

苏轼(1037—1101),字子瞻,号东坡居士,眉山(今四川眉山)人。北宋著名文学家。与父苏洵、弟苏辙合称"三苏"。苏轼为宋仁宗嘉祐二年(1057)进士。神宗熙宁年间,因与王安石政见不合,自请外放,历任杭州通判,密州、徐州、湖州知州。元丰二年(1079),因被诬作诗"谤讪朝廷",遭御史弹劾,被捕入狱,史称"乌台诗案"。后贬为黄州(今湖北黄冈)团练副使。哲宗时累迁中书舍人、翰林学士,出知杭州、颍州。绍圣初,又以"为文讥斥朝廷"的罪名远谪今广东惠州、海南儋州。卒谥"文忠"。苏轼一生宦海沉浮,历经坎坷,思想上常有出世与入世的矛盾,失意时每能以适意自然达观自解,并始终保持进取有为的精神。

苏轼在文艺创作的各个方面都有突出成就。散文自然畅达,随物赋形,如行云流水,为"唐宋八大家"之一。词开豪放一派,突破了唐五代以来的艳词藩篱,与辛弃疾并称"苏辛"。诗歌、绘画、书法亦有很高造诣。有《苏东坡集》《东坡乐府》。

壬戌之秋②,七月既望③,苏子与客泛舟④,游于赤壁之下。清风徐来⑤,水波不兴⑥。举酒属客⑦,诵明月之诗⑧,歌窈窕之章⑨。少焉⑩,月出于东山之上,徘徊于斗牛之间⑪。白露横江⑫,水光接天⑬。纵一苇之所如⑭,凌万顷之茫然⑮。浩浩乎如冯虚御风⑯,而不知其所止;飘飘乎如遗世独立⑰,羽化而登仙⑱。

于是饮酒乐甚,扣舷而歌之⑲。歌曰:"桂棹兮兰桨⑳,击空明兮溯流光㉑。渺渺兮予怀㉒,望美人兮天一方㉓。"客有吹洞箫者㉔,倚歌而和之㉕。其声呜呜然,如怨如慕,如泣如诉;余音袅袅㉖,不绝如缕。舞幽壑之潜蛟㉗,泣孤舟之嫠妇㉘。

苏子愀然㉙,正襟危坐而问客曰㉚:"何为其然也㉛?"客曰:"'月明星稀,乌鹊南飞'㉜,此非曹孟德之诗乎㉝?西望夏口㉞,东望武昌㉟,山川相缪㊱,郁乎苍苍,此非孟德之困于周郎者乎㊲?方其破荆州、下江陵㊳,顺流而东也,舳舻千里㊴,旌旗蔽空,酾酒临江㊸,横槊赋诗㊹,固一世之雄也㊺,而今安在哉?况吾与子渔樵于江渚之上㊻,侣鱼虾而友麋鹿㊼,驾一叶之扁舟㊽,举匏樽以相属㊾。寄蜉蝣于天地㊿,渺沧海之一粟㈤。哀吾生之须臾,羡长江之无穷。挟飞仙以遨游㈥,抱明月而长终㈦。知不可乎骤得㈧,托遗响于悲风㈨。"

苏子曰:"客亦知夫水与月乎?逝者如斯,而未尝往也;盈虚者如彼,而卒莫消长也㊗。盖将自其变者而观之,则天地曾不能以一瞬㉝;自其不变者而观之,则物与我皆无尽也㉞,而又何羡乎?且夫天地之间㉟,物各有主,苟非吾之所有㊱,虽一毫而莫取㊲。惟江上之清风,与山间之明月,耳得之而为声,目遇之而成色;取之无禁,用之不竭。是造物者之无尽藏也㊳,而吾与子之所共适㊴。"

客喜而笑,洗盏更酌㊵。肴核既尽㊶,杯盘狼藉㊷。相与枕藉乎舟中㊸,不知东方之既白㊹。

【注释】

① 赤壁:此处赤壁实为黄州赤鼻矶,并非三国时赤壁之战的旧址,当地人因音近而误称为"赤壁"。苏轼明知其误,在文中仍将错就错,借以抒写自己的怀抱。这篇文章写于宋神宗元丰五年(1082)。苏轼曾于当年七月十六日和十月十五日两次泛舟赤壁,写下了两篇以赤壁为题的赋,后人因称第一篇为《前赤壁赋》,第二篇为《后赤壁赋》。

② 壬戌:宋神宗元丰五年(1082)。

③ 既望:农历每月十五日为"望",十六日为"既望"。

④ 苏子:苏轼自称。泛舟:荡着小船。

⑤ 徐:慢慢地。

⑥ 兴(xīng):起。

⑦ 属(zhǔ)客:劝客人饮酒。属,倾注,引申为劝酒。

⑧ 明月之诗:指《诗经·陈风·月出》。

⑨ 窈窕(yǎotiǎo)之章:指《月出》篇中"月出皎兮"一章。其中有"舒窈纠兮"的句子。窈纠,同"窈窕"。

⑩ 少焉:不多时,过了一会儿。

⑪ 斗牛:星宿名,即斗宿(南斗)、牛宿。

⑫ 横江:笼罩江面。

⑬ 水光:闪耀着月光的水波。

⑭ 纵:放纵,听任。一苇:喻指苇叶似的小船。如:往。

⑮ 万顷:极言水面广大。茫然:旷远迷茫的样子。

⑯ 浩浩乎:广大的样子。冯(píng)虚御风:在天空中乘风遨游。冯,通"凭",靠,依托。虚,太虚,指天空。

⑰ 遗世:脱离尘世。
⑱ 羽化:道教称成仙为羽化,认为成仙后可以飞升。登仙:登上仙境。
⑲ 扣舷(xián):敲击着船边。
⑳ 桂棹(zhào):桂树做的棹。划船用具,长的叫棹,短的叫楫。兰桨:木兰树做的桨。"桂棹"和"兰桨"都是划船用具的美称。
㉑ 空明:指映照着月色的清澈透明的江水。溯(sù):逆流而上。流光:指江面上随波浮动的月光。
㉒ 渺渺:形容悠远。怀:心思,思绪。
㉓ 美人:指内心所思慕的人。
㉔ 洞箫:即箫,因上下直通而无底,故称洞箫。
㉕ 倚歌:指按照歌曲的声调和节拍。和(hè):这里是伴奏的意思。
㉖ 呜呜:拟声词,常指凄凉的音调。
㉗ 袅(niǎo)袅:形容细弱的声音悠长不绝。
㉘ 缕(lǚ):线。
㉙ 舞:这里用作使动词,使……起舞。幽壑(hè):深渊。潜蛟:潜藏的蛟龙。
㉚ 泣:这里用作使动词,使……哭泣。嫠(lí)妇:寡妇。
㉛ 愀(qiǎo)然:形容神色变得严肃或忧愁。
㉜ 正襟:整理衣襟。危坐:端正地坐着。
㉝ "何为"句:为什么它(指箫声)如此(哀怨)呢?
㉞ "月明"二句:曹操《短歌行》中的诗句。
㉟ 孟德:曹操的表字。
㊱ 夏口:古城名,今湖北武汉。
㊲ 武昌:今湖北鄂城(非今之武昌)。
㊳ 缪(liáo):通"缭",盘绕。
㊴ 郁乎:繁茂的样子。苍苍:深青色。
㊵ 孟德之困于周郎:指汉献帝建安十三年(208),曹操在赤壁之战中被吴将周瑜击溃事。周郎:即周瑜,他作中郎将时才24岁,当时称他为周郎。
㊶ "方其"句:指建安十三年刘琮向曹操投降,操军不战而占领荆州,接着又击败刘备,进兵江陵事。荆州,今属湖北。江陵,今属湖北。
㊷ 舳舻(zhúlú):船头和船尾的并称,指前后首尾相接的船。千里:形容船多,前后相连,千里不绝。
㊸ 酾(shī)酒:斟酒。
㊹ 横槊(shuò):横持着长矛。
㊺ 固:原本,确实。一世之雄:一代英雄。
㊻ 子:你。渔樵:捕鱼打柴。江渚(zhǔ):水中的小块陆地。
㊼ 侣、友:在这里都作动词,做伴、交友的意思。麋(mí)鹿:鹿的一种。
㊽ 一叶:形容船小如叶。扁(piān)舟:小船。

(49) 匏(páo)樽:用匏作的酒器。匏,葫芦的一种。

(50) "寄蜉蝣(fúyóu)"句:像蜉蝣一样寄生于天地之间。蜉蝣,一种昆虫,夏秋之交生于水边,生命短促,只能活几个小时。

(51) "渺沧海"句:像大粮仓里的一粒米那样渺小。沧海,大粮仓。沧,通"仓"。

(52) 须臾(yú):极短的时间,片刻。

(53) 挟(xié):持,带。这里意为偕同。

(54) 长终:长存始终。

(55) 骤得:迅速得到,轻易得到。在这里是一种委婉的说法,实际是不可能得到。

(56) "托遗响"句:把洞箫的余音寄托给悲凉的秋风。遗响,余音。

(57) "逝者"四句:流逝的像这江水,而实际上并没有流走;时圆时缺的像那月亮,而终于没有消减、增长。斯,这,指水。彼,那,指月。

(58) "盖将"二句:大凡从事物变化的一面来观察,那么天地万物竟不能有一瞬间不发生变化。盖,发语词,表示推断语气。曾,表示强调,有"竟然"的意思。一瞬,一眨眼的工夫,极言短暂。

(59) 物:万物。无尽:没有穷尽,在这里有"不会消亡"的意思。

(60) 且夫:况且。夫,语助词。

(61) 苟:如果。

(62) 虽:即使。一毫:一根毫毛,极言其微小。

(63) 是:指示代词,这,这些。造物者:指天地、大自然。天地创造万物,故称之为造物者。无尽藏(zàng):佛家语,意谓无穷无尽的宝藏。

(64) 适:这里是享用的意思。

(65) "洗盏"句:洗净酒杯,重新饮酒。

(66) 肴(yáo):菜肴。核:指果品。

(67) 狼藉:纵横杂乱的样子。

(68) 相与:互相。枕藉(jiè):交错地枕靠着躺在一起。

(69) 既:已经。白:天色发白。

【提示】

宋神宗元丰二年,苏轼因"乌台诗案"被捕入狱,经胞弟苏辙及一些大臣的营救,方才得免死罪。获释后被贬谪到黄州,为团练副使,生活艰难,行动也受到监视。在如此重大的打击面前,苏轼感到沉重的苦闷,想从山水之乐及佛老思想中寻求精神解脱。写于元丰五年的这篇《前赤壁赋》,就反映了作者的这种心理状态。文章通过泛游赤壁的所见所感以及主客之间的相互辩驳,反映了作者由故作旷达到陷于苦闷,又由苦闷到解脱的思想过程,表现了他身处逆境仍适意自然、热爱生活的积极乐观的人生态度。一个封建社会的知识分子在极端失意时能忘怀得失,处之坦然,是很难得的。

文章以作者感情的变化为贯串全文的内在线索,先写因泛舟江上而生遗世独立之乐,再写听到箫声呜咽而兴人生无常之悲,最后经过相互辩驳,认识归于一致,终于"喜而笑",精神得到了解脱。

文中继承并发展了赋体的传统表现手法——主客对话,抑客伸主(贬抑客人的主张,伸张主人的见解)。文中的主客对话,实则代表了作者思想中两个不同侧面的矛盾斗争。作者把政治失意的苦闷通过"客"来宣泄,把乐观旷达的情怀通过"主"来表现,"主"终于说服"客",反映了其思想中积极的一面战胜了消极的一面,从而肯定了积极乐观的人生观。其次,作者力求写景、抒情、说理三者的融会统一,借江水、明月、清风等自然景物,来抒发遗世独立的旷达之情,阐明事物具有变与不变两重性的哲理,宣泄适意自然的审美化人生哲学,极富理趣之美。此外,文中关于洞箫声的描写,也颇见艺术功力。

作为一篇典型的文赋,本文将骈句和散句交错使用,用韵时疏时密,极尽变化之能事,而终归于行云流水般的平易自然。

【思考与练习】

一、本文表现出苏轼怎样的人生态度?

二、作为一篇文赋,《前赤壁赋》在行文上有什么特点?主客对话的实质是什么?

三、指出文中描写江水、明月、清风的地方,说明这些景物描写在文章的抒情、议论方面有什么作用。

四、作品是如何描绘箫声的?

先妣事略①

归有光

归有光(1506—1571),字熙甫,号震川,昆山(今属江苏)人。明代著名散文家。35岁中举,以后屡试不中,退居嘉定(今属上海),教书授徒二十余年。60岁始中进士,出任长兴知县,官至南京太仆寺丞。他是明代文坛"唐宋派"的重要成员,反对李攀龙、王世贞等"后七子""追章琢句,模拟剽窃"的文风,主张继承唐宋散文"文道合一""文从字顺"的传统。他的散文长于记事抒情,常以简洁平易的语言叙写日常生活中的琐事,情致丰润,感人至深。有《震川先生集》。

先妣周孺人②,弘治元年二月二十一日生③。年十六来归④。逾年生女淑静。淑静者,大姊也。期而生有光⑤。又期而生女、子,殇一人⑥,期而不育者一人⑦。又逾年,生有尚,妊十二月⑧。逾年,生淑顺,一岁,又生有功。有功之生也,孺人比乳他子加健。然数颦蹙顾诸婢曰⑨:"吾为多子苦。"老妪以杯水盛二螺进,曰:"饮此后,妊不数矣。"孺人举之尽,喑不能言⑩。

正德八年五月二十三日⑪,孺人卒。诸儿见家人泣,则随之泣,然犹以为母寝也。伤哉!于是家人延画工画⑫,出二子,命之曰:"鼻以上画有光,鼻以下画大姊。"以二子肖母也⑬。

孺人讳桂⑭。外曾祖讳明;外祖讳行,太学生⑮;母何氏。世居吴家桥,去县城东南三十里。由千墩浦而南,直桥并小港以东,居人环聚,尽周氏也。外祖与其三兄皆以资雄⑯,敦尚简实⑰,与人姁姁说村中语⑱,见子弟甥姪无不爱。

孺人之吴家桥,则治木棉⑲。入城,则缉纑⑳,灯火荧荧,每至夜分㉑。外祖不二日使人问遗㉒。孺人不忧米盐,乃劳苦若不谋夕㉓。冬月炉火炭屑,使婢子为团,累累暴阶下。室靡弃物,家无闲人。儿女大者攀衣,小者乳抱㉔,手中纫缀不辍㉕。户内洒然㉖。遇僮奴有恩,虽至棰楚㉗,皆不忍有后言。吴家桥岁致鱼蟹饼饵,率人人得食。

家中人闻吴家桥人至,皆喜。

有光七岁,与从兄有嘉入学㉘。每阴风细雨,从兄辄留,有光意恋恋,不得留也。孺人中夜觉寝㉙,促有光暗诵《孝经》㉚,即熟读,无一字龃龉㉛,乃喜。

孺人卒,母何孺人亦卒。周氏家有羊狗之痾㉜。舅母卒,四姨归顾氏,又卒,死三十人而定。惟外祖与二舅存。

孺人死十一年,大姊归王三接,孺人所许聘者也。十二年,有光补学官弟子㉝。十六年而有妇,孺人所聘者也。期而抱女,抚爱之,益念孺人。中夜与其妇泣,追惟一二㉞,仿佛如昨,馀则茫然矣。世乃有无母之人,天乎?痛哉!

【注释】

① 本文节选自《震川先生集》卷二五。先妣(bǐ):已经去世的母亲。妣,母亲,只用于称亡母。
② 孺人:明清时用来封赠七品以下职官的母亲或妻子的名号。
③ 弘治元年:1488年。弘治是明孝宗的年号(1488—1505)。
④ 来归:意为嫁到夫家。归,出嫁。
⑤ 期(jī):一周年。
⑥ 殇:早逝,还没有成年就死去。
⑦ 不育:指流产。
⑧ 妊:怀孕。
⑨ 数(shuò):屡次。颦蹙(píncù):皱眉头。顾:注视。
⑩ 喑(yīn):哑。
⑪ 正德八年:1513年。正德是明武宗年号(1506—1521)。
⑫ 延:请。
⑬ 肖:像。
⑭ 讳:名。封建时代不直称的尊长的名字,非直称不可时,前加"讳"字。
⑮ 太学生:太学的学生。太学是封建时代的最高学府,在明代就是国子监。
⑯ 以资雄:凭财产而在当地有势力。
⑰ "敦尚"句:注重简易朴实。
⑱ 姁(xū)姁:和蔼亲切。
⑲ 木棉:这里指棉花。
⑳ 缉纑(lú):把麻搓成线,准备织布。纑,麻缕。
㉑ 夜分:夜半。
㉒ 问遗(wèi):问候和赠送物品。
㉓ 不谋夕:即朝不谋夕,早上不能为晚上打算,比喻境况窘迫。这里说母亲虽不忧米盐,但当穷日子

㉔ 乳抱：抱在怀里喂奶。
㉕ 纫缀不辍：缝缝补补一刻不停。
㉖ 洒然：整齐清洁。
㉗ 棰楚：杖责。棰，杖；楚，荆木。棰楚，这里作动词用。
㉘ 从兄：堂兄。
㉙ 中夜觉寝：半夜睡醒。
㉚ 《孝经》：宣传封建孝道的儒家经典。
㉛ 龃龉(jǔyǔ)：生疏而不流畅。原指牙齿上下对不齐。
㉜ 羊狗之痾(ē)：由羊、狗等家畜传染的疾病。
㉝ 学官弟子：经过本省各级考试取入府、州、县学的生员，即秀才。学官，各地方教官的统称，府学称教授，州学称学正，县学称教谕，负责管教在学的生员。
㉞ 追惟：追思。

【提示】

《先妣事略》是作者追忆亡母的一篇记叙文，蕴含着对母亲深沉的悼念之情：悲伤母亲短暂而艰辛的一生，歌颂母亲朴实而崇高的品德。

文中记叙母亲16岁嫁到归家，短短的七年中，生了七胎（其中有一次是双胞胎）。为了解决"多子苦"，喝了民间避孕偏方，留下了喑哑的后遗症。三年后去世，仅仅活了26岁。母亲去世时，儿女尚小，"犹以为母寝也"。作者没有抒情，不加渲染，只是简略地叙事，但字里行间流动着极其悲痛的心情。

文中还记叙母亲尽管儿女拖累，还是"手中纫缀不辍"，让婢女团晒炉中炭屑再用；善待僮仆，娘家送来的珍馐糕点，大家享用；对子女教育，则极为严格。作者拾取母亲生前的一些日常生活琐事，絮絮道来，刻画了一位勤劳、俭朴、待人厚道、严以教子的母亲形象，寓歌颂赞美于叙事之中。

全篇文字简洁省净，情感含蕴多藏，寄深味于平易质朴之中。刻画母亲形象，多用细节描写，于日常细微之处见精神。总体说来，作者不动声色而使读者深受感动，是这篇文章的主要魅力。

【思考与练习】

一、这篇文章表达了作者对母亲怎样的深情？
二、说说这篇文章叙事的特色。
三、作者记叙外祖父家的情况有何作用？

西湖七月半①

张 岱

张岱(1597—1679),字宗子,又字石公,号陶庵,山阴(今浙江绍兴)人。他出身于仕宦家庭,少时游山玩水,品艺读书,淡泊名利,无意科举。明亡后避居剡溪山中,从事著述。文学创作以小品文见长,多描写江南山水风光、风土民情和过去的生活,常常于追忆往昔的繁华中流露对明王朝的缅怀。文笔清新生动,饶有情趣,风格独特。有《陶庵梦忆》《西湖梦寻》等。

西湖七月半,一无可看,止可看看七月半之人。看七月半之人,以五类看之:其一,楼船箫鼓②,峨冠盛筵③,灯火优傒④,声光相乱,名为看月而实不见月者,看之;其一,亦船亦楼,名娃闺秀⑤,携及童娈⑥,笑啼杂之,环坐露台⑦,左右盼望,身在月下而实不看月者,看之;其一,亦船亦声歌,名妓闲僧,浅斟低唱⑧,弱管轻丝⑨,竹肉相发⑩,亦在月下,亦看月,而欲人看其看月者,看之;其一,不舟不车⑪,不衫不帻⑫,酒醉饭饱,呼群三五,跻入人丛⑬,昭庆、断桥⑭,嘄呼嘈杂⑮,装假醉,唱无腔曲,月亦看,看月者亦看,不看月者亦看,而实无一看者,看之;其一,小船轻幌,净几暖炉,茶铛旋煮⑯,素瓷静递,好友佳人,邀月同坐,或匿影树下⑰,或逃嚣里湖⑱,看月而人不见其看月之态,亦不作意看月者⑲,看之。

杭人游湖,已出酉归⑳,避月如仇㉑。是夕好名,逐队争出,多犒门军酒钱㉒,轿夫擎燎㉓,列俟岸上。一入舟,速舟子急放断桥㉔,赶入胜会。以故二鼓以前㉕,人声鼓吹,如沸如撼,如魇如呓㉖,如聋如哑㉗,大船小船一齐凑岸,一无所见,止见篙击篙,舟触舟,肩摩肩,面看面而已。少刻兴尽,官府席散,皂隶喝道去㉘,轿夫叫船上人,怖以关门㉙,灯笼火把如列星,一一簇拥而去。岸上人亦逐队赶门,渐稀渐薄,顷刻散尽矣。

吾辈始舣舟近岸㉚。断桥石磴始凉,席其上,呼客纵饮。此时月如镜新磨,山复整妆,湖复颒面㉛,向之浅斟低唱者出㉜,匿影树下者亦出,吾辈往通声气,拉与同坐。韵友来㉝,名妓至,杯箸安,竹肉发。月色苍凉,东方将白,客方散去。吾辈纵舟㉞,酣睡于十里荷花之中,香气拍人,清梦甚惬㉟。

【注释】

① 本文选自《陶庵梦忆》卷七。西湖:在今浙江杭州。七月半:农历七月十五日,古代为中元节、盂兰盆节。
② 楼船:有楼阁的华贵游船。
③ 峨冠:高帽。古代士大夫的装束。这里指代士大夫。
④ 优僎(xí):乐伎与奴仆。
⑤ 名娃:有名的美女。
⑥ 童娈(luán):漂亮的侍僮。娈,美貌。
⑦ 露台:指楼船上的平台。
⑧ 浅斟低唱:慢慢喝酒,轻声歌唱。
⑨ 弱管轻丝:箫笛低吹,琴瑟轻弹。
⑩ 竹肉相发:器乐声伴着歌声。竹,竹制管乐器,这里泛指器乐演奏。肉,歌喉。
⑪ 不舟不车:不坐船不乘车。
⑫ 不衫不帻(zé):不穿长衫,不戴头巾。形容衣冠不整,不修边幅。帻,头巾。
⑬ 跻(jī):挤入。
⑭ 昭庆:昭庆寺,与断桥同为西湖名胜。
⑮ 噪(jiāo)呼:大喊大叫。
⑯ 茶铛(chēng):煮茶用的三足小锅。
⑰ 匿影:藏身。
⑱ 逃嚣:躲避喧嚣。里湖:西湖苏堤以内的部分。
⑲ 作意:刻意,特别用心。
⑳ 巳:巳时,即上午九时至十一时。酉:酉时,即下午五时至七时。
㉑ 避月如仇:讽刺语,指缺乏赏月这种雅兴。
㉒ 犒(kào)门军:赏赐把守城门的兵士。
㉓ 擎燎:举着火把。
㉔ 速:催促。放:划向。
㉕ 二鼓:二更,晚上九点到十一点。
㉖ 魇(yǎn):梦中惊叫。呓:说梦话。
㉗ 如聋如哑:听的人听不见,如聋子;说的人等于没有说,如哑巴。意谓各种声音互相掩盖,一片嘈杂。
㉘ 皂隶:官府衙门里的差役。

㉙ 怖以关门：用城门将闭来吓唬催促（游客）。

㉚ 舣（yǐ）舟：使船靠岸。

㉛ 颒（huì）面：洗脸。形容湖面重现明净。

㉜ 向：先前。

㉝ 韵友：风雅之友。

㉞ 纵舟：任船漂流。

㉟ 惬（qiè）：畅快，适意。

【提示】

本文描述了明末杭州人七月半游西湖的盛况，以简练的文笔，重现了当时的西湖景色和世风民情。并通过对各类游客看月情态的描摹刻画，嘲讽达官显贵附庸风雅的丑态和市井百姓赶凑热闹的俗气，标榜文人雅士清高拔俗的情趣。褒贬不尽妥当，但立意颇为别致。

本文在写作上颇有特色：一是语言生动传神。写人如"左右盼望，身在月下而实不看月者"；"装假醉，唱无腔曲"。写场面如"止见篙击篙，舟触舟，肩摩肩，面看面而已"；"吾辈纵舟，酣睡于十里荷花之中，香气拍人，清梦甚惬"。二是笔调轻松随意，富有诙谐意味。如写第一类人"灯火优傒，声光相乱，名为看月而实不见月者"；写杭人游湖，"避月如仇"；写人声鼓吹，"如沸如撼，如魇如呓，如聋如哑"。三是善于用不同的情景作对比。如杭人游湖与"吾辈"游湖，场面不同，氛围不同，情趣各异，通过对比，情景更为生动逼真。

【思考与练习】

一、"西湖七月半，一无可看，止可看看七月半之人。"这样开头对全文有何作用？

二、举例说明本文语言传神和笔调诙谐的特点。

三、分析"杭人游湖"与"吾辈"赏月构成的对比情景。

马伶传①

侯方域

侯方域(1618—1655),字朝宗,号雪苑,河南商丘人。明末清初著名诗文作家。明末参加复社,对权奸魏忠贤及其依附者阮大铖之流进行过斗争。清兵入关后,应河南乡试,中榜。不久病逝。他能诗善文,部分作品反映了明末清初的现实生活。有《壮悔堂文集》和《四忆堂诗集》。

马伶者,金陵梨园部也②。金陵为明之留都③,社稷百官皆在④,而又当太平盛时⑤,人易为乐。其士女之问桃叶渡、游雨花台者⑥,趾相错也⑦。梨园以技鸣者⑧,无虑数十辈⑨,而其最著者二:曰兴化部,曰华林部。

一日,新安贾合两部为大会⑩,遍征金陵之贵客文人⑪,与夫妖姬静女⑫,莫不毕集。列兴化于东肆⑬,华林于西肆。两肆皆奏《鸣凤》⑭,所谓椒山先生者⑮。迨半奏⑯,引商刻羽⑰,抗坠疾徐⑱,并称善也。当两相国论河套⑲,而西肆之为严嵩相国者曰李伶⑳,东肆则马伶。坐客乃西顾而叹㉑,或大呼命酒㉒,或移坐更进之,首不复东。未几更进㉓,则东肆不复能终曲。询其故,盖马伶耻出李伶下,已易衣遁矣㉔。马伶者,金陵之善歌者也。既去,而兴化部又不肯辄易之,乃竟辍其技不奏㉕,而华林部独著。

去后且三年而马伶归㉖,遍告其故侣㉗,请于新安贾曰:"今日幸为开宴㉘,招前日宾客,愿与华林部更奏《鸣凤》,奉一日欢㉙。"既奏,已而论河套㉚,马伶复为严嵩相国以出。李伶忽失声㉛,匍匐前称弟子㉜,兴化部是日遂凌出华林部远甚㉝。

其夜,华林部过马伶曰㉞:"子,天下之善技也,然无以易李伶,李伶之为严相国至矣㉟,子又安从授之而掩其上哉㊱?"马伶曰:"固然,天下无以易李伶,李伶即又不肯授我㊲。我闻今相国昆山顾秉谦者㊳,严相国俦也㊴。我走京师㊵,求为其门卒三年㊶。日侍昆山相国于朝房㊷,察其举止,聆其语言㊸,久而得之,此吾之所为师也。"华林部相与罗拜而去。

马伶,名锦,字云将,其先西域人㊹,当时犹称马回回云㊺。

侯方域曰:异哉!马伶之自得师也。夫其以李伶为绝技,无所干求㊻,乃走事昆山,见昆山犹之见分宜也㊼,以分宜教分宜,安得不工哉㊽?呜呼!耻其技之不若㊾,而去数千里,为卒三年。倘三年犹不得,即犹不归尔㊿。其志如此,技之工又须问耶?

【注释】

① 马伶:姓马的演员。伶,古时称演戏、歌舞、作乐的人。
② 金陵:今江苏南京。梨园部:戏班,剧团。梨园,本是唐玄宗命乐工教授宫女乐曲的地方,后世因称戏班为梨园。部,行业的组织。
③ 留都:明朝开国时,建都南京。明成祖时迁都北京,南京仍保存京都的建制,称留都。
④ 社稷:社指土神,稷指谷神。后来用作国家的代称。
⑤ 盛时:国家兴隆的时期。
⑥ 问:探访。桃叶渡:南京名胜之一,是秦淮河的古渡口,相传东晋王献之送其妾桃叶在此渡江,因而得名。雨花台:在南京中华门外,三国时称石子岗,又称聚宝山。相传梁武帝时,云光法师在此讲经,落花如雨,故名。
⑦ 趾相错:脚趾互相错杂,形容人多。
⑧ 以技鸣:因技艺高而出名。
⑨ 无虑:大约。辈:同一等级、同一类别的人。引申为"群""队"。这里指"部"。
⑩ 新安贾(gǔ):新安商人。新安:徽州的别名,今江西婺源一带。会:堂会。
⑪ 征:招请。
⑫ 妖姬静女:艳丽的妇人和娴静文雅的女子。
⑬ 肆:店铺。这里指演戏的场所。
⑭ 《鸣凤》:指明传奇《鸣凤记》,相传为王世贞或其门客所作,写明嘉靖年间杨继盛等人与严嵩的政治斗争,杨继盛等人均受迫害,最后以严嵩父子的罪行被揭发并受到制裁结束。
⑮ 椒山先生:即杨继盛,字仲芳,号椒山,官至南京兵部右侍郎,因为弹劾严嵩被害致死。
⑯ 迨(dài):等到。半奏:演唱到一半。
⑰ 引商刻羽:演唱符合节拍,讲究声律。商、羽都是我国音乐五声(宫、商、角、徵、羽)之一。
⑱ 抗坠疾徐:指音调高低快慢,变化很多。抗坠,高低。疾徐,快慢。
⑲ 两相国论河套:是《鸣凤记》第六出的情节,两相国指明世宗时的宰相夏言(主战派)和严嵩(投降派)争论是否收复河套事。河套,黄河从宁夏横城流经内蒙古,到陕西府谷一带,形成一"几"字形的大弯曲,所以习惯上把那一带的黄河两岸称作河套地区。当时河套地区为俺答占据。
⑳ 严嵩:字惟中,分宜(今属江西)人,弘治年间中进士,得到明世宗信任。他弄权纳贿,结党营私,陷害忠良,是著名的奸臣。

㉑ 叹:赞叹。

㉒ 命酒:叫人拿酒来。

㉓ 未几:没有多久。更进:继续进行。

㉔ 易衣:换衣裳,指脱下戏装,换上便服。遁(dùn):逃走,逃避。

㉕ 辍其技不奏:停止演唱。

㉖ 且三年:将近三年。

㉗ 故侣:旧日的伴侣,这里指同戏班的人。

㉘ 幸:希望。

㉙ 奉:敬献。

㉚ 已而:不久之后。

㉛ 失声:控制不住,不觉出声。

㉜ 匍匐(púfú):伏在地上。

㉝ 凌出:超过。

㉞ 过:往访。

㉟ 至矣:好极了,好到极点。

㊱ 安从授之:从哪里学来的。掩其上:盖过他,超过他。

㊲ 即:通"则"。

㊳ 昆山顾秉谦:明代昆山(今属江苏)人,曾依附魏忠贤,残害过左光斗等忠臣。

㊴ 俦(chóu):同类。

㊵ 走:跑到。

㊶ 门卒:门下的差役。

㊷ 朝房:百官上朝前休息的地方。

㊸ 聆(líng):倾耳细听。

㊹ 西域:指今甘肃西部、新疆维吾尔自治区以及中亚细亚一部分地区。

㊺ 回回:旧时对于回族及伊斯兰教徒的称呼。

㊻ 无所干(gān)求:干求无所,无从干求。干,求取。

㊼ "见昆山"句:见到顾秉谦就好像见到了严嵩(意谓这两个人几乎一样)。

㊽ 工:巧妙,精致。

㊾ 技之不若:技艺不如人家。

㊿ 尔:语末助词,相当于"耳"。

【提示】

　　这是一篇人物传记,着重记叙了马伶与李伶的两次技艺较量,马伶先大败而后大胜。马伶的经验说明:文艺创作要获得成功,必须了解和熟悉生活,到生活中去学习；而一个人要想在事业上有所成就，就必须要有吃苦耐劳、潜心钻研、精益求精的精神。侯方域是复社成员，对明末阉党深为痛恨，他写本文，意图还在于借此讥刺朝中权奸。马伶扮演奸相严嵩，却由仿效当朝宰相顾秉谦而一举成功，这就恢谐地暗示出严、顾二人是一丘之貉。

　　文章详略有度，剪裁得体。作者采用倒叙方式，将第二次较量移至马伶到京师学艺之前叙述，使两次较量的胜负结果显示出富于戏剧性的起落变化，从而吸引读者探究原委。文中写第一次技艺较量马伶大败采用了场面描写的方法，形象生动，对第二次技艺较量马伶大胜起到了很好的反衬作用，文章的主题思想就在这大败与大胜的反照之中凸现出来。

【思考与练习】

一、作者写作本文的主观动机是什么？

二、以今日而言，马伶的成功经验有何启示？

三、作者为什么先写马伶与李伶的第二次技艺较量，再倒叙其取胜的原因？

秋　夜①

鲁　迅

　　鲁迅(1881—1936)，本名周樟寿，字豫山，后改名周树人，字豫才，浙江绍兴人。中国现代文学的奠基人。幼年受过诗书经传的传统教育。1898年考入南京江南水师学堂，后改入陆师学堂附设的矿务铁路学堂，开始接受达尔文的进化论学说。1902年赴日本留学，初学医，后因决心改造国民的精神，弃医从文，积极参加民主革命活动。1918年4月，开始用"鲁迅"这一笔名，在《新青年》杂志发表了他的第一篇白话小说《狂人日记》。五四运动前后积极参加《新青年》杂志的工作，站在反帝反封建的新文化运动的最前列。

　　1927年10月，鲁迅到上海定居，开始了"左翼"十年的战斗生活。在此期间，他的思想由进化论发展到阶级论，由革命民主主义者成为共产主义战士。1936年10月19日因积劳成疾，与世长辞。

　　鲁迅一生创作近四百万字，翻译五百多万字，整理古籍近六十万字，对中国文化事业做出了巨大贡献。小说集有《呐喊》《彷徨》《故事新编》，散文集有《野草》《朝花夕拾》，杂文集有《且介亭杂文》等。《狂人日记》《阿Q正传》《祝福》等为其小说代表作。1981年出版了附有注释的十六卷《鲁迅全集》，2005年又出版了新版十八卷《鲁迅全集》。

　　在我的后园，可以看见墙外有两株树，一株是枣树，还有一株也是枣树。

　　这上面的夜的天空，奇怪而高，我生平没有见过这样的奇怪而高的天空。他仿佛要离开人间而去②，使人们仰面不再看见。然而现在却非常之蓝，闪闪地䀹③着几十个星星的眼，冷眼。他的口角上现出微笑，似乎自以为大有深意，而将繁霜洒在我的园里的野花草上。

　　我不知道那些花草真叫什么名字，人们叫他们什么名字。我记得有一种开过极细小的粉红花,现在还开着,但是更极细小了。她在冷的夜气中,瑟缩地做梦,梦见春的到来,梦见秋的到来,梦见瘦的诗人将眼泪擦在她最末的花瓣上,告诉她秋虽然来,冬虽然来,而此后接着还是春,蝴蝶乱飞,蜜蜂都唱起春词来了。她于是一笑,虽然颜色冻得红惨惨地,仍然瑟缩着。

枣树,他们简直落尽了叶子。先前,还有一两个孩子来打他们别人打剩的枣子,现在是一个也不剩了,连叶子也落尽了。他知道小粉红花的梦,秋后要有春;他也知道落叶的梦,春后还是秋。他简直落尽叶子,单剩干子,然而脱了当初满树是果实和叶子时候的弧形,欠伸得很舒服。但是,有几枝还低亚④着,护定他从打枣的竿梢所得的皮伤,而最直最长的几枝,却已默默地铁似的直刺着奇怪而高的天空,使天空闪闪地鬼䀹眼;直刺着天空中圆满的月亮,使月亮窘得发白。

鬼䀹眼的天空越加非常之蓝,不安了,仿佛想离去人间,避开枣树,只将月亮剩下。然而月亮也暗暗地躲到东边去了⑤。而一无所有的干子,却仍然默默地铁似的直刺着奇怪而高的天空,一意要制他的死命,不管他各式各样地䀹着许多蛊惑的眼睛。

哇的一声,夜游的恶鸟飞过了。

我忽而听到夜半的笑声,吃吃⑥地,似乎不愿意惊动睡着的人,然而四围的空气都应和着笑。夜半,没有别的人,我即刻听出这声音就在我嘴里,我也即刻被这笑声所驱逐,回进自己的房。灯火的带子也即刻被我旋高了。

后窗的玻璃上丁丁地响,还有许多小飞虫乱撞。不多久,几个进来了,许是从窗纸的破孔进来的。他们一进来,又在玻璃的灯罩上撞得丁丁地响。一个从上面撞进去了,他于是遇到火,而且我以为这火是真的。两三个却休息在灯的纸罩上喘气。那罩是昨晚新换的罩,雪白的纸,折出波浪纹的叠痕,一角还画出一枝猩红色的栀子⑦。

猩红的栀子开花时,枣树又要做小粉红花的梦,青葱地弯成弧形了……我又听到夜半的笑声;我赶紧砍断我的心绪,看那老在白纸罩上的小青虫,头大尾小,向日葵子似的,只有半粒小麦那么大,遍身的颜色苍翠得可爱,可怜。

我打一个呵欠,点起一支纸烟,喷出烟来,对着灯默默地敬奠这些苍翠精致的英雄们。

一九二四年九月十五日

【注释】

① 《秋夜》最初发表于1924年12月1日《语丝》周刊第三期,题作《野草之一·秋夜》。

② 他:在五四初期的白话文中,称第三人称的女性或称物都用"他"。后来才有"他""她""它"之分。本文中"他""他们"即分别指代天空、花草、枣树等,而"她"字则指代小粉红花。

③ 眨(zhǎ):眼睛一合一张,同"眨"。

④ 低亚:低垂。亚,通"压"。

⑤ 这是写作者在深夜里一瞬间的感觉,并不是真的月亮东移。

⑥ 吃(qì)吃:状笑声。

⑦ 栀(zhī)子:一种常绿灌木,夏季开花,极香,一般为白色或淡黄色,红栀子花是极罕见的品种。

【提示】

《秋夜》是鲁迅散文诗集《野草》的第一篇,发表于1924年12月。作者当时在北京,正和北洋军阀黑暗统治及封建统治进行着坚韧的战斗。这篇作品以象征的手法,借景抒情,托物言志,揭露当时社会的黑暗,赞颂抗击黑暗、追求光明的战士,具有境界幽深、寓意深远的特点,启发读者无限的联想。

运用象征手法抒情,是本文最主要的艺术表现特点。作品写秋夜在后园和室中的所见、所感,寓情于景,把自然景物人格化,创造了天空、枣树、小粉红花、小青虫等具有深刻意蕴的象征性形象。对这些象征性形象的理解不宜过于指实,但其褒贬分明,作者的感情寄寓与作品的意义指向是十分明确的。天空的形象在作品中是人间生灵与美好事物的虐杀者,显然是黑暗暴虐势力的象征。它冷漠、凶险而狡黠,又色厉内荏,作者对它的态度既憎恨又蔑视。小粉红花在秋夜的寒气中瑟缩地做梦,它是作为遭受踩躏却还抱有希望的弱者的象征,作者寄了深切的同情。枣树是全篇的主要形象。作品开头关于两棵枣树的重复修辞手法的独到运用,意在对后面关于枣树的描写进行铺垫。枣树的苍劲挺拔,无情无畏地刺向夜空,不"制他的死命"决不罢休的坚韧的战斗精神,正是抒情主人公自身人格、精神的诗意写照。文章最后的小青虫的形象,小得可爱、可怜,却为追求光明而不惜献出生命,精神上与枣树暗相呼应。文章以对小青虫的"敬奠"作结,含义深长。作者身处长夜,既决心与黑暗势力誓死战斗,又深感这一斗争的艰险与悲壮,这正是他当时的复杂心态的真实表达。

《秋夜》在艺术表现方面的另一个特点是意境营造。作者用冷隽峭拔的语言,着力渲染萧瑟森然、幽远清寂的秋夜氛围。在这冷寂深邃的意境中,既蕴藉又强烈地表达了一个既彷徨又执着的孤独的求索者的心绪。

【思考与练习】

一、本文表达了鲁迅怎样的思想感情？

二、分析本文运用象征手法抒情的艺术特点。

三、本文开头对两棵枣树的重复叙述，是为了达到什么表达效果？

香　市①

茅　盾

　　茅盾(1896—1981)，原名沈德鸿，字雁冰，笔名茅盾，浙江桐乡人。1916年北京大学预科毕业，进入上海商务编译所，即开始了文学活动。曾任《小说月报》主编，参与发起组织"文学研究会"，并与鲁迅、瞿秋白等致力于推动中国左翼作家联盟的发展。新中国成立后历任中国作家协会主席、文化部长、全国政协副主席等职。

　　茅盾的长篇小说《蚀》《腐蚀》，中短篇小说《林家铺子》《春蚕》等，都从不同侧面反映了时代面貌；长篇小说《子夜》，更是中国现代文学史上一部光辉的革命现实主义巨著。散文有《风景谈》《白杨礼赞》等，均脍炙人口。茅盾还介绍和翻译外国文学作品，撰写理论批评文章。他的理论批评文章大都写得明白晓畅，反映出他一贯坚持的为现实服务、为人民大众服务的文艺思想。有《茅盾文集》。

　　"清明"过后，我们镇上照例有所谓"香市"，首尾大约半个月。

　　赶"香市"的群众，主要是农民。"香市"的地点，在社庙②。从前农村还是"桃源"的时候③，这香市就是农村的"狂欢节"。因为从"清明"到"谷雨"这二十天内，风暖日丽，正是"行乐"的时令，并且又是"蚕忙"的前夜，所以到"香市"来的农民一半是祈神赐福（蚕花廿四分）④，一半也是预酬蚕节的辛苦劳作。所谓"借佛游春"是也。

　　于是"香市"中主要的节目无非是"吃"和"玩"。临时的茶棚，戏法场，弄缸弄甏、走绳索、三上吊的武技班⑤，老虎，矮子，提线戏，髦儿戏⑥，西洋镜⑦，——将社庙前五六十亩地的大广场挤得满满。庙里的主人公是百草梨膏糖，花纸，各式各样泥的纸的金属的玩具，灿如繁星的"烛山"，熏得眼睛流泪的檀香烟，木拜垫上成排的磕头者⑧。庙里庙外，人声和锣鼓声，还有孩子们手里的小喇叭、哨子的声音，混合成一片骚音，三里路外也听得见。

　　我幼时所见的"香市"，就是这样热闹的。在这"香市"中，我不但鉴赏了所谓"国技"⑨,我还认识了老虎,豹,猴子,穿山甲。所以"香市"也是儿童们的狂欢节。

"革命"以后⑩,据说为的要"破除迷信",接连有两年不准举行"香市"。社庙的左屋被"公安分局"借去做了衙门,而庙前广场的一角也筑了篱笆,据说将造公园。社庙的左偏殿上又有什么"蚕种改良所"的招牌。

然而从去年起,这"迷信"的香市忽又准许举行了。于是我又得机会重温儿时的旧梦,我很高兴地同三位堂妹子(她们运气不好,出世以来没有见过像样的热闹的香市),赶那香市去。

天气虽然很好,"市面"却很不好。社庙前虽然比平日多了许多人,但那空气似乎很阴惨。居然有锣鼓的声音,可是那声音单调。庙前的乌龙潭一泓清水依然如昔⑪,可是潭后那座戏台却坍塌了,屋椽子像瘦人的肋骨似的暴露在"光天化日"之下。一切都不像我儿时所见的香市了!

那末姑且到唯一的锣鼓响的地方去看一看罢。我以为这锣鼓响的是什么变把戏的,一定也是瘪三式的玩意了⑫。然而出乎意料,这是"南洋武术班",上海的《良友画报》六十二期揭载的"卧钉床"的大力士就是其中的一员。那不是无名的"江湖班"。然而他们只售票价十六枚铜元⑬。

看客却也很少,不满二百(我进去的时候,大概只有五六十)。武术班的人们好像有点失望,但仍认真地表演了预告中的五六套:马戏,穿剑门,穿火门,走铅丝,大力士……他们说:"今天第一回,人少,可是把式不敢马虎⑭,——"他们三条船上男女老小总共有到三十个!

在我看来,这所谓"南洋武术班"的几套把式比起从前"香市"里的打拳头卖膏药的玩意来,委实是好看得多了。要是放在十多年前,怕不是挤得满场没有个空隙儿么?但是今天第一天也只得二百来看客。往常"香市"的主角——农民,今天差不多看不见。

后来我知道,镇上的小商人是重兴这"香市"的主动者,他们想借此吸引游客"振兴"市面,可是他们也失望了。

【注释】

①《香市》发表于1933年7月《申报月刊》第二卷第七号上,1934年收入散文集《话匣子》,现编入《茅盾文集》第九卷。作者在《故乡杂记》一文中说:"'香市'就是阴历三月初一起,十五日止的土地庙的'庙会'式的临时市场。乡下人都来烧香,祈神赐福,——蚕好,趁便逛一下。"

②社庙:也称土地庙,是祭祀土地神的场所。作者在《陌生人》一文中说:"镇上有一座土地庙。如果父

老的传说可信,则'该'庙的'大老爷'原是明末清初的一位忠臣,三四百年来,享受此方人民的香火。不用说,他应该保佑这一方的老百姓了。乡下人迷信这位土地老爷特别关心蚕桑,所以每年清明节后'嬉春祈蚕'的所谓'香市'一定举行在这土地庙。"

③ "桃源":即"桃花源",亦称"世外桃源"。典出晋陶潜《桃花源记》,这里借指半封闭式的、受外界经济、政治和战争影响较少的农村。

④ 蚕花廿四分:浙江一带方言,称蚕茧的收成为蚕花。这里的"蚕花廿四分"是希望蚕茧能有廿四分的好收成。

⑤ 弄缸弄甏(bèng):当如现在杂技节目中的"蹬技""顶技"。甏:坛子。一种腹大口小的陶制盛器。三上吊:马戏团里一种高空悬吊的武技表演名称。

⑥ 髦儿戏:清末流行于江浙一带、全部由青少年女演员演出的戏,多演唱京剧、昆曲。

⑦ 西洋镜:又作"西洋景",亦称"拉洋片"。以若干幅画片在暗箱中左右推动,周而复始,观众可从透镜中看到放大了的画面。画片多西洋风物,所以叫西洋景。

⑧ 拜垫:一种放在神像等面前的地上供磕头时用的用具。

⑨ "国技":指武术杂技之类。

⑩ "革命":指第一次国内革命战争,即1924—1927年间的北伐战争。

⑪ 一泓(hóng):一片。泓,水深,这里作量词用。

⑫ 瘪(biē)三:上海人称城市中无正当职业而以乞讨或偷窃为生的游民为瘪三。

⑬ 铜元:也称"铜板",是从清代末年到抗日战争前通用的圆形铜质辅币。当时每块银元约值三百个铜元。

⑭ 把式:这里指武术、技艺。

【提示】

本文通过记述浙江桐乡乌镇"香市"今昔的变化,即小见大,写出了大革命失败后中国农村自然经济的日益凋敝及其对市镇的影响,反映了旧中国由封建经济向半封建半殖民地经济的转变,并没有给农村带来发展和繁荣。

作品主要采用今昔对比的写作方法。全文分为两大部分:第一部分追忆往昔香市的热闹场面,第二部分描述重兴香市的冷落情景。通过今与昔、冷落与热闹的对比来表现主旨。

文章写往昔香市热闹情景采用场面描写方法:先总写一句,然后依次写庙前、庙内和声音,层次十分清楚。写重兴香市的冷落情景采用反衬手法:重兴香市中的武术班,技艺比往昔香市的杂耍高明得多,票价也极低,但看的人很少,这就更加鲜明地反衬出重兴香市的冷落。

文章开头说往昔香市的主角是农民,结尾说重兴香市是由镇上的小商人发起,农民差不多没有来,这一今昔香市主角的转移,充分反映了当时农村经济的凋敝及其对市镇的影响,从而也就突出了文章中心。

【思考与练习】

一、概括文章的中心思想,体会本文以小见大的特点。

二、本文所采用的基本表现方法是什么?

三、分析文中关于往昔香市热闹情景的场面描写的层次内容。

四、为什么说作者在描述重兴香市冷落情景时采用了反衬手法?

五、今昔香市主角的转移说明了什么?

爱尔克的灯光[①]

巴　金

　　巴金(1904—2005)，原名李尧棠，字芾甘，出生于四川成都。1923年到上海、南京求学。1927—1928年旅居巴黎，创作并出版了他的处女作《灭亡》。回国后又陆续出版了《爱情三部曲》(《雾》《雨》《电》)、《激流三部曲》(《家》《春》《秋》)、《寒夜》、《憩园》等作品。其代表作《家》，通过对一个官僚地主家庭生活内幕的生动描绘，深刻暴露了封建末世的黑暗与腐朽，控诉了旧礼教、旧势力的罪恶，歌颂了五四初期知识青年的觉醒及对封建势力的斗争。除小说外，巴金还有《生之忏悔》《旅途随笔》《静夜的悲剧》等十多个散文集，多描写自然风光和人生世态，洋溢着渴望自由、追求光明的热情，意境清新，语言流畅。《巴金文集》十四卷，由人民文学出版社出版。

　　傍晚，我靠着逐渐黯淡的最后的阳光的指引，走过十八年前的故居。这条街、这个建筑物开始在我的眼前隐藏起来，像在躲避一个久别的旧友。但是它们的改变了的面貌于我还是十分亲切。我认识它们，就像认识我自己。还是那样宽的街，宽的房屋。巍峨的门墙代替了太平缸和石狮子，那一对常常做我们坐骑的背脊光滑的雄狮也不知逃进了哪座荒山。然而大门开着，照壁上"长宜子孙"四个字却是原样地嵌在那里，似乎连颜色也不曾被风雨剥蚀。我望着那同样的照壁，我被一种奇异的感情抓住了，我仿佛要在这里看出过去的十九个年头，不，我仿佛要在这里寻找十八年以前的遥远的旧梦。

　　守门的卫兵用怀疑的眼光看我。他不了解我的心情。他不会认识十八年前的年轻人。他却用眼光驱逐一个人的许多亲密的回忆。

　　黑暗来了，我的眼睛失掉了一切。于是大门内亮起了灯光。灯光并不曾照亮什么，反而增加了我心上的黑暗。我只得失望地走了。我向着来时的路回去。已经走了四五步，我忽然掉转头，再看那个建筑物。依旧是阴暗中一线微光。我好像看见一盛满希望的水碗一下子就落在地上打碎了一般,我痛苦地在心里叫起来。在这条被夜幕覆盖着的近代城市的静寂的街中,我仿佛看见了哈立希岛上的灯光。那应该是姐姐爱尔克点的灯罢。她用这灯光来给她的航海的兄弟照路,每夜每夜灯光亮在她的窗前,她一直到死都在等待那个出远门的兄弟回来。最后她带着失望进入坟墓。

街道仍然是清静的。忽然一个熟习的声音在我耳边轻轻地唱起了这个欧洲的古传说。在这里不会有人歌咏这样的故事。应该是书本在我心上留下的影响。但是这个时候我想起了自己的事情。

十八年前在一个春天的早晨,我离开这个城市、这条街的时候,我也曾有一个姐姐,也曾答应过有一天回来看她,跟她谈一些外面的事情。我相信自己的诺言。那时我的姐姐还是一个出阁才只一个多月的新嫁娘,都说她有一个性情温良的丈夫,因此也会有长久的幸福的岁月。

然而人的安排终于被"偶然"毁坏了。这应该是一个"意外"。但是这"意外"却毫无怜悯地打击了年轻的心。我离家不过一年半光景,就接到了姐姐的死讯。我的哥哥用了颤抖的哭诉的笔叙说一个善良女性的悲惨的结局,还说起她死后受到的冷落的待遇。从此那个作过她丈夫的所谓温良的人改变了,他往一条丧失人性的路走去。他想往上爬,结果却不停地向下面落,终于到了用鸦片烟延续生命的地步。对于姐姐,她生前我没有好好地爱过她,死后也不曾做过一样纪念她的事。她寂寞地活着,寂寞地死去。死带走了她的一切,这就是在我们那个地方的旧式女子的命运。

我在外面一直跑了十八年。我从没有向人谈过我的姐姐。只有偶尔在梦里我看见了爱尔克的灯光。一年前在上海我常常睁起眼睛做梦。我望着远远的在窗前发亮的灯,我面前横着一片大海,灯光在呼唤我,我恨不得腋下生出翅膀,即刻飞到那边去。沉重的梦压住我的心灵,我好像在跟许多无形的魔手挣扎。我望着那灯光,路是那么远,我又没有翅膀。我只有一个渴望:飞!飞!那些熬煎着心的日子!那些可怕的梦魇!

但是我终于出来了。我越过那堆积着像山一样的十八年的长岁月,回到了生我养我而且让我刻印了无数儿时回忆的地方。我走了很多的路。

十九年,似乎一切全变了,又似乎都没有改变。死了许多人,毁了许多家。许多可爱的生命葬入黄土。接着又有许多新的人继续扮演不必要的悲剧。浪费,浪费,还是那许多不必要的浪费——生命,精力,感情,财富,甚至欢笑和眼泪。我去的时候是这样,回来时看见的还是一样的情形。关在这个小圈子里,我禁不住几次问我自己:难道这十八年全是白费?难道在这许多年中间所改变的就只是装束和名词?我痛苦地搓自己的手,不敢给一个回答。

在这个我永不能忘记的城市里,我度过了五十个傍晚。我花费了自己不少的眼泪和欢笑,也消耗了别人不少的眼泪和欢笑。我匆匆地来,也将匆匆地去。用留恋的眼光看我出生的房屋,这应该是最后的一次了。我的心似乎想在那里寻觅什么。但是我所要的东西绝不会在那里找到。我不会像我的一个姑母或者嫂嫂,设法进到那所已经易了几个主人的公馆,对着园中的花树垂泪,慨叹着一个家庭的盛衰。摘吃自己栽种的树上的苦果,这是一个人的本分。我没有跟着那些人走一条路,我当然在这里找不到自己的脚迹。几次走过这个地方,我所看见的还只是那四个字"长宜子孙"。

"长宜子孙"这四个字的年龄比我的不知大了多少。这也该是我祖父留下的东西罢。最近在家里我还读到他的遗嘱。他用空空两手造就了一份家业。到临死还周到地为儿孙安排了舒适的生活。他叮嘱后人保留着他修建的房屋和他辛苦地搜集起来的书画。但是儿孙们回答他的还是同样的字:分和卖。我很奇怪,为什么这样聪明的老人还不明白一个浅显的道理:财富并不"长宜子孙",倘使不给他们一个生活技能,不向他们指示一条生活道路;"家"这个小圈子只能摧毁年轻心灵的发育成长,倘使不同时让他们睁起眼睛去看广大世界;财富只能毁灭崇高的理想和善良的气质,要是它只消耗在个人的利益上面。

"长宜子孙",我恨不能削去这四个字②!许多可爱的年轻生命被摧残了,许多有为的年轻心灵被囚禁了。许多人在这个小圈子里面憔悴地捱着日子。这就是"家"!"甜蜜的家"!这不是我应该来的地方。爱尔克的灯光不会把我引到这里来的。

于是在一个春天的早晨,依旧是十八年前的那些人把我送到门口,这里面少了几个,也多了几个。还是和那次一样,看不见我姐姐的影子,那次是我没有等待她,这次是我找不到她的坟墓。一个叔父和一个堂兄弟到车站送我,十八年前他们也送过我一段路程。

我高兴地来,痛苦地去。汽车离站时我心里的确充满了留恋。但是清晨的微风,路上的尘土,马达的叫吼,车轮的滚动,和广大田野里一片盛开的菜子花,这一切驱散了我的离愁。我不顾同行者的劝告,把头伸到车窗外面,去呼吸广大天幕下的新鲜空气。我很高兴,自己又一次离开了狭小的家,走向广大的世界中去!

忽然在前面田野里一片绿的蚕豆和黄的菜花中间,我仿佛又看见了一线光,一个亮,这还是我常常看见的灯光。这不会是爱尔克的灯里照出来的,我那个可怜的姐姐已经死去了。这一定是我的心灵的灯,它永远给我指示我应该走的路。

1941 年 3 月在重庆

【注释】

① 本文原载 1941 年 4 月 19 日重庆《新蜀报》副刊《蜀道》,最初收入散文集《龙·虎·狗》,后收入《巴金文集》第十卷。

② 作者 1959 年注:1956 年 12 月我终于走进了这个"公馆"。"长宜子孙"四个字果然跟着"照壁"一起消灭了。

【提示】

这篇散文抒写了作者见到故居时的复杂心情和联翩思绪。

故居照壁上的"长宜子孙"四个字,引发了作者对人生道路的思索:祖辈们所安排的围于家庭和礼教的"平坦而舒适"的道路,实际上是一条窒息青春和生命的死路,只有冲破旧家庭、旧礼教,到"广大的世界中去",才是一条光明之路。这里所表现的作者对封建家庭和封建礼教的彻底否定,就是本文的中心思想。

对姐姐悲剧的回忆,暴露了封建家庭、封建礼教窒息青春和生命的罪恶。

文中写到的三种灯光,都包含着深邃的象征意蕴:故居大门内亮起的昏暗灯光,是旧家庭、旧礼教走向没落、崩溃的象征;爱尔克的灯光,象征着旧生活的悲剧和希望的破灭;"我的心灵的灯",则是作者对新生活的信念和对理想的追求的象征。

"灯光"不仅使文章充满了诗意,而且是统贯全文的线索。三种灯光的依次闪现,体现着作者的思绪和感情的逐层推进,标志着文章思想内容的不断深化:由看到旧家庭、旧礼教的败落,到揭露和抨击它的罪恶,再到指出新的生活道路,这正是全文的内容发展脉络。

文章融叙事、抒情、议论于一炉,思绪翻滚,情感浓烈,充满动人力量。

【思考与练习】

一、概括作者由"长宜子孙"四个字所引发的思想感情。

二、说明文中出现的三种灯光的象征意蕴。

三、以"灯光"为线索,简要说明文章的内容脉络。

四、姐姐的悲剧说明了什么?

纪念傅雷①

施蛰存

施蛰存(1905—2003),原名施德普,字蛰存,浙江杭州人。先后就读于之江大学、上海大学、震旦大学。历任中学教师,上海水沫书店、现代书局编辑,云南大学、厦门大学、暨南大学、沪江大学教授。新中国成立后任华东师范大学教授。施蛰存在20世纪30年代的小说创作,是中国最早的"新感觉派"的代表。他在古典文学研究、碑帖研究、外国文学翻译等方面均有很大成就。主要作品有散文集《灯下集》《待旦集》,短篇小说集《上元灯》《梅雨之夕》《善女人行品》《小珍集》《将军底头》,专著《唐诗百话》《水经注碑录》《北山集古录》《词学名词释义》等。

一九六六年九月三日,这是傅雷和夫人朱梅馥离开这个世界的日子,今年今天,正是二十周年纪念。这二十年过得好快,我还没有时间写一篇文章纪念他们。俗话说:"秀才人情纸半张。"我连这半张纸也没有献在老朋友灵前,人情之薄,可想而知。不过,真要纪念傅雷夫妇,半张纸毕竟不够,而洋洋大文却也写不出,于是拖延到今天。

现在,我书架上有十五卷的《傅雷译文集》和两个版本的《傅雷家书》,都是傅敏寄赠的②,还有两本旧版的《高老头》和《欧也妮·葛朗台》③,是傅雷送给我的,有他的亲笔题字。我的照相册中有一张我的照片,是一九七九年四月十六日在傅雷追悼会上,在赵超构送的花圈底下④,沈仲章给我照的⑤,衣襟上还有一朵黄花。这几年来,我就是默对这些东西,悼念傅雷。

一九三九年,我在昆明。在江小鹣的新居中⑥,遇到滕固和傅雷⑦。这是我和傅雷定交的开始。可是我和他见面聊天的机会,只有两次,不知怎么一回事,他和滕固吵翻了,一怒之下,回上海去了。这是我第一次领略到傅雷的"怒"。后来知道他的别号就叫"怒庵",也就不以为奇。从此,和他谈话时,不能不提高警惕。

一九四三年,我从福建回沪省亲⑧,在上海住了五个月,曾和周煦良一同到吕班路(今重庆南路)巴黎新村去看过傅雷⑨,知道他息影孤岛⑩,专心于翻译罗曼·罗兰⑪。这一次认识了朱梅馥。也看见客堂里有一架钢琴,他的儿子傅聪坐在高凳上练琴⑫。

我和傅雷的友谊,只能说开始于解放以后。那时他已迁居江苏路安定坊,住的是宋春舫家的屋子⑬。我住在邻近,转一个弯就到他家。五十年代初,他在译巴尔扎克,我在译伐佐夫、显克微支和尼克索⑭。这样,我们就成为翻译外国文学的同道,因此,在这几年中,我常去他家里聊天,有时也借用他的各种辞典查几个字。

可是,我不敢同他谈翻译技术,因为我们两人的翻译方法不很相同。一则因为他译的是法文著作,从原文译,我译的都是英文转译本,使用的译法根本不同。二则我主张翻译只要达意,我从英文本译,只能做到达英译本的意。英译本对原文本负责,我对英译本负责。傅雷则主张非但要达意,还要求传神。他屡次举过一个例。他说:莎士比亚的《哈姆雷特》第一场有一句"静得连一个老鼠的声音都没有⑮"。但纪德的法文译本⑯,这一句却是"静得连一只猫的声音都没有"。他说:"这不是译错,这是达意,这也就是传神。"我说,依照你的观念,中文译本就应该译作"鸦雀无声"。他说"对"。我说:"不行,因为莎士比亚时代的英国话中不用猫或鸦雀来形容静。"

傅雷有一本《国语大辞典》,书中有许多北方的成语。傅雷译到法文成语或俗话的时候,常常向这本辞典中去找合适的中国成语俗话。有时我去看他,他也会举出一句法文成语,问我有没有相当的中国成语。他这个办法,我也不以为然。我主张照原文原意译,宁可加个注,说明这个成语的意义相当于中国的某一句成语。当然,他也不以为然。

一九五八年,我们都成为第五类分子⑰,不便来往,彼此就不相闻问。不过,有一段时候,朱梅馥和我老伴都被居委会动员出去办托儿所,她们俩倒是每天在一起,我因此便间接知道一些傅雷的情况。

一九六一年,大家都蒙恩摘除了"帽子",可以有较多的行动自由,于是我又常去看他。他还在译书,而我已不干这一行了,那几年,我在热衷于碑版文物,到他那里去,就谈字画古董。他给我看许多黄宾虹的画⑱,极其赞赏,而我却又有不同意见。我以为黄宾虹晚年的画越来越像个"墨猪"了⑲。这句话又使他"怒"起来,他批评我不懂中国画里的水墨笔法。

一九六六年八月下旬,我已经在里弄里被"示众"过了⑳。想到傅雷,不知他这一次如何"怒法"。就在一个傍晚,踱到他门口去看看。只见他家门口贴满了大字报,门窗紧闭,真是"鸦雀无声"。我就踱了回家。大约在九月十日左右,才知道他们两夫妇已撒手西归,这是怒庵的最后一"怒"。

我知道傅雷的性情刚直,如一团干柴烈火,他因不堪凌辱,一怒而死,这是可以理解的,我和他虽然几乎处处不同,但我还是尊敬他。在那一年,朋友中像傅雷那样的毅然决然不自惜其生命的,还有好几个,我也都一律尊敬。不过,朱梅馥的能同归于尽,这却是我想象不到的,伉俪之情②,深到如此,恐怕是傅雷的感应。

傅雷逝世,其实我还没有了解傅雷。直到他的家书集出版,我才能更深一步的了解傅雷。他的家教如此之严,望子成龙的心情如此之热烈。他要把他的儿子塑造成符合于他的理想的人物。这种家庭教育是相当危险的,没有几个人能成功,然而傅雷成功了。

傅雷的性格,最突出的是他的刚直。在青年时候,他的刚直还近于狂妄。所以孔子说:"好刚不好学,其蔽也狂②。"傅雷从昆明回来以后,在艺术的涵养,知识学问的累积之后,他才成为具有浩然之气的儒家之刚者③,这种刚直的品德,在任何社会中,都是难得见到的,连孔子也说过:"吾未见刚者④。"

傅雷之死,完成了他的崇高品德,今天我也不必说"愿你安息吧",只愿他的刚劲,永远弥漫于知识分子中间。

【注释】

① 本文选自施蛰存的散文集《沙上的足迹》,辽宁教育出版社 1995 年版。傅雷(1908—1966):字怒安,号怒庵,上海南汇人。早年留学法国,专攻艺术,并游览了欧洲各国。回国后致力于法国文学艺术的翻译介绍,"文革"中遭迫害而死。译著有罗曼·罗兰《约翰·克利斯朵夫》,巴尔扎克《高老头》《欧也妮·葛朗台》,丹纳《艺术哲学》等 30 多部。

② 傅敏:傅雷的次子。《傅雷家书》是他所编。

③《高老头》和《欧也妮·葛朗台》:法国作家巴尔扎克的著名长篇小说,由傅雷译成中文。

④ 赵超构:笔名林放,我国著名杂文家,新中国成立后担任上海《新民晚报》社社长多年。

⑤ 沈仲章:中国现代学者,古琴家。

⑥ 江小鹣(jiān):中国现代画家,20 世纪 30 年代曾任上海新华艺术学校雕塑系主任。

⑦ 滕固:中国现代小说家,文学研究会成员。

⑧ 我从福建回沪省亲:1940 年 3 月施蛰存到福建,在厦门大学中文系任教。

⑨ 周煦良:翻译家,生前任上海华东师范大学外文系主任,曾译过英国作家毛姆的《刀锋》等。

⑩ 孤岛:指二次大战中太平洋战争爆发前的上海租界。

⑪ 罗曼·罗兰：法国现代作家、社会活动家，著有长篇小说《约翰·克里斯朵夫》等。

⑫ 傅聪：旅英钢琴家，傅雷的长子。

⑬ 宋春舫：中国现代戏剧家，著有喜剧《五里雾中》等。

⑭ 伐佐夫：保加利亚近代作家，其代表作长篇小说《轭下》由施蛰存译成中文。显克微支：波兰近代作家，施蛰存与人合译过《显克微支短篇小说集》。尼克索：丹麦近代作家，施蛰存译过他的长篇小说《征服者贝莱》，与人合译《尼克索短篇小说》。

⑮ 《哈姆雷特》：英国剧作家莎士比亚的著名悲剧。

⑯ 纪德：法国近代作家，二次大战时沦为亲法西斯分子。

⑰ 第五类分子：在"以阶级斗争为纲"的时代，把"地主、富农、反革命分子、坏分子、右派分子"五类人列为无产阶级专政的对象。第五类分子即指右派分子。施蛰存、傅雷在1957年反右运动中被错划为右派。

⑱ 黄宾虹：中国现代画家，曾在多家美术院校任教。

⑲ 墨猪：比喻书画的点画痴肥而无骨力。

⑳ 示众：指"文革"初期的当众批斗与羞辱。

㉑ 伉俪（kànglì）：夫妻。

㉒ "好刚"二句：出自《论语·阳货》。

㉓ 浩然之气：见《孟子·公孙丑上》，指一种至大至刚、充塞天地的正气。

㉔ 吾未见刚者：出自《论语·公冶长》。

【提示】

　　这是一篇悼念友人的散文。作者以客观冷静的笔墨，叙述了自己与傅雷生前交往的情谊，展现了傅雷独特的个性，深情地赞颂了像傅雷这样的中国知识分子坚持真理、刚直不屈的优秀品格。

　　傅雷因在反右斗争中被错划为"右派分子"，在"文革"期间不堪凌辱而弃世，为非正常死亡。本文作者回忆与傅雷的交往并不涉及傅雷在政治上遭受迫害的具体原因与过程，而是突出写了傅雷的"怒"。第一次是在昆明"不知怎么一回事"和滕固吵翻了，竟致一怒之下回上海去了。第二次是作者与傅雷关于翻译方法和黄宾虹画的争论，讨论的都是学术问题，但傅雷直率的性格已经跃然纸上。写这两次傅雷之"怒"，都是为第三次"怒"作铺垫。在"文革"中间他因"不堪凌辱，一怒而死"；这"最后一'怒'"导致轻生，却是傅雷刚直性格的臻于极致的表现，令人扼腕，也令人尊敬。

　　文章的最后两段，是作者因傅雷之死引发的关于"刚者"的议论，指出傅雷的"怒"非止于一般的个人脾性，在他思想成熟之后成为具有浩然之气的儒家之刚者，是极为难得的刚直品德。作者写作此文不仅是怀念自己与傅雷的友谊，更是为了对傅雷的崇高品德表示深深的敬意，并希望他的这种精神"永远弥漫于知识分子中间"。这才是对傅雷最好的纪念。

文章是按时间顺序进行记叙的。作者选取自己与傅雷交往 27 年中的若干片断，依次写来，显得层次井然。在回忆傅雷时，又突出了他的个性，将傅雷的性格写得鲜明生动，给读者留下深刻的印象。文章的语言朴实无华，但饱含深情，有时还显出机趣和幽默。

【思考与练习】

一、本文写出了傅雷怎样的个性特征？表现了怎样的主题？

二、本文作者将傅雷称为"刚者"，并在文章的结尾说："只愿他的刚劲，永远弥漫于知识分子中间。"这表达了作者怎样的思想感情？

三、本文是按什么顺序来进行回忆的？开头运用了什么叙述方法？这样写有什么好处？

哭小弟①

宗 璞

宗璞(1928—),原名冯钟璞,生于北京。当代著名女作家。著有小说《红豆》《三生石》,散文集《丁香结》等。

> 飞机强度研究所技术所长
>
> 冯钟越

我面前摆着一张名片,是小弟前年出国考察时用的。名片依旧,小弟却再也不能用它了。

小弟去了。小弟去的地方是千古哲人揣摩不透的地方,是各种宗教企图描绘的地方,也是每个人都会去,而且不能回来的地方。但是现在怎么能轮得到小弟!他刚五十岁,正是精力充沛,积累了丰富的学识经验、大有作为的时候。有多少事等他去做呵!医院发现他的肿瘤已相当大,需要立即做手术,他还想去参加一个技术讨论会,问能不能开完会再来。他在手术后休养期间,仍在看研究所里的科研论文,还做些小翻译。直到卧床不起,他手边还留着几份国际航空材料,总是"想再看看"。他也并不全想的是工作。已是滴水不进时,他忽然说想吃虾,要对虾。他想活,他想活下去呵!

可是他去了,过早地去了。这一年多,从他生病到逝世,真像是个梦,是个永远不能令人相信的梦。我总觉得他还会回来,从我们那冬夏一律显得十分荒凉的后院走到我窗下,叫一声"小姊——"。

可是他去了,过早地永远地去了。

我长小弟三岁。从我有比较完整的记忆起,生活里便有我的弟弟,一个胖胖的、可爱的小弟弟,跟在我身后。他虽然小,可是在玩耍时,他常常当老师,照顾着小朋友,让大家坐好,他站着上课,那神色真是庄严。他虽然小,在昆明的冬天里,孩子们都怕生冻疮,都怕用冷水洗脸,他却一点不怕。他站在山泉边,捧着一个大盆的样子,至今还十分清晰地在我眼前。

"小姊,你看,我先洗!"他高兴地叫道。

在泉水缓缓地流淌中,我们从小学,中学而大学,大部时间都在一个学校。毕业后就各奔前程了。不知不觉间,听到人家称小弟为强度专家;不知不觉间,他担任了总工程师的职务。在那动荡不安的年月里,很难想象一个人的将来。这几年,父亲和我倒是常谈到②,只要环境许可,小弟是会为国家做出点实际的事的。却不料,本是最年幼的他,竟先我们而离去了。

去年夏天,得知他患病后,因为无法得到更好的治疗,我于八月二十日到西安,记得有一辆坐满了人的车来接我。我当时奇怪何以如此兴师动众,原来他们都是去看小弟的。到医院后,有人进病房握手,有人只在房门口默默地站一站,他们怕打扰病人,但他们一定得来看一眼。

手术时,有航空科学研究院、623所、631所的代表、弟妹、侄女和我在手术室外;还有一辆轿车在医院门口。车里有许多人等着,他们一定要等着,准备随时献血。小弟如果需要把全身的血都换过,他的同志们也会给他。但是一切都没有用。肿瘤取出来了,有一个半成人拳头大,一面已经坏死。我忽然觉得一阵胸闷,几乎透不过气来——这是在穷乡僻壤为祖国贡献着才华、血汗和生命的人呵,怎么能让这致命的东西在他身体里长到这样大!

我知道在这黄土高原上生活的艰苦,也知道住在这黄土高原上的人工作之劳累,还可以想象每一点工作的进展都要经过十分恼人的迂回曲折。但我没有想到,小弟不但生活在这里,战斗在这里,而且把性命交付在这里了。他手术后回京在家休养,不到半年,就复发了。

那一段焦急的悲痛的日子,我不忍写,也不能写。每一念及,便泪下如绠③,纸上一片模糊。记得每次看病,候诊室里都像公共汽车上一样拥挤,等呵等呵,盼呵盼呵,我们知道病情不可逆转,只希望能延长时间,也许会有新的办法。航空界从莫文祥同志起④,还有空军领导同志都极关心他,各个方面包括医务界的朋友们也曾热情相助,我还往海外求医。然而错过了治疗时机,药物再难奏效。曾有个别的医生不耐烦地当面对小弟说,治不好了,要他"回陕西去"。小弟说起这话时仍然面带笑容,毫不介意。他始终没有失去信心,他始终没有丧失生的愿望,他还没有累够。

小弟生于北京,一九五二年从清华大学航空系毕业。他填志愿到西南,后来分配在东北,以后又调到成都,调到陕西。虽然他的血没有流在祖国的土地上,但他的汗水洒遍全国,他的精力的一点一滴都献给祖国的航空事业了。个人的功绩总是有限的,也许燃尽了自己,也不能给人一点光亮,可总是为以后的绚烂的光辉做了一点积累吧。我不大明白各种工业的复杂性,但我明白,任何事业也不是只坐在北京就能够建树的。

我曾经非常希望小弟调回北京,分我侍奉老父的重担。他是儿子,三十年在外奔波,他不该尽些家庭的责任么?多年来,家里有什么事,大家都会这样说:"等小弟回来","问小弟"。有时只要想到有他可问,也就安心了。现在还怎能得到这样的心安?风烛残年的父亲想儿子,尤其这几年母亲去世后,他的思念是深的,苦的,我知道,虽然他不说,现在他永远失去他的最宝贝的小儿子了。我还曾希望在我自己走到人生的尽头,跨过那一道痛苦的门槛时,身旁的亲人中能有我的弟弟,他素来的可倚可靠会给我安慰。哪里知道,却是他先迈过了那道门槛呵!

一九八二年十月二十八日上午七时,他去了。

这一天本在意料之中,可是我怎能相信这是事实呢!他躺在那里,但他已经不是他了,已经不是我那正当盛年的弟弟,他再也不会回答我们的呼唤,再不会劝阻我们的哭泣。你到哪里去了,小弟!自一九七四年沅君姑母逝世起⑤,我家屡遭丧事,而这一次小弟的远去最是违反常规,令人难以接受!我还不得不把这消息告诉当时也在住院的老父,因为我无法回答他每天的第一句问话:"今天小弟怎么样?"我必须告诉他,这是我的责任。再没有弟弟可以依靠了,再不能指望他来分担我的责任了。

父亲为他写了挽联:"是好党员,是好干部,壮志未酬,洒泪岂只为家痛;能娴科技⑥,能娴艺文,全才罕遇,招魂也难再归来!"我那唯一的弟弟,永远地离去了。

他是积劳成疾,也是积郁成疾,他一天三段紧张地工作,参加各式各样的会议。每有大型试验,他事先检查到每一个螺丝钉,每一块胶布。他是三机部科技委员会委员,他曾有远见地提出多种型号研究。有一项他任主任工程师的课题研制获国防工办和三机部科技一等奖。同时他也是623所党委委员,需要在会议桌上坦率而又让人能接受地说出自己对各种事情的意见。我常想,能够"双肩挑",是我们五十年代到六十年代初期出来的知识分子的特点。我们是在"又红又专"的要求下长大的。当然,有的人永远也没有能达到要求,像我。大多数人则挑起过重的担子,在崎岖的、荆棘丛生的,有时是此路不通的山路上行走。那几年的批判斗争是有远期效果的。他们不只是生活艰苦,过于劳累,还要担惊受怕,心里塞满想不通的事,谁又能经受得起呢!

小弟入医院前,正负责组织航空工业部系统的一个课题组,他任主任工程师。他的一个同志写信给我说,一九八一年夏天,西安一带出奇的热,几乎所有的人晚上都到室外乘凉,只有"我们的老冯"坚持伏案看资料,"有一天晚上,我去他家汇报工作,得知他经常胃痛,有时从睡眠中痛醒,工作中有时会痛得大汗淋漓,挺一会儿,又接着做了。天啊!谁又知道这是癌症!我只淡淡地说该上医院看看。回想起来,我心里很内疚,我对不起老冯,也对不起您"!

这位不相识的好同志的话使我痛哭失声!我也恨自己,恨自己没有早想到癌症对我们家族的威胁,即使没有任何症状,也该定期检查。云山阻隔,我一直以为小弟是健康的。其实他早感不适,已去过他该去的医疗单位。区一级的说是胃下垂,县一级的说是肾游走。以小弟之为人,当然不会大惊小怪,惊动大家。后来在弟妹的催促下,乘工作之便到西安检查,才做手术。如果早一年有正确的诊断和治疗,小弟还可以再为祖国工作二十年!

往者已矣。小弟一生,从没有"埋怨"过谁,也没有"埋怨"过自己,这是他的美德之一。他在病中写的诗中有两句:"回首悠悠无恨事,丹心一片向将来。"他没有恨事。他虽无可以彪炳史册的丰功伟绩⑦,却有一个普通人的认真的、勤奋的一生。历史正是由这些人写成的。

小弟白面长身,美丰仪;喜文艺,娴诗词;且工书法篆刻。父亲在挽联中说他是"全才罕遇",实非夸张。如果他有三次生命,他的多方面的才能和精力也是用不完的;可就这一辈子,也没有得以充分地发挥和施展。他病危弥留的时间很长,他那颗丹心,那颗让祖国飞起来的丹心,顽强地跳动,不肯停息。他不甘心!

这样壮志未酬的人,不只他一个呵!

我哭小弟,哭他在剧痛中还拿着那本航空资料"想再看看",哭他的"胃下垂""肾游走";我也哭蒋筑英抱病奔波,客殇成都⑧;我也哭罗健夫不肯一个人坐一辆汽车⑨!我还要哭那些没有见诸报章的过早离去的我的同辈人。他们几经雪欺霜冻,好不容易奋斗着张开几片花瓣,尚未盛开,就骤然凋谢。我哭我们这迟开而早谢的一代人!

已经是迟开了,让这些迟开的花朵尽可能延长他们的光彩吧。

这些天,读到许多关于这方面的文章,也读到了《痛惜之余的愿望》,稍得安慰。我盼"愿望"能成为事实。我想需要"痛惜"的事应该是越来越少了。

小弟,我不哭!

1982 年 11 月

【注释】

① 本文发表于 1982 年 12 月 27 日《人民日报》,后收入《中国当代作家选集·宗璞卷》。

② 父亲:即现代著名哲学家冯友兰(1895—1990)。

③ 泪下如绠(gěng):形容眼泪之多。绠,汲水桶上的绳索。

④ 莫文祥:曾任航空工业部部长。

⑤ 沅君:指冯沅君(1900—1974),现代女作家,中国古代文学研究专家。曾任中山大学教授,山东大学副校长。

⑥ 娴(xián):熟练。

⑦ 彪炳史册:形容伟大的业绩永垂史册。彪炳,照耀。

⑧ 客殇(shāng)成都:客死在成都。光学专家蒋筑英(1938—1982)是在到成都出差时发急病而去世的。殇,原指未成年而死,这里是英年早逝之意。

⑨ 罗健夫(1935—1982):电子专家,全国劳动模范。

【提示】

这是一篇充满抒情色彩的写人散文。

作者的小弟,是一位研究飞机强度的专家,为了祖国的繁荣富强,长期在艰苦的条件下奋发工作,不幸英年早逝。作者此文发自肺腑,激情烈烈地赞美了小弟的无私奉献精神,表达出对小弟早逝的深沉悲痛。

全文可划分为三部分:第一部分用倒叙手法,写小弟的去世;第二部分回忆小弟童年、大学毕业后辗转祖国各地工作及患病去世时的情景;第三部分是作者的抒情与议论,希望像小弟这样"迟开而早谢"的一代知识分子的命运有所改变。

作者将抒情与叙事、写人相结合,用真挚缠绵、哀婉动人的笔触,通过日常生活和工作的细致描述,使读者了解了小弟的为人,了解了这位"好党员""好干部""丹心一片向将来"的优秀事迹,从而痛感他的早逝确是壮志未酬,千古遗恨,于国于家,都是一大损失。文中有传神的细节描写,如写小弟在冬天不怕生冻疮,敢用冷水洗脸,寥寥几笔就显现出他活泼、可爱而憨实的性格;也有出色的概述和议论,如父亲为小弟写的挽联,既表现出老人的深明大义,又是对小弟一生所作的很好总结。作者还写了小弟周围同志对他逝世的悲哀与怀念,抄录了他们赞扬小弟的信,通过侧面描写来表现小弟忘我工作的精神,也收到了很好的效果。

　　文章构思别致,结构新颖。以"哭"为线索,围绕着小弟的病逝,作者把现实与回忆、家庭与社会、情与理交融一体,分成块状,交错展现:文章开头借小弟的名片抒情,随即跳到对小弟幼年、童年的回忆,接着写小弟病重和治病的艰难,然后又转写小弟的工作经历,随后再回过来诉说小弟逝世时的悲哀情景,接下去又续写小弟忘我工作、积劳成疾、壮志未酬……这种将多方面的材料交叉垒积的叙写方法,使文章内容层出层新,结构错落有致,避免了单调刻板。

【思考与练习】

　　一、本文的叙述线索是什么?作者是怎样围绕这一线索来组织材料的?

　　二、举例说明文中的细节描写方法和侧面烘托手法。

　　三、文章结尾,作者由哭小弟延展为哭蒋筑英、罗健夫,这有何寓意?

都江堰①

余秋雨

余秋雨(1946—),浙江慈溪人。我国当代艺术理论家、散文家。主要著作有《戏剧审美心理学》《中国戏剧文化史述》《艺术创造工程》和散文集《文化苦旅》等。

一

我以为,中国历史上最激动人心的工程不是长城,而是都江堰。

长城当然也非常伟大,不管孟姜女们如何痛哭流涕,站远了看,这个苦难的民族竟用人力在野山荒漠间修了一条万里屏障,为我们生存的星球留下了一种人类意志力的骄傲。长城到了八达岭一带已经没有什么味道,而在甘肃、陕西、山西、内蒙古一带,劲厉的寒风在时断时续的颓壁残垣间呼啸②,淡淡的夕照、荒凉的旷野溶成一气,让人全身心地投入对历史、对岁月、对民族的巨大惊悸,感觉就深厚得多了。

但是,就在秦始皇下令修长城的数十年前,四川平原上已经完成了一个了不起的工程。它的规模从表面上看远不如长城宏大,却注定要稳稳当当地造福千年。如果说,长城占据了辽阔的空间,那么,它却实实在在地占据了邈远的时间③。长城的社会功用早已废弛,而它至今还在为无数民众输送汩汩清流④。有了它,旱涝无常的四川平原成了天府之国,每当我们民族有了重大灾难,天府之国总是沉着地提供庇护和濡养⑤。因此,可以毫不夸张地说,它永久性地灌溉了中华民族。

有了它,才有诸葛亮、刘备的雄才大略,才有李白、杜甫、陆游的川行华章。说得近一点,有了它,抗日战争中的中国才有一个比较安定的后方。

它的水流不像万里长城那样突兀在外,而是细细浸润、节节延伸,延伸的距离并不比长城短。长城的文明是一种僵硬的雕塑,它的文明是一种灵动的生活。长城摆出一副老资格等待人们的修缮,它却卑处一隅,像一位绝不炫耀、毫无所求的乡间母亲,只知贡献。一查履历,长城还只是它的后辈。

它,就是都江堰。

二

我去都江堰之前,以为它只是一个水利工程罢了,不会有太大的游观价值。连葛洲坝都看过了,它还能怎么样?只是要去青城山玩,得路过灌县县城,它就在近旁,就乘便看一眼吧。因此,在灌县下车,心绪懒懒的,脚步散散的,在街上胡逛,一心只想看青城山。

七转八弯,从简朴的街市走进了一个草木茂盛的所在。脸面渐觉滋润,眼前愈显清朗,也没有谁指路,只向更滋润、更清朗的去处走。忽然,天地间开始有些异常,一种隐隐然的骚动,一种还不太响却一定是非常响的声音,充斥周际。如地震前兆,如海啸将临,如山崩即至,浑身起一种莫名的紧张,又紧张得急于趋附。不知是自己走去的还是被它吸去的,终于陡然一惊,我已站在伏龙观前,眼前,急流浩荡,大地震颤。

即便是站在海边礁石上,也没有像这里这样强烈地领受到水的魅力。海水是雍容大度的聚会,聚会得太多太深,茫茫一片,让人忘记它是切切实实的水,可掬可捧的水。这里的水却不同,要说多也不算太多,但股股叠叠都精神焕发,合在一起比赛着飞奔的力量,踊跃着喧嚣的生命。这种比赛又极有规矩,奔着奔着,遇到江心的分水堤,刷地一下裁割为二,直窜出去,两股水分别撞到了一道坚坝,立即乖乖地转身改向,再在另一道坚坝上撞一下,于是又根据筑坝者的指令来一番调整……也许水流对自己的驯顺有点恼怒了,突然撒起野来,猛地翻卷咆哮,但越是这样越是显现出一种更壮丽的驯顺。已经咆哮到让人心魄俱夺,也没有一滴水溅错了方位。阴气森森间,延续着一场千年的收伏战。水在这里,吃够了苦头也出足了风头,就像一大拨翻越各种障碍的马拉松健儿,把最强悍的生命付之于规整,付之于企盼,付之于众目睽睽。看云看雾看日出各有胜地,要看水,万不可忘了都江堰。

三

这一切,首先要归功于遥远得看不出面影的李冰。

四川有幸,中国有幸,公元前251年出现过一项毫不惹人注目的任命:李冰任蜀郡守。

以后中国千年官场的惯例,是把一批批有所执持的学者遴选为无所专攻的官僚⑥,而李冰,却因官位而成了一名实践科学家。这里明显地出现了两种判然不同的政治走向,在李冰看来,政治的含义是浚理,是消灾,是滋润,是濡养,它要实施的事儿,既具体又质朴。他领受了一个连孩童都能领悟的简单道理:既然四川最大的困扰是旱涝,那么四川的统治者必须成为水利学家。

前不久我曾接到一位极有作为的市长的名片,上面的头衔只印了"土木工程师",我立即追想到了李冰。

没有证据可以说明李冰的政治才能,但因有过他,中国也就有过了一种冰清玉洁的政治纲领。

他是郡守,手握一把长锸⑦,站在滔滔的江边,完成了一个"守"字的原始造型。那把长锸,千年来始终与金杖玉玺、铁戟钢锤反复辩论。他失败了,终究又胜利了。

他开始叫人绘制水系图谱。这图谱,可与今天的裁军数据、登月线路遥相呼应。

他当然没有在哪里学过水利。但是,以使命为学校,死钻几载,他总结出治水三字经("深淘滩,低作堰")、八字真言("遇湾截角,逢正抽心"),直到二十世纪仍是水利工程的圭臬⑧。他的这点学问,永远水汽淋漓,而后于他不知多少年的厚厚典籍,却早已风干,松脆得无法翻阅。

他没有料到,他治水的韬略很快被替代成治人的计谋⑨;他没有料到,他想灌溉的沃土将会时时成为战场,沃土上的稻谷将有大半充作军粮。他只知道,这个人种要想不灭绝,就必须要有清泉和米粮。

他大愚,又大智。他大拙,又大巧。他以田间老农的思维,进入了最澄澈的人类学的思考。

他未曾留下什么生平资料,只留下硬扎扎的水坝一座,让人们去猜详。人们到这儿一次次纳闷:这是谁呢?死于两千年前,却明明还在指挥水流。站在江心的岗亭前,"你走这边,他走那边"的吆喝声、劝诫声、慰抚声,声声入耳。没有一个人能活得这样长寿。

秦始皇筑长城的指令,雄壮、蛮吓、残忍;他筑堰的指令,智慧、仁慈、透明。

有什么样的起点就会有什么样的延续。长城半是壮胆半是排场,世世代代,大体是这样。直到今天,长城还常常成为排场。都江堰一开始就清朗可鉴,结果,它的历史也总显出超乎寻常的格调。李冰在世时已考虑事业的承续,命令自己的儿子作三个石人,镇于江间,测量水位。李冰逝世四百年后,也许三个石人已经损缺,汉代水官重造高及三米的"三神石人"测量水位。这"三神石人"其中一尊即是李冰雕像。这位汉代水官一定是承接了李冰的伟大精魂,竟敢于把自己尊敬的祖师,放在江中镇水测量。他懂得李冰的心意,唯有那里才是他最合适的岗位。这个设计竟然没有遭到反对而顺利实施,只能说都江堰为自己流泻出了一个独特的精神世界。

　　石像终于被岁月的淤泥掩埋,本世纪七十年代出土时,有一尊石像头部已经残缺,手上还紧握着长锸。有人说,这是李冰的儿子。即使不是,我仍然把他看成是李冰的儿子。一位现代作家见到这尊塑像怦然心动,"没淤泥而蔼然含笑,断颈项而长锸在握",作家由此而向现代官场衮衮诸公诘问⑩:活着或死了应该站在哪里?

　　出土的石像现正在伏龙观里展览。人们在轰鸣如雷的水声中向他们默默祭奠。在这里,我突然产生了对中国历史的某种乐观。只要都江堰不坍,李冰的精魂就不会消散,李冰的儿子会代代繁衍。轰鸣的江水便是至圣至善的遗言。

四

　　继续往前走,看到了一条横江索桥。桥很高,桥索由麻绳、竹篾编成。跨上去,桥身就猛烈摆动,越犹豫进退,摆动就越大。在这样高的地方偷看桥下会神志慌乱,但这是索桥,到处漏空,由不得你不看。一看之下,先是惊吓,后是惊叹。脚下的江流,从那么遥远的地方奔来,一派义无反顾的决绝势头,挟着寒风,吐着白沫,凌厉锐进。我站得这么高还感觉到了它的砭肤冷气⑪,估计它是从雪山赶来的罢。但是,再看桥的另一边,它硬是化作许多亮闪闪的河渠,改恶从善。人对自然力的驯服,干得多么爽利。如果人类干什么事都这么爽利,地球早已是另一副模样。

　　但是,人类总是缺乏自信,进进退退,走走停停,不断地自我耗损,又不断地为耗损而再耗损。结果,仅仅多了一点自信的李冰,倒成了人们心中的神。离索桥东端不远的玉垒山麓,建有一座二王庙,祭祀李冰父子。人们在虔诚膜拜,膜拜自己同类中更像一点人的人。钟鼓钹磬⑫,朝朝暮暮,重一声,轻一声,伴和着江涛轰鸣。

　　李冰这样的人,是应该找个安静的地方好好纪念一下的,造个二王庙,也合民众心意。

　　实实在在为民造福的人升格为神,神的世界也就会变得通情达理、平适可亲。

中国宗教颇多世俗气息,因此,世俗人情也会染上宗教式的光斑。一来二去,都江堰倒成了连接两界的骄傲。

我到边远地区看傩戏⑬,对许多内容不感兴趣,特别使我愉快的是,傩戏中的水神河伯,换成了灌县李冰。傩戏中的水神李冰比二王庙中的李冰活跃得多,民众围着他狂舞呐喊,祈求有无数个都江堰带来全国的风调雨顺,水土滋润。傩戏本来都以神话开头的,有了一个李冰,神话走向实际,幽深的精神天国一下子贴近了大地,贴近了苍生。

【注释】

① 本文选自散文集《文化苦旅》。
② 颓壁残垣(yuán):倒塌的、不完整的墙壁。垣,墙。
③ 邈(miǎo)远:遥远。
④ 汩(gǔ)汩:水流动的声音或样子。
⑤ 濡(rú)养:滋润哺育。
⑥ 遴(lín)选:选拔。
⑦ 锸(chā):挖土的工具。
⑧ 圭臬(guīniè):原指圭表(臬就是测日影的表),这里比喻准则或法度。
⑨ 韬略:计谋。
⑩ 衮(gǔn)衮诸公:指身居高位而无所作为的官僚。
⑪ 砭(biān)肤冷气:刺痛皮肤的冷气。砭,用石针扎皮肉治病。
⑫ 钟鼓钹(bó)磬(qìng):四种乐器。钹,打击乐器,用两个圆铜片相互拍打发声。磬,古代乐器,用石或玉雕成,悬挂于架上,击之而鸣。
⑬ 傩(nuó)戏:驱鬼逐疫、表现鬼神生活的戏剧。

【提示】

这篇游记重在阐发都江堰水利工程的文化内涵,对李冰父子兴修水利、为民造福的从政精神作了高度评价和赞扬,充满现代人文理念。

全文分为四部分:第一部分将都江堰与长城作对比,第二部分写都江堰水流的壮观,第三部分写为民造福的李冰父子,第四部分写横江索桥与二王庙。

作者对都江堰水流的描绘,先写声音,再写作者的感觉,然后再写水流翻卷咆哮的壮观,使读者有身临其境之感;同时又饱含着"壮丽的驯顺"深刻寓意,发人深思。

与单纯的游记不同,本文作者不但描写自然景物,而且立足现代,对历史上的人物与事件进行审视,并作出纵横捭阖的评说,具有较强的象征意味和思辨色彩,在人文感受方面能给读者以较大启迪。

文中多处运用了对比手法。如作者在评价都江堰时,一开始就与长城作对比,从而得出长城固然伟大,但"永久性地灌溉了中华民族"的都江堰却更伟大的结论。在第三节中,作者又将秦始皇筑长城的指令与李冰筑堰的指令相对比,从而显示两者的不同,颂扬了李冰的"智慧、仁慈、透明"。

文章语言洗练,容量大,含义深,耐人寻味。

【思考与练习】

一、本文一开头,作者为什么要将都江堰与长城对比?

二、作者在文章中为什么要说李冰"大愚,又大智""大拙,又大巧"?

三、概括文中描绘都江堰水流部分的层次和内涵。

牡丹的拒绝①

张抗抗

张抗抗(1950—),祖籍广东新会,生于浙江杭州。当代著名女作家。1969年初中毕业后去北大荒黑龙江农场劳动。1970年起从事文学创作,1975年发表知识青年题材的长篇小说《分界线》。现任黑龙江省作家协会专业作家、副主席。著有长篇小说《隐形伴侣》《赤彤丹朱》《情爱画廊》,中篇小说《淡淡的晨雾》,短篇小说集《白罂粟》,散文集《嫁衣之刃》等。作品多写知青生活和女性命运,具有较强的理性色彩和思辨力量。

它被世人所期待、所仰慕、所赞誉,是由于它的美。

它美得秀韵多姿,美得雍容华贵,美得绚丽娇艳,美得惊世骇俗。它的美是早已被世人所确定、所公认了的。它的美不惧怕争议和挑战。

有多少人没有欣赏过牡丹呢?

却偏偏要坐上汽车火车飞机轮船,千里万里跋山涉水,天南海北不约而同,揣着焦渴与翘盼的心,滔滔黄河般地涌进洛阳城。

欧阳修曾有诗云:洛阳地脉花最重,牡丹尤为天下奇②。

传说中的牡丹,是被武则天一怒之下逐出京城,贬去洛阳的。却不料洛阳的水土最适合牡丹的生长。于是洛阳人种牡丹蔚然成风,渐盛于唐,极盛于宋。每年阳历四月中旬春色融融的日子,街巷园林千株万株牡丹竞放,花团锦簇香云缭绕——好一座五彩缤纷的牡丹城。

所以看牡丹是一定要到洛阳去看的。没有看过洛阳的牡丹就不算看过牡丹。况且洛阳牡丹还有那么点来历,它因被贬而增值而名声大噪,是否因此勾起人的好奇也未可知。

这一年已是洛阳的第九届牡丹花会。这一年的春却来得迟迟。

连日浓云阴雨,四月的洛阳城冷风嗖嗖。

街上挤满了从很远很远的地方赶来的看花人。看花人踩着年年应准的花期。明明是梧桐发叶,柳枝滴翠,桃花梨花姹紫嫣红,海棠更已落英缤纷——可洛阳人说春尚不曾到来;看花人说,牡丹城好安静。

一个又冷又静的洛阳,让你觉得有什么地方不对劲。你悄悄闭上眼睛不忍寻觅。你深呼吸掩藏好了最后的侥幸,姗姗步入王城公园。你相信牡丹生性喜欢热闹,你知道牡丹不像幽兰习惯寂寞,你甚至怀着自私的企图,愿牡丹接受这提前的参拜和瞻仰。

然而,枝繁叶茂的满园绿色,却仅有零零落落的几处浅红、几点粉白。一丛丛半人高的牡丹植株之上,昂然挺起千头万头硕大饱满的牡丹花苞,个个形同仙桃,却是朱唇紧闭,洁齿轻咬,薄薄的花瓣层层相裹,透出一副傲慢的冷色,绝无开花的意思。偌大的一个牡丹王国,竟然是一片黯淡萧瑟的灰绿……

一丝苍白的阳光伸出手竭力抚弄着它,它却木然呆立,无动于衷。

惊愕伴随着失望和疑虑——你不知道牡丹为什么要拒绝,拒绝本该属于它的荣誉和赞颂。

于是看花人说这个洛阳牡丹真是徒有虚名;于是洛阳人摇头说其实洛阳牡丹从未如今年这样失约,这个春实在太冷,寒流接着寒流怎么能怪牡丹?当年武则天皇帝令百花连夜速发以待她明朝游玩上苑,百花慑于皇威纷纷开放,唯独牡丹不从,宁可发配洛阳。如今怎么就能让牡丹轻易改了性子?

于是你面对绿色的牡丹园,只能竭尽你想象的空间。想象它在阳光与温暖中火热的激情;想象它在春晖里的辉煌与灿烂——牡丹开花时犹如解冻的大江,一夜间千朵万朵纵情怒放,排山倒海惊天动地。那般恣意那般宏伟,那般壮丽那般浩荡。它积蓄了整整一年的精气,都在这短短几天中轰轰烈烈地迸发出来。它不开则已,一开则倾其所有挥洒净尽,终要开得一个倾国倾城,国色天香。

你也许在梦中曾亲吻过那些赤橙黄绿青蓝紫的花瓣,而此刻你须在想象中创造姚黄魏紫豆绿墨撒金白雪塔铜雀春锦帐芙蓉烟绒紫首案红火炼金丹[③]……想象花开时节洛阳城上空被牡丹映照的五彩祥云;想象微风夜露中颤动的牡丹花香;想象被花气濡染的树和房屋;想象洛阳城延续了一千多年的"花开花落二十日,满城人人皆若狂"之盛况[④]。想象给予你失望的纪念,给予你来年的安慰与希望。牡丹为自己营造了神秘与完美——恰恰在没有牡丹的日子里,你探访了窥视了牡丹的个性。

其实你在很久以前并不喜欢牡丹。因为它总被人作为富贵膜拜。后来你目睹了一次牡丹的落花,你相信所有的人都会为之感动:一阵清风徐来,娇艳鲜嫩的盛期牡丹忽然整朵整朵地坠落,铺散一地绚丽的花瓣。那花瓣落地时依然鲜艳夺目,如同一只被奉上祭坛的大鸟脱落的羽毛,低吟着壮烈的悲歌离去。牡丹没有花谢花败之时,要么烁于枝头,要么归于泥土,它跨越委顿和衰老,由青春而死亡,由美丽而消遁。它虽美却不吝惜生命,即使告别也要留给人最后一次惊心动魄的体味。

所以在这阴冷的四月里,奇迹不会发生。任凭游人扫兴和诅咒,牡丹依然安之若素。它不苟且不俯就不妥协不媚俗,它遵循自己的花期自己的规律,它有权利为自己选择每年一度的盛大节日。它为什么不拒绝寒冷?!

天南海北的看花人,依然络绎不绝地涌入洛阳城。人们不会因牡丹的拒绝而拒绝它的美。如果它再被贬谪十次,也许它就会繁衍出十个洛阳牡丹城。

于是你在无言的遗憾中感悟到,富贵与高贵只是一字之差。同人一样,花儿也是有灵性、有品位之高低的。品位这东西为气为魂为筋骨为神韵只可意会。你叹服牡丹卓尔不群之姿,方知"品位"是多么容易被世人忽略或漠视的美。

【注释】

① 本文选自《收获》1992年第1期。
② 语出欧阳修《洛阳牡丹图》诗。原诗为"洛阳地脉花最宜,牡丹尤为天下奇"。
③ "姚黄魏紫"以下:均为牡丹中的名贵品种。
④ 语出白居易《牡丹芳》诗。原诗为"花开花落二十日,一城之人皆若狂"。

【提示】

本文赞美牡丹,主要不是由于牡丹倾国倾城,国色天香,而是因为牡丹的拒绝,牡丹敢于说不的勇气,牡丹"不苟且不俯就不妥协不媚俗"的高贵个性。一反人们将牡丹视为富贵象征的惯例,为牡丹的非富贵性崇高品性正名。

于是,牡丹自然现象的迟发就变成了人格化的拒绝。那么,牡丹拒绝的对象是谁?牡丹个性又象征了哪一类人?首先,牡丹在历史上拒绝了皇权,其次,牡丹在现实中拒绝了赏花的大众;而在这双重拒绝中,作者借花说事,极力张扬反权势、反媚众的文人价值观和理想人格,这就是本文所要表现的鲜明而强烈的主旨。

本文从头至尾,将牡丹人格化为具有反抗、拒绝的品格,这是拟人化手法的贯穿运用。以花喻人,手法圆熟,不露凿痕。其次,本文排比手法的运用之多,堪称一大特色。开头的三个"所",接着的四个"美得",中间的六个"你",六个"想象",营造着一种气势,一种快节奏,使文章有紧凑之感。其他如"不苟且不俯就不妥协不媚俗",虽不断句,事实上也是排比。排比句的使用,表现了作者写作时的一种心态:思潮澎湃,情感激跃,想象恣肆,文字喷涌。再次,第二人称的运用也很独到。一般来说,第二人称的运用具有作者与读者之间的对话性,拉近彼此间的距离,往往产生"炉边谈话"的家常感觉。本文中,"一个又冷又静的洛阳,让你觉得有什么地方不对劲"一段,连用六个"你",起到的就是这种作用。因为这里的"你"可以是游园大众中的任何一个人。但是,"其实你在很久以前并不喜欢牡丹……后来你目睹了一次牡丹的落花",这里的"你",就极其具体化、个人化了,我们可以理解为作者个人的经历与体验,"你"就是作者"我"。于是,"你"的运用成了作者的内心独白,作者在与自己对话,这就是本文第二人称运用的独特性。

【思考与练习】

一、谈谈你对牡丹的"拒绝"所象征的人格的感受与理解。

二、排比句的运用在本文中有何艺术效果?

三、第二人称的运用如何区分,指读者还是指作者自己?

四、你阅读过哪些描绘牡丹的古今诗文?请选择一二与本篇比较。

我与地坛①

史铁生

史铁生(1951—2010),原籍河北涿县,生于北京。当代著名作家。著有短篇小说《我的遥远的清平湾》、中篇小说《原罪·宿命》、散文集《自言自语》等。作品以关切人生的独特主题和风格引人注目。

一

我在好几篇小说中都提到过一座废弃的古园,实际就是地坛。许多年前旅游业还没有开展,园子荒芜冷落得如同一片野地,很少被人记起。

地坛离我家很近。或者说我家离地坛很近。总之,只好认为这是缘分②。地坛在我出生前四百多年就坐落在那儿了,而自从我的祖母年轻时带着我父亲来到北京,就一直住在离它不远的地方——五十多年间搬过几次家,可搬来搬去总是在它周围,而且是越搬离它越近了。我常觉得这中间有着宿命的味道③:仿佛这古园就是为了等我,而历尽沧桑在那儿等待了四百多年④。

它等待我出生,然后又等待我活到最狂妄的年龄上忽地残废了双腿。四百多年里,它一面剥蚀了古殿檐头浮夸的琉璃,淡褪了门壁上炫耀的朱红⑤,坍圮了一段段高墙又散落了玉砌雕栏⑥,祭坛四周的老柏树愈见苍幽,到处的野草荒藤也都茂盛得自在坦荡。这时候想必我是该来了。十五年前的一个下午,我摇着轮椅进入园中,它为一个失魂落魄的人把一切都准备好了。那时,太阳循着亘古不变的路途正越来越大⑦,也越红。在满园弥漫的沉静光芒中,一个人更容易看到时间,并看见自己的身影。

自从那个下午我无意中进了这园子,就再没长久地离开过它。我一下子就理解了它的意图。正如我在一篇小说中所说的:"在人口密聚的城市里,有这样一个宁静的去处,像是上帝的苦心安排。"

两条腿残废后的最初几年,我找不到工作,找不到去路,忽然间几乎什么都找不到了,我就摇了轮椅总是到它那儿去,仅为着那儿是可以逃避一个世界的另一个世界。我在那篇小说中写道:"没处可去我便一天到晚耗在这园子里⑧。跟上班下班一样,别人去上班我就摇了轮椅到这儿来。""园子无人看管,上下班时间有些抄近路的人们从园中穿过,园子里活跃一阵,过后便沉寂下来。""园墙在金晃晃的空气中斜切下一溜荫凉,我把轮椅开进去,把椅背放倒,坐着或是躺着,看书或者想事,撅一杈树枝左右拍打⑨,驱赶那些和我一样不明白为什么要来这世上的小昆虫。""蜂儿如一朵小雾稳稳地停在半空;蚂蚁摇头晃脑捋着触须,猛然间想透了什么,转身疾行而去⑩;瓢虫爬得不耐烦了,累了祈祷一回便支开翅膀,忽悠一下升空了;树干上留着一只蝉蜕⑪,寂寞如一间空屋;露水在草叶上滚动,聚集,压弯了草叶轰然坠地摔开万道金光。""满园子都是草木竞相生长弄出的响动,窸窸窣窣窸窸窣窣片刻不息。"这都是真实的记录,园子荒芜但并不衰败。

除去几座殿堂我无法进去,除去那座祭坛我不能上去而只能从各个角度张望它,地坛的每一棵树下我都去过,差不多它的每一米草地上都有过我的车轮印。无论是什么季节,什么天气,什么时间,我都在这园子里待过。有时候待一会儿就回家,有时候就待到满地上都亮起月光。记不清都是在它的哪些角落里了,我一连几小时专心致志地想关于死的事,也以同样的耐心和方式想过我为什么要出生。这样想了好几年,最后事情终于弄明白了:一个人,出生了,这就不再是一个可以辩论的问题,而只是上帝交给他的一个事实;上帝在交给我们这件事实的时候,已经顺便保证了它的结果,所以死是一件不必急于求成的事,死是一个必然会降临的节日。这样想过之后我安心多了,眼前的一切不再那么可怕。比如你起早熬夜准备考试的时候,忽然想起有一个长长的假期在前面等待你,你会不会觉得轻松一点?并且庆幸并且感激这样的安排?

剩下的就是怎样活的问题了。这却不是在某一个瞬间就能完全想透的,不是能够一次性解决的事,怕是活多久就要想它多久了,就像是伴你终生的魔鬼或恋人。所以,十五年了,我还是总得到那古园里去,去它的老树下或荒草边或颓墙旁,去默坐,去呆想,去推开耳边的嘈杂理一理纷乱的思绪,去窥看自己的心魂。十五年中,这古园的形体被不能理解它的人肆意雕琢⑫,幸好有些东西是任谁也不能改变它的。

譬如祭坛石门中的落日,寂静的光辉平铺的一刻,地上的每一个坎坷都被映照得灿烂[13];譬如在园中最为落寞的时间[14],一群雨燕便出来高歌,把天地都叫喊得苍凉;譬如冬天雪地上孩子的脚印,总让人猜想他们是谁,曾在哪儿做过些什么,然后又都到哪儿去了;譬如那些苍黑的古柏,你忧郁的时候它们镇静地站在那儿,你欣喜的时候它们依然镇静地站在那儿,它们没日没夜地站在那儿,从你没有出生一直站到这个世界上又没了你的时候;譬如暴雨骤临园中,激起一阵阵灼烈而清纯的草木和泥土的气味,让人想起无数个夏天的事件;譬如秋风忽至,再有一场早霜,落叶或飘摇歌舞或坦然安卧,满园中播散着熨帖而微苦的味道[15]。味道是最说不清楚的,味道不能写只能闻,要你身临其境去闻才能明了。味道甚至是难于记忆的,只有你又闻到它你才能记起它的全部情感和意蕴。所以我常常要到那园子里去。

二

现在我才想到,当年我总是独自跑到地坛去,曾经给母亲出了一个怎样的难题。

她不是那种光会疼爱儿子而不懂得理解儿子的母亲。她知道我心里的苦闷,知道不该阻止我出去走走,知道我要是老待在家里结果会更糟,但她又担心我一个人在那荒僻的园子里整天都想些什么。我那时脾气坏到极点,经常是发了疯一样地离开家,从那园子里回来又中了魔似的什么话都不说。母亲知道有些事不宜问,便犹犹豫豫地想问而终于不敢问,因为她自己心里也没有答案。她料想我不会愿意她跟我一同去,所以她从未这样要求过,她知道得给我一点独处的时间,得有这样一段过程。她只是不知道这过程得要多久,和这过程的尽头究竟是什么。每次我要动身时,她便无言地帮我准备,帮助我上了轮椅车,看着我摇车拐出小院;这以后她会怎样,当年我不曾想过。

有一回我摇车出了小院,想起一件什么事又返身回来;看见母亲仍站在原地,还是送我走时的姿势,望着我拐出小院去的那处墙角,对我的回来竟一时没有反应。待她再次送我出门的时候,她说:"出去活动活动,去地坛看看书,我说这挺好。"许多年以后我才渐渐听出,母亲这话实际上是自我安慰,是暗自的祷告,是给我的提示,是恳求与嘱咐。只是在她猝然去世之后[16],我才有余暇设想。当我不在家里的那些漫长的时间,她是怎样心神不定坐卧难宁,兼着痛苦与惊恐与一个母亲最低限度的祈求。现在我可以断定,以她的聪慧和坚忍,在那些空落的白天后的黑夜,在那不眠的黑夜后的白天,她思来想去最后准是对自己说:"反正我不能不让他出去,未来的日子是他自己的,如果他真的要在那园子里出了什么事,这苦难也只好我来承担。"在那段日子里——那是好几年长的一段日子,我想我一定使母亲作过了最坏的准备了,但她从来没有对我说过:"你为我想想。"事实上我也真的没为她想过。那时她的儿子还太年轻,还来不及为母亲想,他被命运击昏了头,一心以为自己是世上最不幸的一个,不知道儿子的不幸在母亲那儿总是要加倍的。她有一个长到二十岁上忽然截瘫了的儿子,这是她唯一的儿子;她情愿截瘫的是自己而不是儿子,可这事无法代替;她想,只要儿子能活下去哪怕自己去死呢也行,可她又确信一个人不能仅仅是活着,儿子得有一条路走向自己的幸福;而这条路呢,没有谁能保证她的儿子终于能找到。——这样一个母亲,注定是活得最苦的母亲。

有一次与一个作家朋友聊天,我问他学写作的最初动机是什么?他想了一会说:"为我母亲。为了让她骄傲。"我心里一惊,良久无言。回想自己最初写小说的动机,虽不似这位朋友的那般单纯,但如他一样的愿望我也有,且一经细想,发现这愿望也在全部动机中占了很大比重。这位朋友说:"我的动机太低俗了吧?"我光是摇头,心想低俗并不见得低俗,只怕是这愿望过于天真了。他又说:"我那时真就是想出名,出了名让别人羡慕我母亲。"我想,他比我坦率。我想,他又比我幸福,因为他的母亲还活着。而且我想,他的母亲也比我的母亲运气好,他的母亲没有一个双腿残废的儿子,否则事情就不这简单。

在我的头一篇小说发表的时候,在我的小说第一次获奖的那些日子里,我真是多么希望我的母亲还活着。我便又不能在家里待了,又整天整天独自跑到地坛去,心里是没头没尾的沉郁和哀怨,走遍整个园子却怎么也想不通:母亲为什么就不能再多活两年?为什么在她儿子就快要碰撞开一条路的时候,她却忽然熬不住了?莫非她来此世上只是为了替儿子担忧,却不该分享我的一点点快乐?她匆匆离我去时才只有四十九呀!有那么一会,我甚至对世界对上帝充满了仇恨和厌恶。后来我在一篇题为《合欢树》的文章中写道:"我坐在小公园安静的树林里,闭上眼睛,想,上帝为什么早早地召母亲回去呢?很久很久,迷迷糊糊的我听见了回答:'她心里太苦了,上帝看她受不住了,就召她回去。'我似乎得了一点安慰,睁开眼睛,看见风正从树林里穿过。"小公园,指的也是地坛。

只是到了这时候,纷纭的往事才在我眼前幻现得清晰,母亲的苦难与伟大才在我心中渗透得深彻。上帝的考虑,也许是对的。

摇着轮椅在园中慢慢走,又是雾罩的清晨,又是骄阳高悬的白昼,我只想着一件事:母亲已经不在了。在老柏树旁停下,在草地上在颓墙边停下,又是处处虫鸣的午后,又是鸟儿归巢的傍晚,我心里只默念着一句话:可是母亲已经不在了。在椅背放倒,躺下,似睡非睡挨到日没,坐起来,心神恍惚,呆呆地直坐到古祭坛上落满黑暗然后再渐渐浮起月光,心里才有点明白,母亲不能再来这园中找我了。

曾有过好多回,我在这园子里待得太久了,母亲就来找我。她来找我又不想让我发觉,只要见我还好好地在这园子里,她就悄悄转身回去,我看见过几次她的背影。我也看见过几回她四处张望的情景,她视力不好,端着眼镜像在寻找海上的一条船,她没看见我时我已经看见她了,待我看见她也看见我了我就不去看她,过一会我再抬头看她就又看见她缓缓离去的背影。我单是无法知道有多少回她没有找到我。有一回我坐在矮树丛中,树丛很密,我看见她没有找到我;她一个人在园子里走,走过我的身旁,走过我经常待的一些地方,步履茫然又急迫⑰。我不知道她已经找了多久还要找多久,我不知道为什么我决意不喊她——但这绝不是小时候的捉迷藏,这也许是出于长大了的男孩子的倔强或羞涩?但这倔强只留给我痛悔,丝毫也没有骄傲。我真想告诫所有长大了的男孩子,千万不要跟母亲来这套倔强,羞涩就更不必,我已经懂了可我已经来不及了。

儿子想使母亲骄傲,这心情毕竟是太真实了,以致使"想出名"这一声名狼藉的念头也多少改变了一点形象⑱。这是个复杂的问题,且不去管它了罢。随着小说获奖的激动逐日暗淡,我开始相信,至少有一点我是想错了:我用纸笔在报刊上碰撞开的一条路,并不就是母亲盼望我找到的那条路。年年月月我都到这园子里来,年年月月我都要想,母亲盼望我找到的那条路到底是什么。母亲生前没给我留下过什么隽永的哲言⑲,或要我恪守的教诲⑳,只是在她去世之后,她艰难的命运,坚忍的意志和毫不张扬的爱,随光阴流转,在我的印象中愈加鲜明深刻。

有一年,十月的风又翻动起安详的落叶,我在园中读书;听见两个散步的老人说:"没想到这园子有这么大。"我放下书,想,这么大一座园子,要在其中找到她的儿子,母亲走过了多少焦灼的路㉑。多年来我头一次意识到,这园中不单是处处都有过我的车辙,有过我的车辙的地方也都有过母亲的脚印。

三

如果以一天中的时间来对应四季,当然春天是早晨,夏天是中午,秋天是黄昏,冬天是夜晚。如果以乐器来对应四季,我想春天应该是小号,夏天是定音鼓,秋天是大提琴,冬天是圆号和长笛。要是以这园子里的声响来对应四季呢?那么,春天是祭坛上空漂浮着的鸽子的哨音,夏天是冗长的蝉歌和杨树叶子哗啦啦地对蝉歌的取笑②,秋天是古殿檐头的风铃响,冬天是啄木鸟随意而空旷的啄木声。以园中的景物对应四季,春天是一径时而苍白时而黑润的小路,时而明朗时而阴晦的天上摇荡着串串杨花;夏天是一条条耀眼而灼人的石凳,或阴凉而爬满了青苔的石阶,阶下有果皮,阶上有半张被坐皱的报纸;秋天是一座青铜的大钟,在园子的西北角上曾丢弃着一座很大的铜钟,铜钟与这园子一般年纪,浑身挂满绿锈,文字已不清晰;冬天,是林中空地上几只羽毛蓬松的老麻雀。以心绪对应四季呢?春天是卧病的季节,否则人们不易发觉春天的残忍与渴望;夏天,情人们应该在这个季节里失恋,不然就似乎对不起爱情;秋天是从外面买一棵盆花回家的时候,把花搁在阔别了的家中,并且打开窗户把阳光也放进屋里,慢慢回忆慢慢整理一些发过霉的东西;冬天伴着火炉和书,一遍遍坚定不死的决心,写一些并不发出的信。还可以用艺术形式对应四季,这样春天就是一幅画,夏天是一部长篇小说,秋天是一首短歌或诗,冬天是一群雕塑。以梦呢?以梦对应四季呢?春天是树尖上的呼喊,夏天是呼喊中的细雨,秋天是细雨中的土地,冬天是干净的土地上的一只孤零的烟斗。

因为这园子,我常感恩于自己的命运。

我甚至现在就能清楚地看见,一旦有一天我不得不长久地离开它,我会怎样想念它,我会怎样想念它并且梦见它,我会怎样因为不敢想念它而梦也梦不到它。

【注释】

① 本文节选自《上海文学》1992年第1期。原文共七节,这里选取的是前三节。地坛:明清皇帝祭地之坛,在北京市老城区北部安定门外。

② 缘分:由于以往因缘致有当今的机缘。

③ 宿命:一种认为今世的遇合已由前世所定的宗教观念。

④ 沧桑:"沧海桑田"的略语,比喻世事变化很大。

⑤ 淡褪:颜色脱减后变淡了。淡,使颜色变淡。褪,减色。

⑥ 坍(tān):倒塌,崩坏。圮(pǐ):塌。

⑦ 亘(gèn)古:自古以来,从来。

⑧ 耗:拖延。

⑨ 撅(juē):折断。

⑩ 捋(lǚ):用前爪梳理、整理。疾:快速。

⑪ 蝉蜕(tuì):蝉的幼虫变为成虫时蜕下的壳。
⑫ 肆意:不顾一切由着自己的性子去做。
⑬ 坎坷:坑坑洼洼。
⑭ 落寞:寂寞。
⑮ 熨(yù)帖:心里平静舒适。
⑯ 猝(cù)然:突然。
⑰ 步履:步行,步伐。
⑱ 声名狼藉:名声极坏。
⑲ 隽(juàn)永:意味深长。
⑳ 恪(kè)守:谨慎而恭敬地遵守。
㉑ 焦灼:心里非常着急、焦虑。
㉒ 冗(rǒng)长:繁杂而长久。

【提示】

这是一篇情意深挚的记事散文。

文章分三部分。第一部分记叙"我"残废双腿后十五年来与地坛结下的不解之缘,抒写"我"在"荒芜但并不衰败"的环境中对人生的思考。第二部分述说"我"那"活得最苦的母亲"对残废儿子那种不仅疼爱而且理解、毫不张扬却意志坚忍的母爱,寄寓着"我"对母亲的无限思念之情。第三部分以种种事物类比四季,象征着"我"对自身经历酸甜苦辣和人生命运复杂多变的种种感受。全文渗透着只有在可怕遭遇、特定环境和宁静观察、反复思索中,方能领略到的对自然、母爱、人生的深切体验,表现出一种在苦痛与焦灼中挣扎、奋发的坚韧性格和意志。

作者通过三种方式来展现母爱的深挚。一是无声的行动描写:每天送行伫望,但从不问为什么;为寻找"我",不知在园子里走过多少路;看到"我"在园子里,就悄悄转身离去;一时寻不到"我",就步履茫然而急迫。这重复多年的无声行动中,压抑的是痛心焦虑,显露的是深切理解。二是借"我"之口进行直接心理描写:她整日"心神不定坐卧难宁",兼着"惊恐""祈求"和不断地自我安慰;"她情愿截瘫的是自己而不是儿子";"她心里太苦了,上帝看她受不住了,就召她回去"。儿子遭遇不幸,母亲比儿子还痛苦,这就是母爱的深度。三是侧面烘托:反复抒写"我"对母亲思念、痛悔之情的难以遏制,从侧面烘托出母爱的动人力量。

作品运用了意在言外的象征手法。落笔地坛,却泼墨母爱,似不相干,其实对"我"来说,地坛和母亲都是抚平创伤、焕发新生的源泉,这在整体上就是一种象征性类比。叙述地坛的"历尽沧桑""荒芜但并不衰败",让人联想到"我"艰难坎坷的人生道路和自强不屈的精神;描绘古园中那"谁也不能改变"的落日光辉、雨燕高歌、孩童脚印、苍劲古柏、夏雨秋风,则是"我"倔强"心魂"的象征性显现。特别是对与四季相应的多种事物的排比铺陈,则更是各种体验、多种心境、复杂人生、沧桑命运的多重类比和象征。这些地方,都像诗一样寓意无穷。

文章以深微的情思贯注始终,在叙事中抒情,在写景中抒情,在记人中抒情,熔叙事、写景、记人和抒情、象征、寄托于一体,处处给人以浑然浓郁而又精湛独到之感。作品文笔从容,语言优美,善用比喻、比拟、排比句式和类比手法写景状物,并将排比、类比和象征结合起来,使物象层出,寓意含蓄,韵味分外深长。

【思考与练习】

一、作者通过哪几种方式来表现母爱的深挚?请结合有关段落作简要说明。

二、作品中哪些地方具有象征性意蕴?

三、说明作品第三部分中排比、类比、象征三者之间的关系。

蚂蚁大战①

亨利·梭罗

亨利·梭罗(1817—1862),美国作家、思想家。出生于小业主家庭,毕业于哈佛大学,做过教师、工人,是一位热爱自然、全身心投入大自然的人。梭罗的创作以散文为主,作品很多,一般都是对自然的观察和描写。最有名的作品是《瓦尔登湖》,这部长篇的记述散文,描写了梭罗在美国康科德附近瓦尔登湖畔的生活经历,详细地记录了作者的所见所闻、所思所想。这本书在当时未必有多大的影响,但到了20世纪,尤其是在人类认识到要保护自然、回归自然的今天,就愈发显现出它的意义。

森林并非总是一片歌舞升平的和平景象。我还是一场战争的见证人。一天,我出门到我的木柴堆去,更准确地说,堆树根之处,我瞥见两只蚂蚁,一只红的,另一只是黑的,后者比前者大得多,差不多有半英寸之长。两只蚂蚁缠斗不已。一交上手,谁也不退却,推搡着,撕咬着,在木片上翻滚起伏。放眼远望,我惊叹不已,木柴堆上到处都有这样奋力厮杀的勇士,看来不是单挑决斗,而是一场战争,两个蚂蚁王国的大决战。红蚂蚁与黑蚂蚁势不两立,通常是两红对一黑。木柴堆上都是这些能征善战的弥尔弥冬军团。地上躺满已死和将死者,红黑混杂一片。这是我目睹的唯一一场大决战,我亲临激战的中心地带。相互残杀的恶战啊,红色的共和党和黑色的帝王派展开你死我活的拼杀,虽没听到声声呐喊,但是人类之战却从未如此奋不顾身。

在一束阳光照射下的木片"小山谷"中,一对武士相互死死抱住对方,现在正是烈日当空,它们准备血拼到底,或魂归天国。那精瘦的红色斗士像老虎钳一样紧紧咬住死敌的额头不放。尽管双方在战场上翻来滚去,但红色斗士却一刻不停地噬住对手的一根触须的根部,另一根触须已被咬断。而胖大的黑色斗士,举起对手撞来撞去。我凑近观战,发现红蚂蚁的躯体好些已被咬掉,它们比斗犬厮杀更惨烈。双方都不让分毫,显然他们的战争信念是"不战胜,毋宁死"。

在小山谷顶上出现一个荷戟独彷徨的红蚂蚁，它看来斗志正盛，不是已击毙一个对手，就是刚刚投入战场——据我分析是后者，因为它还没有缺胳膊少腿。它的母亲要它举着盾牌凯旋，或者躺在盾牌上由战友抬回故里。也许它是阿喀琉斯一般的猛将，独自在热火朝天的战场外生闷气，现在来救生死之交的帕特洛克罗斯了，或者为这位不幸战死的亡友来报仇雪恨，它从远处瞅见这场势不均力不敌的搏斗——黑蚂蚁比红蚂蚁庞大近一倍——它奔驰过来，离开那对生死之搏的战斗者约半英寸处，看准战机，奋不顾身地扑向黑武士，一下咬住对方的前腿根，不管对手会在自己身上哪一块反咬一口；三个战斗者为了生存黏一起，好像已产生出一种新的粘胶剂，让任何锁链和水泥相形见绌。

这时，如看到他们各自的军乐队，在各方突起的木片上排成方阵，威武雄壮地高奏国歌，以振奋前仆后继的前线将士，并激励起那些奄奄一息的光荣斗士，我不会感到诧异。我自己是热血沸腾，仿佛它们是人。

你越深究下去，越觉得它们与人类并无两样。起码在康科德的地方史志中，暂且不谈美国历史，当然是没有一场战争能与之并驾齐驱。无论从投入的总兵力，还是所激发的爱国主义和英雄主义，都无法相提并论。就双方参战数量和惨烈程度，这是一场奥斯特利茨大决战，或鏖兵于德累斯顿的大血战。嘿！康科德之战！爱国志士死了两个，而路德·布朗夏尔受了重伤！啊，这里的每一个蚂蚁都是一个波特林克，大呼着——开火，为上帝而战。开火！——千百个生命却像戴维斯和胡斯曼一样杀身成仁。没有一个雇佣兵，我不怀疑，它们是为真理而斗争，正如我的父辈一样，并非为了区区三便士茶叶税的缘故，当然，这场决战对双方来说是何等重大，将载入史册，永志不忘，犹如我们的邦克山战役一样。

我特别关注三位武士的混战，便把它们决战其上的木片端进小木屋，放在我的窗台上，罩上一个反扣的玻璃杯，以观战况。我用放大镜观察最初提到的红蚂蚁，看到它狠狠咬住敌方的前腿上部，且咬断了对方剩下的触须，可自己的胸部却被黑武士撕开了，露出了内脏，而黑武士的胸甲太结实，无法刺穿。这痛苦的红武士暗红的眸子发出战争激发出的凶光。它们在杯子下又缠斗了半小时，当我再次观战时，那黑武士已使敌人身首异处，但那两个依然有生命的脑袋，挂在它身体的两侧，犹如悬吊在马鞍边的两个恐怖的战利品，两个红蚂蚁头仍死咬住不放。黑蚂蚁微弱地挣扎着，它没有触须，且剩下的唯一的腿也已残缺不全，浑身伤痕累累，它用尽力气要甩掉它们。这件事半小时后总算完成。我拿起罩杯，它一瘸一拐爬过窗台。经过这场恶战，它能否活下来，能否把余生消磨在荣军院中，我并不清楚。我想以后它不能再挑起什么重担了。我不清楚谁是胜利的一方，也不知大战的起因。但因目击这一场大血战，而整天陷入亢奋和失落的情绪之中，就像在我的大门前经过一场惊心动魄的战争。

  吉尔贝和斯宾塞告诉我们，蚂蚁战争长久以来就受到人们的敬重，彪炳史册，战争的日期也有明确的记载，尽管据他们声称，近代作家中大约只有胡贝尔曾考察了蚂蚁大战。他们说，"对战事发生在一棵梨树树干上的蚂蚁大战有过描述，这是一场大蚂蚁对小蚂蚁的难度极大的攻坚战"。之后他们加上注解——"'这场苦战发生在教皇尤琴尼斯四世治下，目击者为著名律师尼古拉斯·毕斯托利安西斯，他的记录忠实可信。'另有一场规模相当的大蚂蚁和小蚂蚁之战，由俄拉乌斯·玛格纳斯记录在案，结果小蚂蚁以弱胜强。据说战后它们掩埋了自己的烈士，让大蚂蚁的尸首曝尸荒野，任飞鸟去啄食。这场战争发生于残暴的克利斯蒂安二世被逐出瑞典之前。"至于我目睹的这场大决战，发生于总统波尔克任内，时间在韦伯斯特制订的逃亡奴隶法案通过前5年。

【注释】

  ① 本文节选自《瓦尔登湖》中"邻居：野性难驯"一章，戴欢译，当代世界出版社2003年4月版。标题为编者所拟。

【提示】

  梭罗隐居瓦尔登湖，是寻求一种与以往不一样的生活，一种更贴近大自然的生活。用梭罗自己的话来说，幽居森林之中，是因为"只想去面对生活的基本要素，看看自己能否学会生活必定会传授于我的东西"。于是，他回归自然，回归森林，回归原始的质朴生活。

  本文写森林中的一场蚂蚁大战，观察细致，描写生动，联想丰富，议论精彩。梭罗保持着一颗童心，像儿童一样兴致勃勃、饶有趣味地观看蚂蚁缠斗。同时，梭罗又是一位作家、思想家，由蚂蚁大战联想到人类历史上的战争，得出"你越深究下去，越觉得它们与人类并无两样"的结论。仔细品味，梭罗的蚂蚁大战描写中，处处"微言"着社会和人生的大义。

  在写作特点上，首先，这里运用了场面描写方法。在场面描写中，作者又采取了以点带面的手法，着重描写红黑三个"武士"的生死鏖战，从而让人透过典型细部而通览全局,这是处理复杂场面的有效途径。其次,在蚂蚁大战的描写中,作者不时插入关于人类战争的历史事件,这就构成了蚂蚁大战与人类战争的类比,从而使蚂蚁大战成为人类战争的象征,凸现了文章的社会人生大义。同时,作者用写人的口吻来写蚂蚁,赋予蚂蚁以人的行为、举止、神态和心理,从而使蚂蚁的形象十分鲜活生动。

【思考与练习】

一、本文所描写的蚂蚁大战有何类比象征意义?

二、本文在场面描写方面有何特点?

三、举例说明本文观察细致、描写生动的特点。

记叙文的阅读与写作

记叙文是指叙事、写人、记游、状物等类的文章。古代的记、传、序、志等,现代的消息、通讯、简报、特写、传记、回忆录、游记等,都属于记叙文的范畴。

记叙文以叙述为主,但往往兼有描写、抒情和议论,是一种形式多样、笔墨灵活的文体。

一、叙 述

把人物的经历、行为或事情的发生、发展表述出来,就是叙述。叙述的主要方式,有顺叙、倒叙、插叙、平叙等几种。

按照事件发展的顺序进行叙述,依次从开端、发展写到高潮、结局,文章的层次、段落与事情发展的过程基本一致,这就是顺叙。顺叙是最常见的叙述方式,大多数记叙文和它们的主要章节,都是用顺叙方式来表述的。

倒叙是把人物、事件的结局,或人物经历、事件过程中最突出的环节,提到文章前面来写,然后再追叙在这以前发生的事情。如在《马伶传》中,作者先写马伶在与李伶的第二次技艺较量中获得大胜,然后再写他在这次较量之前刻苦学艺的过程,这就是倒叙。倒叙有造成悬念、引起读者兴趣、启发人们思考的艺术表达效果。

在顺叙过程中暂停一下,插入另一段事,然后再把原叙述继续下去,就是插叙。如在《爱尔克的灯光》中,巴金先叙写自己回到阔别了十八年的故居的情景,接着插入了在过去的十八年中姐姐的死亡和自己对姐姐的思念,然后再回到十八年后的今天继续往下写,后来又回忆到祖父积攒家资为子孙造福等情景,这就是多次插叙。由于这篇文章主要是按照作者的"思绪"顺序展开的,时空转换相当自由,今日之事与往昔之事反复交错,所以插叙很多,行文显得十分舒展,抒情味道很足。

在一篇文章中,分头记叙两件或多件同时发生的事情,是平叙,也叫分叙。平叙可以是先叙一件事,再叙另一件事,也可以是几件事并行交错记叙。前者如韩愈的

《张中丞传后叙》，作者先通过夹叙夹议方式为许远辩诬，接着再记叙南霁云的英勇事迹，最后又补记张巡的轶事，一一写来，次序井然。至于几件事并行交错的叙述方式，则多见于小说，特别是中、长篇小说。

要把记叙写好，须在以下两个方面多下功夫：

一是要善于剪裁，做到详略得当。

人事复杂，哪些材料该写，哪些材料不该写，哪些地方应详写，哪些地方应略写，这种选材与剪裁的艺术，是决定文章成败、高下的关键之一。详略处理的标准，不同的题材、文体虽有所不同，但都要依据内容表达的需要，主题表现的要求，在人物事件勾勒清楚的前提下，务求集中笔墨，把中心思想鲜明而又深刻地表达出来。如《马伶传》一文，马伶一生的事迹很多，但作者却将他的生平只在开头、结尾几句带过，而采用倒叙、对比和场面描写多种方法，极力描摹和渲染他与李伶两次技艺较量的情景，这样就突出了马伶深入生活、刻苦学艺、精益求精的从业精神。再如《种树郭橐驼传》，虽为传记，作者却匠心独运，用了将近一半的篇幅详写他种树的原理和具体方法，并且用层层对比的方法将其彰显得十分精细，而后又用类比方法将其升华为养民治国的道理，这样一来，文章的主题就集中而鲜明了。又如《蚂蚁大战》，在全面展开群蚁大战场面的基础上，作者又用更大的笔力描写了红黑一对武士的生死对决，具体而激烈，就像一幅活动的浮雕从石板上凸现出来，十分生动。

二是行文要有变化、有波澜。

"文似看山不喜平"，这是普遍的阅读心理。情节有起有伏，笔调有低有高，节奏有快有慢，文章才能多情趣；有铺垫，有映衬，有抑有扬，有隐有发，叙述才能引人入胜。如《冯谖客孟尝君》一文，先写冯谖三次弹铗而歌：求食鱼、求乘车、求养母，给人以无德无能、不知餍足的小人之感，同时也大大引发了读者的好奇心；接下来再写冯谖为孟尝君营就三窟：烧券市义、游说西梁、立庙于薛，显示出他深谋远虑的奇异才能，峰回路转，令人惊叹、回味不已。无疑，这是先抑后扬、隐而后发的表现手法，是一波三折、起伏跌宕的行文技巧，不仅人物形象鲜明突出，而且充分调动了读者的阅读兴趣，显示出文章整体构思的巧妙匠心。

二、描　写

用生动形象的语言，把人物的形态、动作，或景物的状态、特征等，具体细致地描绘出来,就是描写。小说中运用描写比较多,一般记叙文则只是在叙述中穿插一些描写。这些描写,按对象划分,大体可归为人物描写和环境描写两类。

人物描写方法包括肖像描写、语言描写、行为描写、心理描写和细节描写五个方面。肖像描写是指具体描绘人物的外形——容貌、表情、服饰、姿态等。语言描写是指具体描写人物的对话、独白、潜台词等。行为描写是指具体描写人物的行为和举止。心理描写是指具体描写人物的感觉、联想、想象、领悟、看法等各种心理活动。细节则是指人物肖像、举止、言语中那些具有鲜明个性特点和典型意义的生动具体环节。人物形象是一个有机生命整体,所以作者一般将这几方面的描写交错使用。

记叙文中的人物描写,不可能像小说那样周全详尽,所以写作中要特别注意以下几点:

一是要善于以"形"写"神"。描写人物的外貌、行为和言语,本身不是目的,而是为了揭示人物的内心世界和精神面貌,所以要选择那些最能传神的环节进行描绘。例如,在《垓下之围》中,作者抓住项羽英雄末路、生死关口的三个环节进行描写:在四面楚歌中霸王别姬,在东城"快战"中连斩数将,因愧见江东父老而自刎乌江;并特别渲染了"虞兮虞兮"的哀婉悲歌、"天之亡我"的反复呼告,瞋目吓退汉将杨喜数里的气势,将宝马赠给乌江亭长的义举;这些精心加工的具体描绘,既展露了项羽勇猛无比的气概,又显现出他无可奈何的心境,既暴露了他至死不解专恃武力经营天下的错误,又揭示出他灵魂深处知耻重义的一面,把一个悲剧英雄的精神面貌立体化地呈现在读者面前。

二是要善于抓住人物的个性特点。任何人都有自己的个性,人物不同,表情、言语、行为就有不同的特点。即使"做什么"相同,"怎么做"也会人各有异。一个人的人格精神,往往集中体现在他的个性特点之中。例如《纪念傅雷》,作者虽然只写了与傅雷交往27年的几个片断,但这些片断有一个聚焦点,那就是傅雷的"怒":先是因与滕固吵翻了,一怒之下而离开昆明回到上海;再是为翻译方法和黄宾虹画的两次争论,坚持己见而不肯让步;最后一"怒",则是"文革"期间,因不堪凌辱,与其夫人一起撒手人间。显然,正是这一以贯之的"怒"的个性特点,充分体现出傅雷坚持真理、刚直不屈的优秀品格。抓住个性特点,无疑是该文形散神聚、短小精悍的关键。

三是要善于描摹富有表现力的细节。记叙文中穿插具体描绘的地方,应当都是既生动又传神的典型细节,否则就可能是浪费笔墨。《垓下之围》《先妣事略》《哭小弟》之所以耐人寻味,就是因为它们主要是由一些生动细节构成的。特别是在《张中丞传后叙》中,作者补叙南霁云的事迹,虽然只有向贺兰进明请求救兵一件事,但由于抓住了"抽刀断指""箭射浮图"两个行为细节和"不忍独食""以矢为志"两段言辞细节,却十分鲜明感人地显现出南霁云既忠义仁忍、又疾恶如仇的爱憎感情和舍生取义、正气浩然的英雄气概,读来催人泪下。

环境描写包括自然景物描写和社会环境描写两个方面。

在游记类散文中,景物描写往往是描述的主体,但在记人叙事类散文中,景物描写则是人物和事件的陪衬。但不管怎样,写景状物都是为了表达一定的思想情感。像《前赤壁赋》那样,虽然全文贯穿着江水、清风、明月等景物,但描绘相对比较简约,这是因为作者主要是借助景物描写来生发对社会人生的感慨和思考,从而抒写自己适意自然、追求精神自由的审美化人生哲学,所以作者将更多的笔墨花到了抒情和议论上。而有些散文,看起来似乎全部笔墨都倾注在景物描写上,但实际上是将深邃的思想感情渗透在景物之中,只是隐而不发、含而不露而已,需潜心感悟。如梭罗的《蚂蚁大战》,无疑是长期战乱的人类社会的隐喻。尽管行文中很少议论,但那惊心动魄的场面描写,却自然而然地把人们引向了对社会人生的深刻反省。

写人记事散文中的环境描写,由于篇幅的限制,不可能全面铺开,因而特别值得注意的是人、事、物交织在一起的场面描写。生动逼真的场面描写,往往具有深化主题、烘托人物、渲染气氛的表现作用。如《香市》,通过第一次大革命前香市热闹场面与大革命后香市冷落情景的对比描写,就鲜明地反映出旧中国在由封建经济向半殖民地经济的转变中,农村的日益凋敝及其对市镇的影响,以小见大,主题在场面比照中加深。《马伶传》则是通过第一次技艺较量大败的场面描写与第二次技艺较量大胜的对比,有力地烘托出马伶不甘人后、刻苦精进的性格特征。而《西湖七月半》则是通过五类游客观月情态的场景勾画,重现了当时的西湖风光和世风民习,画面历历在目,情趣款款流动。

三、抒情和议论

记叙文以叙述和描写为主,抒情和议论是它的辅助成分,一般不可喧宾夺主。

文学作品要以情动人,因而情感的抒写既是内容又是手段。但抒情一般不宜直露,即使是抒情散文,也应当将感情溶解在写景和叙事之中,通过委婉的笔调和荡漾的情思体现出来。在这方面,鲁迅的《秋夜》可视作典范。《秋夜》通过对暗夜、枣树、粉红花和小飞虫等景物的隐喻性描述，寄托着作者对黑暗现实的愤怒，对顽强抗击黑暗的战士的赞颂，对向往光明的被压迫者的同情，对为追求光明而献身的勇士的祭奠，情感深挚，是一篇充满象征意味的散文诗。

以抒情的笔调记叙事物，让叙事与抒情水乳交融，是强化文章抒情色彩的有效途径。例如，在《爱尔克的灯光》中有这样一段描述："黑暗来了，我的眼睛失掉了一切。于是大门内亮起了灯光。灯光并不曾照亮什么，反而增加了我心上的黑暗。我只得失望地走了。我向着来时的路回去。已经走了四五步，我忽然掉转头，再看那个建筑物。依旧是阴暗中一线微光。我好像看见一个盛满希望的水碗一下子就落在地上打碎了一般，我痛苦地在心里叫起来……"与其说这是叙述"我"看到灯光、离开旧居、再回头观望的行为过程，不如说是抒发"我"看到旧居中昏暗灯光时的种种感受和痛苦心境。在这里，人的行为只是一个简要的轮廓，而感情却像一条波涛起伏的河流在人物的心中一浪一浪地向前推进。

记叙文中的议论有两种情况：一是边记叙边议论，称作夹叙夹议；一是在叙述结束后的议论，称为叙后评议。前者如《都江堰》，除第二部分外，其余三部分都是夹叙夹议，既叙写了都江堰的雄姿、李冰父子的事迹、二王庙的景致，又同时以雄辩的笔调议论了都江堰的历史地位、李冰父子的伟大精神和它们的现实意义，两者交融生发，给人以强劲的人文启迪。后者如《纪念傅雷》，作者在叙述完傅雷的"三怒"之后，深情地评议说：傅雷的"怒"是"在任何社会中，都是难得见到的""具有浩然之气的儒家之刚者"，并祝愿这刚直品德"永远弥漫于知识分子中间"。无疑，这是充满言外之意的画龙点睛之笔。

好的议论，应当是情感达到一定程度之时的水到渠成。因此，寓理于情，情理相生，也是一种常见的笔调。如在《张中丞传后叙》"当二公之初守也"一段中，作者既驳斥了"责二公以死守"的谬论，阐明了张巡、许远"守一城，捍天下"的功绩，又在行文中借助反诘、对比等手法，表达了他对张巡、许远的敬佩，对袖手旁观、见死不救者的蔑视，对"设淫辞"以惑众者的憎恶。抒议结合，情理交融，事理昭昭，激情烈烈，同时收到了以理服人和以情感人的双重效果。

记叙文的文笔是丰富多样、灵动多彩的。在这方面，应当特别推重苏轼的《前赤壁赋》和史铁生的《我与地坛》。虽然前者多简括概述，后者多精微细描，但都做到了景、事、情、理的交融和谐。《前赤壁赋》以记游起，以记游终，以情感变化为线索，以宣泄适意自然人生态度为目标，一气呵成，抑扬跌宕舒展自如；行文中因景生情，因情忆事,因事说理,环环相扣,推移过渡十分自然;既记叙了游览经过,又抒发了社会感慨,论辩了人生意义,旷达通脱,充满了"打通后壁说话"的哲理情趣。《我与地坛》以个人遭际为底蕴,聚焦特定环境,抒写个人独到体验,着实精致深微;在宁静中细心观察,在观察中反复思索,在思索中跳动着一个苦痛、焦灼、坚韧、奋发的灵魂和意志,着实感人肺腑;写景状物独具慧眼,比拟连类层出新奇,象征寄托含蓄多味,着实耐人咀嚼。文无定格,以真感受、真体验为本,此乃千古不移之论。

诗　歌

扉页

蒹　　葭^①

《诗经》

　　《诗经》是我国最早的一部诗歌总集，收录了西周初年至春秋中叶的三百零五篇诗歌。原名"诗"或"诗三百"，汉代儒家把它奉为经典，称为《诗经》。全书分为"风""雅""颂"三部分："风"有十五国风，一百六十篇，多为各地民歌；"雅"有《大雅》《小雅》，一百零五篇，多为贵族、士大夫所作，是周王朝京都地区的乐歌；"颂"有《周颂》《鲁颂》《商颂》，四十篇，是王室宗庙祭祀的舞曲歌辞。

　　《诗经》相当广泛地反映了当时社会的经济状况、政治矛盾、意识形态和风俗习尚，不少民间创作还揭露了统治阶层的剥削丑行，反映了下层人民的生活和感情。《诗经》以四言为主，节奏简约明快；常用重章叠句，情致回环往复；多用比兴手法，意蕴丰赡含蓄。《诗经》反映现实社会生活的创作传统和赋、比、兴等艺术手法的灵活运用，对后世文学艺术产生了深远影响。

　　蒹葭苍苍②，白露为霜③。所谓伊人④，在水一方⑤。溯洄从之⑥，道阻且长。溯游从之⑦，宛在水中央⑧。

　　蒹葭凄凄⑨，白露未晞⑩。所谓伊人，在水之湄⑪。溯洄从之，道阻且跻⑫。溯游从之，宛在水中坻⑬。

　　蒹葭采采，白露未已⑭。所谓伊人，在水之涘⑮。溯洄从之，道阻且右⑯。溯游从之，宛在水中沚⑰。

【注释】

　　① 本诗选自《诗经·秦风》。秦风，秦地（在今陕西中部和甘肃东部一带）民歌。蒹葭（jiānjiā）：芦荻，芦苇。

　　② 苍苍：茂盛的样子。

　　③ 为：凝结成。

④ 所谓:所念。伊人:那个人或这个人,指诗人所思念追寻的人。
⑤ 一方:那一边。
⑥ 溯洄:逆流而上。从之:追寻他。之,指伊人。
⑦ 溯游:顺流而下。
⑧ 宛:宛然,好像。
⑨ 凄凄:同"萋萋",茂盛的样子。下一章"采采"义同。
⑩ 晞(xī):干。
⑪ 湄:岸边,水与草交接之处。
⑫ 跻(jī):登,上升。指道路险峻,难以登上。
⑬ 坻(chí):水中小洲,小岛。
⑭ 未已:未止。指露水没有全干。
⑮ 涘(sì):水边。
⑯ 右:迂回曲折。
⑰ 沚(zhǐ):水中的沙滩。

【提示】

　　《蒹葭》是一篇意境优美、情意深长的恋歌,历来备受赞赏。诗分三章,每章首两句借景起兴。蒹葭茂密,霜露高洁,烘托出痴情者挚热的追求和纯洁的感情。三、四句点明主题:深切思念,隔河企望,追寻"伊人"。后四句描述追寻的两种境况:逆流追寻,茫茫秋水,纵横间隔,山高水复,"道阻且长";顺流追寻,痴情恍惚,若有若无,幻象迷离,"宛在水中央"。两者的结果都是可望难即,"伊人"不可得。全诗流溢着抒情主人公对"伊人"的真诚向往、执着追求以及追寻不得的失望、惆怅心情。

　　意境朦胧、含蕴不尽是这首诗的主要特点。这是一曲怀念情人的恋歌,"伊人"指意中人。但诗中"伊人"飘忽不定,幻象丛生,给人以扑朔迷离、悠渺难测之感,引人遐想。于是有人认为这是一首招贤诗,"伊人"指隐居的贤者。如果把"在水一方"视作一种象征,那么这首诗就涵容了世间各种可望而不可即的人生境遇,这样,贤才难觅、情人难得的怅惘,乃至前途渺茫、理想不能实现的失望等心灵的失落,也都可能从《蒹葭》的意境中得到回应。

　　本诗采用的重章叠句形式,不仅有回环往复、一唱三叹之美,而且有层层递进、步步深化诗歌意境的作用。"蒹葭苍苍"到"凄凄""采采",意思都是青苍一片,十分茂密,但声情却愈转愈低沉,凄婉之意自然流露;"白露为霜"到"未晞""未已",体现了时间的推移,暗示了追求时间的漫长与追求者的执着;"伊人""在水一方""在水之湄""在水之涘",体现了空间的转移,暗示了追寻对象的飘忽难觅。虽然只是换了几个字,但其间微妙的变化和幽深的意蕴却十分耐人寻味。

王国维在《人间词话》中称赞这首诗"最得风人深致"。"风人深致",从艺术上说,指婉曲的风格;从思想上说,指境界深远,意在言外。

【思考与练习】

一、说明这首诗的中心意象及其两种境况。

二、诗中重章叠句的表现方式有何作用?

三、为什么对这首诗的主题思想会有不同的看法?

湘夫人①

屈 原

屈原(约前340—前278),名平,字原,战国时楚人。出身贵族,学识渊博,善于辞令,曾任左徒、三闾大夫等职。对外主张联齐抗秦,对内倡导举贤授能,改革政治,变法图强。但屡遭保守势力诽谤、打击。后被楚怀王疏远,复遭楚顷襄王放逐。最终因痛心国势日益危殆,理想无法实现,自投汨罗江而死,表现出誓死抗争、以身殉国的精神。

屈原是先秦时期的伟大诗人,留存下来的作品有《离骚》、《天问》、《九歌》(十一篇)和《九章》(九篇)等。这些诗篇揭露了统治集团的腐朽、污浊,表现了作者进步的政治理想、高尚的人格情操、热爱祖国的真挚感情和刚强不屈的斗争精神。屈原在学习楚民歌的基础上,创造发展了"书楚语、作楚声、纪楚地、名楚物"的"楚辞"这种新的诗歌形式。他的作品往往采用大量神话传说,构思奇特,想象丰富,文辞华丽,韵律铿锵,地方色彩浓郁,充满积极的浪漫主义精神,对我国文学有深远影响。

帝子降兮北渚②,目眇眇兮愁予③。嫋嫋兮秋风④,洞庭波兮木叶下⑤。登白薠兮骋望⑥,与佳期兮夕张⑦。鸟何萃兮蘋中⑧?罾何为兮木上⑨?沅有茝兮醴有兰⑩,思公子兮未敢言⑪。荒忽兮远望⑫,观流水兮潺湲⑬。麋何食兮庭中⑭?蛟何为兮水裔⑮?朝驰余马兮江皋⑯,夕济兮西澨⑰。闻佳人兮召予⑱,将腾驾兮偕逝⑲。

筑室兮水中,葺之兮荷盖⑳。荪壁兮紫坛㉑,匊芳椒兮成堂㉒;桂栋兮兰橑㉓,辛夷楣兮药房㉔。罔薜荔兮为帷㉕,擗蕙櫋兮既张㉖;白玉兮为镇,疏石兰兮为芳,芷葺兮荷屋㉗,缭之兮杜衡。合百草兮实庭,建芳馨兮庑门㉘。九嶷缤兮并迎㉙,灵之来兮如云㉚。

捐余袂兮江中㉕,遗余褋兮醴浦㉖;搴汀洲兮杜若㉗,将以遗兮远者㉘。时不可兮骤得㊴,聊逍遥兮容与㊵!

【注释】

① 本诗选自屈原《九歌》。《九歌》原是楚国南部流传已久的一套民间祭神的乐歌,经屈原加工改写,成为一组富有浪漫主义色彩的独特诗篇。九,表示多数,并非实指;《九歌》有十一篇诗。湘夫人:与湘君并称为楚地传说中的湘水配偶神。有人认为湘君、湘夫人与虞舜及其二妃娥皇、女英的传说有关,湘君即舜,湘夫人即娥皇、女英。

② 帝子:公主。娥皇、女英相传是帝尧的女儿,即诗中的湘夫人。降:降临。北渚(zhǔ):指洞庭湖北岸的小洲。

③ 目眇(miǎo)眇:望眼欲穿的样子。愁予:使我(指湘君)愁苦不已。

④ 嫋(niǎo)嫋:微风不断吹拂的样子。

⑤ 洞庭:洞庭湖。

⑥ 白薠(fán):一种草。薠,一作"蘋"。骋望:极目远眺。

⑦ 与:一说义同"数",计算着。佳期:一作"佳人"。夕张:傍晚摆好陈设。为湘夫人到来做好准备。

⑧ 萃:聚集。蘋:水草。

⑨ 罾(zēng):一种渔网。以上两句的意思是:为什么鸟聚在水草中(应该在树上),为什么罾放在树上(应该在水中),以失其所比况所愿不得。

⑩ 沅:沅水,在湖南省西部,流入洞庭湖。茝(chǎi):白芷,一种香草。醴:一作"澧",指澧水,亦在湖南西北部,流入洞庭湖。

⑪ 公子:公主。指湘夫人。

⑫ 荒忽:与"恍惚"通,迷迷茫茫,若有若无。一说指神情、心态。

⑬ 潺湲(chányuán):水慢慢流动的样子。

⑭ 麋:麋鹿。食:吃。庭:庭院。

⑮ 蛟:蛟龙。水裔(yì):水边。以上两句的意思是:麋鹿为何不在山林而在庭中?蛟龙为何不在大海而在水边?这都是假想的反常现象,比况事与愿违。

⑯ 江皋(gāo):江边。皋,水边高地。

⑰ 济:渡过。西澨(shì):西岸。澨,水涯,水边。

⑱ 佳人:美人。指湘夫人。

⑲ 腾驾:驾车飞驰。偕逝:同往。

⑳ 葺(qì):修建,修补。荷盖:荷叶做的房顶。

㉑ 荪壁:用香草荪饰壁。紫坛:以名贵的贝壳紫贝砌坛。

㉒ 播:古"播"字,散发,散布。芳椒:花椒,一种香料。成:涂饰。

㉓ 桂栋:以桂木作栋梁。兰橑:以木兰作屋椽。

㉔ 辛夷楣:将香花辛夷插在门楣上。药房:将香草白芷摆在房间。

㉕"罔薜荔"句:用薜荔藤编织成网作帷帐。罔,同"网",作动词用,编织。
㉖"擗(pǐ)蕙櫋(mián)"句:用手剖开蕙草编织的隔扇已经陈设好。擗,一作"辟",分,剖开。櫋,室中隔扇。一作"樠",通"幔",帐顶。
㉗镇:镇席之物。这里指用白玉镇席。
㉘疏:分布,陈列。石兰:香草名。屋内遍布石兰,使香气充盈。
㉙芷葺:覆盖芷草。此句意为在"荷盖"上又加一层芷草。
㉚缭:缠绕。杜衡:香草。在屋顶四周环绕着杜衡。衡:一作"蘅"。
㉛合:集中。实庭:充实庭中。
㉜建:陈设,布置。庑门:走廊和大门。
㉝九嶷:九嶷山,这里代指九嶷山上的神灵。传说舜死后葬在九嶷山。
㉞灵:神。如云:形容众多。
㉟捐:捐弃。袂(mèi):衣袖。一作"玦"(jué),随身佩带的玉器。
㊱遗(wèi):投赠。褋(dié):罩衣。醴浦:醴水。
㊲搴(qiān):拔。汀洲:水中的沙洲。杜若:香草名。
㊳远者:远来者。指湘夫人。一作"远渚",远处的江洲。
㊴骤得:多得,一次次得到。
㊵聊:权且。容与:安逸闲暇的样子。

【提示】

湘君、湘夫人是传说中湘水的一对神仙眷侣。《湘夫人》是写湘君相约湘夫人但最终未能见面的情景,表达了对湘夫人刻骨铭心的思念深情。

全篇依托水神祭祀中降神、迎神、娱神、送神四个基本步骤,大致可分为四节:第一节写湘君似乎看到湘夫人飘然降至湘水北岸的小洲,但期约未遇,心中充满忧伤。第二节描述湘君对湘夫人的焦灼期待和反复追寻,表现出对爱情的执着追求。第三节铺叙湘君筑室水中以迎接湘夫人的情景,显示出对理想爱情生活的无比向往。第四节写湘夫人终究没有来,湘君十分遗憾地将衣物投入水中,以寄托对湘夫人的思念。屈原在对祭祀乐歌的改写中,突出了神恋的真挚情谊,显然渗透进自己对遭受排挤、打击的忧伤情绪和对社会理想、完美人格的坚执追求精神,而这也正是作品的思想意义所在。

这首诗运用多种抒情方法,细致入微地表现出人物的心理活动和内在情感。有直抒胸臆,如"目眇眇兮愁予""思公子兮未敢言";有通过描述举止神态来表现人物的内心活动,如"登白薠兮骋望""捐余袂兮江中";有融情入景,通过描写周围秋色来渲染浓郁的愁情,如"嫋嫋兮秋风,洞庭波兮木叶下";有因情造景,通过描写事理颠倒的假想景象来表现人物内心的焦虑和不安,如"鸟何萃兮蘋中""罾何为兮木上""麋何食兮庭中""蛟何为兮水裔"。至于水中筑室情景的描写,则是通过大肆铺陈的手法,来张扬湘君心中的美好爱情理想。

【思考与练习】

一、诗中湘君对湘夫人的思念之情大致有几个层次?

二、举例说明诗中的多种抒情方法。

三、试说明"嫋嫋兮秋风,洞庭波兮木叶下"为什么能成为千古传诵的名句。

陌上桑①

汉乐府

  乐府,原为音乐机关,汉武帝刘彻时扩充为大规模的专署。其主要任务是采集民间歌谣予以配乐,也将文人歌功颂德之诗制谱,以供统治者祭祀和朝会宴饮时演奏使用。后代将乐府所唱的诗歌简称为"乐府","汉乐府"即是汉代的乐府诗。根据宋代郭茂倩所编《乐府诗集》的分类,汉乐府大都保存于郊庙歌辞、鼓吹曲辞、相和歌辞和杂曲歌辞之中。汉乐府民歌是汉乐府的精华。

  汉乐府继承了《诗经》以来的现实主义传统,其优秀作品真实、广泛、深刻地反映了当时的社会现实,具有浓郁的生活气息。叙事性是其基本艺术特色,一些作品往往能够通过人物的语言和行动塑造出个性鲜明的形象。汉乐府在形式上打破了《诗经》的四言格式,采用杂言和五言,长短随意,整散不拘,是一种具有口语化特色的新体诗。其中的五言诗,为汉代民间首创,后来经过文人加工,成为中国诗歌的主要形式之一。汉乐府对中国古典诗歌的发展具有深远影响。

  日出东南隅②,照我秦氏楼。秦氏有好女③,自名为罗敷④。罗敷喜蚕桑⑤,采桑城南隅。青丝为笼系⑥,桂枝为笼钩⑦。头上倭堕髻⑧,耳中明月珠。缃绮为下裙⑨,紫绮为上襦⑩。行者见罗敷⑪,下担捋髭须⑫。少年见罗敷,脱帽著帩头⑬。耕者忘其犁,锄者忘其锄。来归相怨怒,但坐观罗敷⑭。

  使君从南来⑮,五马立踟蹰⑯。使君遣吏往,问是谁家姝⑰?"秦氏有好女,自名为罗敷⑱。""罗敷年几何?""二十尚不足,十五颇有余⑲。""使君谢罗敷,宁可共载不⑳?"罗敷前置辞㉑:"使君一何愚㉒!使君自有妇,罗敷自有夫。

  "东方千余骑㉓,夫婿居上头㉔。何用识夫婿?白马从骊驹㉕;青丝系马尾,黄金络马头㉘;腰中鹿卢剑㉙,可直千万余㉚。十五府小史㉛,二十朝大夫㉜,三十侍中郎㉝,四十专城居。为人洁白皙,鬑鬑颇有须㉟。盈盈公府步㊱,冉冉府中趋㊳。坐中数千人㊨,皆言夫婿殊㊵。"

【注释】

① 本诗最早著录于《宋书·乐志》,题为《艳歌罗敷行》,南朝陈徐陵《玉台新咏》中题为《日出东南隅行》,宋代郭茂倩《乐府诗集》收入《相和歌辞·相和曲》,题为《陌上桑》。

② 隅(yú):角。

③ 好女:美女。

④ 自名:自称其名。罗敷:古代美女名,汉代常作为美女的泛称,如《孔雀东南飞》中称"东家有贤女,自名秦罗敷"。

⑤ 喜:一作"善"。蚕桑:作动词用,养蚕和采桑。

⑥ 青丝:青色丝绳。笼:篮子。系(jì):指系篮子的绳。

⑦ 笼钩:篮子上的提柄。

⑧ 倭(wō)堕髻:又叫"堕马髻",发髻偏歪在头部一侧,似堕非堕,是东汉后期流行的一种时髦发式。一说倭堕就是"委佗""婀娜",美好。

⑨ 缃(xiāng):杏黄色。绮(qǐ):有花纹的丝织品。

⑩ 襦(rú):短袄。

⑪ 行者:过路人。

⑫ 下担:放下担子。捋(lǚ):抚摸。

⑬ "脱帽"句:写少年见到罗敷美丽,禁不住脱帽重整头巾,以期引起罗敷对自己的注意。著,戴。帩(qiào)头,束头发的纱巾。

⑭ "来归"二句:意思说耕者、锄者归来后互相抱怨耽误了劳作,只是因为贪看罗敷。坐,因为。

⑮ 使君:东汉时对太守一级官员的称呼。

⑯ 五马:五匹马,汉代太守驾车套五匹马。踟蹰(chíchú):徘徊不前。

⑰ 姝(shū):美丽。这里指美丽的女子。

⑱ "秦氏"二句:是"吏"传达罗敷对太守的答词。

⑲ "二十"二句:也是"吏"传达罗敷对太守的答词。

⑳ "使君"二句:是"吏"代太守问罗敷的话。谢,问。宁可,可不可。共载,同乘一辆车。不(fǒu),通"否"。

㉑ 前:走上前。置辞:同"致辞",答话。

㉒ 自"使君一何愚"句以下至篇末都是罗敷的答词。一何:何其,多么。

㉓ 千余骑(jì):指众多骑马的随从。这里是夸张地说丈夫随从之盛,以示官位之高。

㉔ 夫婿:丈夫。上头:前列。

㉕ 何用:用什么。识:识别,辨认。

㉖ "白马"句:意思是说那骑着白马、后边跟随着小黑马的就是我的丈夫。从,使跟从。骊驹(líjū),深黑

色的少壮之马。骊,黑色马。驹,二岁之马。

㉗ 系(jì):结。

㉘ 络:笼住。

㉙ 鹿卢剑:指剑柄用玉制成辘轳形。鹿卢,即"辘轳",本是井上汲水用的圆木滑轮。

㉚ 直:通"值",价值。千万余:比成千上万还多的钱。这是夸张的说法。

㉛ 十五:十五岁。以下"二十""三十""四十"均指年龄。府小史:太守府中的小官吏。史,一作"吏"。

㉜ 朝大夫:朝廷上的大夫。大夫为官职名。

㉝ 侍中郎:官名,按汉代官制,这是一种加官,即在原官衔上特加的荣衔。有这种荣衔的官员可以出入宫禁,侍从皇帝左右,地位特殊。侍中,意为入侍天子。

㉞ 专城居:即出任一地的太守。太守是一城之主,故说"专城居"。专,擅,据有。

㉟ 为人:其人。洁白皙(xī):形容皮肤洁白。

㊱ 鬑(lián)鬑:稀疏而长长的。白面长髯是当时男性美的标准。

㊲ 盈盈:体态美好的样子。公府:官府。步:这里指行走。一说,"公府步"即"官步"。

㊳ 冉冉:缓慢的样子,这里指走路时步子舒泰沉着。趋:小步快行。一说,"府中趋"与"公府步"均指"官步"。

㊴ 坐:通"座"。

㊵ 殊:特殊,这里指出众。

【提示】

这首民歌将民间流行的"赞美女""桑林戏""夸女婿"三类故事融为一体,以幽默诙谐的风格和喜剧性艺术手法,刻画了一个既美丽、又坚贞、又聪明的采桑女子形象,洋溢着"爱美之心人皆有之"的民间风情,同时也反映出汉代贵族官僚仗势调戏民女的社会现实。

诗分三段。第一段极写罗敷的美貌,用侧面烘托的方法展示女主人公光彩照人的形象;第二段写罗敷严正拒绝使君的无礼要求,揭示她不慕权势、不畏强暴的坚贞品德;第三段写罗敷以"夸夫"的方式斥退"使君",进一步展现她的聪明机智。

诗中描写罗敷之美,并没有直接描绘其容貌,而是采用了侧面描写的手法。先渲染环境氛围的绚丽,日出东方,朝霞映照;再写她的采桑用具和服饰,篮子精美芳洁,服饰鲜明华丽;最后写旁观者为之倾倒,"行者""少年""耕者""锄者"为罗敷的美貌所吸引,均有所失态,忘了自己该做的事。这种民歌中常用的表现手法,不仅给读者留下丰富的想象余地,而且增强了诗歌的幽默风格。

"夸夫"情节中的那位"夫婿",实为女主人公凭借机智和口才想象、编造出来的。

她是用一位才貌双全、有钱有势的夫婿来吓退眼前那个居心叵测的太守。以官压官,对症下药,"即以其人之道,还治其人之身",不仅表现出罗敷的聪明机智,而且增加了诗篇的喜剧色彩。

【思考与练习】

一、分析罗敷形象,体会"爱美之心人皆有之"的民间风情。

二、诗中哪些地方用了侧面描写?有何艺术效果?

三、如何理解"夸夫"这一情节?

归园田居(其一)①

陶渊明

陶渊明(365—427),字元亮,或谓名潜,字渊明,浔阳柴桑(今江西九江)人。东晋名臣陶侃的曾孙。家境贫寒,为谋生曾多次出仕,先后任江州祭酒、镇军参军、建威将军参军等职。义熙元年(405)任彭泽县令,终因世道黑暗,在任七十多天后即辞官归隐,躬耕自给。其散文辞赋有《桃花源记》《五柳先生传》《归去来兮辞》等名篇。诗歌创作成就尤高,是著名的隐逸诗人。其描写田园生活的作品质朴自然,"癯而实腴",对后世诗歌创作影响很大,并因其高尚的人格情操而深受敬仰。有《陶渊明集》。

少无适俗韵②,性本爱丘山。
误落尘网中③,一去三十年④。
羁鸟恋旧林,池鱼思故渊。
开荒南野际,守拙归园田⑤。
方宅十余亩,草屋八九间。
榆柳荫后檐,桃李罗堂前。
暧暧远人村⑥,依依墟里烟⑦。
狗吠深巷里,鸡鸣桑树颠⑧。
户庭无尘杂,虚室有余闲⑨。
久在樊笼里⑩,复得返自然。

【注释】

① 本诗选自《陶渊明集》。组诗《归园田居》共五首,这是第一首。园田:即田园。
② 适俗:顺应、投合世俗。韵:指气质、性情。
③ 尘网:比喻官场束缚。尘,尘世,人世间。
④ 三十年:当是虚数。或谓当作十三年,盖因陶渊明从开始做官到归隐正好是十三年。

⑤ 守拙:保持愚拙朴实的人格和生活。
⑥ 暧暧:迷蒙隐约貌。
⑦ 依依:轻柔而随风摇摆貌。墟里:村落。
⑧ 颠:通"巅",顶部。
⑨ 虚室:虚静空寂的居室。暗用《庄子·人间世》"虚室生白"之意,含蕴归隐后宁静淡泊的心态。
⑩ 樊笼:关鸟兽的笼子,喻指官场。

【提示】

　　陶渊明是中国历史上第一个大量写作田园诗的著名诗人。其《归园田居》五首,多角度地反映出他归隐田园后的愉悦心情。

　　作为组诗第一首,本诗描述了诗人归隐后的生活情景和心理感受,主要从三个方面表现他适意自然的人生态度:一是对人之自然天性的尊重,二是对封建官场污浊的憎恶,三是对乡村简朴生活的喜爱。这些思想,与老庄"道法自然"的观念一脉相承,虽然有时会在社会实践中产生某种消极因素,但在总体精神上却是合乎天经、地义、人本的。

　　比喻、比拟明快而贴切,是本诗的显著特点。用"尘网"和"樊笼"比喻官场,词语精练,显见其对官场污垢困扰的深谙和痛恶;用"羁鸟恋旧林,池鱼思故渊"比喻其摆脱官场、回归自然的心愿,寓意深切,足见其对身心自由的真情向往和追求;"恋"字"思"字,将人的心理活动赋予鸟和鱼,拟人生动,顿生不少令人慨叹的情味。

　　诗中对隐居乡间生活的描绘,方宅、草屋、榆柳、桃李、远村、炊烟、狗吠、鸡鸣,十分具体、亲切、有味。陶渊明的归隐不是笑傲江湖,纵情山水,而是以乡野邻里为乐,以躬耕自给为荣,以简静淳朴为美。"守拙"二字下得精到,只有身心能安宁于简朴生活之中者,才能真正体悟到"心远地自偏""悠然见南山"的人生境界。

　　本诗语言风格简净质朴、平淡自然,但质朴中见丰腴,平淡中见警策,这正是陶渊明诗歌艺术的高明之处。

【思考与练习】

　　一、本诗从哪几个方面来表现诗人适意自然的心境?
　　二、谈谈你对陶渊明"开荒南野际,守拙归园田"的看法。
　　三、诗中哪些地方表现出诗人对官场的厌恶之情?
　　四、指出诗中运用比喻和拟人手法的地方,说明其表现作用。
　　五、试分析陶渊明适意自然心态在今天的积极意义和消极因素。

行路难（其一）①

李 白

李白（701—762），字太白，号青莲居士，祖籍陇西成纪（今甘肃秦安东）。5岁时，随父迁居绵州彰明县（今四川江油）。25岁辞亲远游，寓居安陆（今属湖北）。唐玄宗天宝元年（742），被征召入长安，供奉翰林。后因与当政者不合，被迫离京。东游齐鲁，南下吴越。安史之乱爆发，李白在庐山应永王李璘之聘，入佐幕府。永王璘与肃宗抗衡，事败，李白受株连，被判流放夜郎（治所在今贵州正安西北）。途中遇赦，沿江东下，寓居当涂（今属安徽）县令李阳冰家。代宗宝应元年病逝。

李白是继屈原之后我国最伟大的浪漫主义诗人。他才华横溢，抱负宏大。在他现存的九百多首诗歌中，有对当时社会腐朽势力的猛烈抨击，有对美好理想的执着追求，有对祖国壮丽山河的热情讴歌，有对处境困厄的愤激抗争，充分体现了他奔放的激情、洒脱不羁的豪气和积极用世的精神；部分作品，时或流露出饮酒享乐、求仙访道的消极思想。在艺术上，李白诗想象丰富，夸张奇特，绘景抒情，挥洒自如，形成了飘逸、奔放、雄奇、壮丽的独特风格，对后世产生了深远的影响。有《李太白集》。

金樽清酒斗十千，玉盘珍羞直万钱②。
停杯投箸不能食，拔剑四顾心茫然③。
欲渡黄河冰塞川，将登太行雪满山④。
闲来垂钓碧溪上，忽复乘舟梦日边⑤。
行路难，行路难，多歧路，今安在⑥？
长风破浪会有时，直挂云帆济沧海⑦。

【注释】

① 李白《行路难》是组诗，共三首，这里选的是第一首。《行路难》：乐府旧题，多写世途艰难和离别的

伤悲。

②"金樽"二句：极言酒与菜肴的名贵。清酒，清醇的美酒。斗十千，一斗酒值钱十千。斗，古代量酒的容器。珍羞，珍美的菜肴。羞，通"馐"。直，同"值"。

③箸(zhù)：筷子。四顾：环看四周。

④"欲渡"二句：这二句用自然路途的艰险象征人生道路的艰险。川，河流。太行，即太行山。

⑤"闲来"二句：诗人用两个典故表示对自己的前途充满了信心。垂钓碧溪，用吕尚故事。传说吕尚未遇周文王时，曾在渭水的磻溪上钓鱼。乘舟梦日，用伊尹故事。传说伊尹在受商汤聘用前忽然梦见自己乘船从日、月旁边经过。不久，伊尹果然受到商汤的聘用。

⑥"行路难"二句：写人生道路多艰，不知置身何处。与"拔剑四顾心茫然"句照应。安在，在什么地方。

⑦"长风"二句：用"长风破浪""济沧海"表示自己一定会时来运转，前程远大，干一番轰轰烈烈的事业。长风破浪，借用南朝时宗悫(què)"乘长风破万里浪"的话来形容自己的宏伟抱负。直，表示毫不犹豫。

【提示】

此诗写于唐玄宗天宝三年(744)李白被迫离开长安之后，反映了他当时的思想痛苦和心理矛盾。一方面，他对朝廷的昏暗和仕途的艰难，满怀悲愤，却又无可奈何；另一方面，积极用世的愿望，对理想的执着追求，对自己才能的充分自信，又使他对前途满怀希望。这既反映出当时现实对诗人的沉重压抑，也表现出诗人豪放不羁、自强不息的个性。

作者运用多种艺术表现手法来抒写情怀。三、四两句，以"停杯投箸""拔剑四顾"的典型行为举止，形象地揭示英雄失意的抑郁悲愤；五、六两句运用比兴，以自然景象象征人世现实，以路途艰险比况仕途艰难；而七、八两句与末尾两句则是用典，借古人的事例、言论表明自己对前途的希望与信念。全诗情感起伏，变化急遽，生动反映出作者当时的心理矛盾，也使这首篇幅不长的歌行，呈现出开合跌宕、纵横翻卷的气势。

【思考与练习】

一、这首诗表现了作者怎样的思想矛盾？

二、本诗可以划分为几个层次？划分的依据是什么？

三、诗中运用了哪些抒情方法？有何表现作用？

登　高[①]

杜　甫

　　杜甫(712—770),字子美,原籍襄阳(今湖北襄樊),寄居巩县(今河南巩义)。唐玄宗开元二十三年(735),杜甫于洛阳应进士试,未举;天宝六年(747)于长安应"制举",因宰相李林甫弄权使诈,又落第。后即客居长安多年。安史之乱爆发,杜甫历经离乱,备尝艰辛,携妻儿先后寄身于甘肃秦州、同谷、四川梓州、阆州、夔州等地十余年。代宗大历年间离川东归,不久,病逝于湘江舟中。杜甫在长安时,曾居住在城南杜陵及附近之少陵,后世因称其为杜少陵。在成都时,因西川节度使严武的举荐,曾得检校工部员外郎的官衔,后世又称其为杜工部。

　　杜甫是唐代乃至我国古代最伟大的诗人之一。"奉儒守官"的家教传统,使他对国家命运和民生疾苦由衷关注。半生流离失所的经历,使他得以深入社会,真切认识现实黑暗和百姓苦痛。他的许多优秀诗篇,深刻反映了唐王朝由盛转衰过程中的社会风貌和时代苦难,被后人誉为"诗史"。杜甫的诗歌在艺术上卓有建树,代表了唐诗的辉煌成就。他各体皆长,五古、七律尤其出色。其五古措辞质朴厚实,格调沉郁顿挫;其七律语句精练,属对工切,且严守声律,一丝不苟。有《杜少陵集》。

　　风急天高猿啸哀[②],渚清沙白鸟飞迴[③]。
　　无边落木萧萧下[④],不尽长江滚滚来。
　　万里悲秋常作客[⑤],百年多病独登台[⑥]。
　　艰难苦恨繁霜鬓[⑦],潦倒新停浊酒杯[⑧]。

【注释】

① 一般认为,此诗作于重阳节,年份约在唐代宗大历二年(767),当时,作者寓居夔州(今四川奉节)。
② 猿啸哀:巫峡多猿,叫声凄厉。
③ 渚(zhǔ):水中的小洲。迴:回旋,盘旋。

④ 落木：落叶。萧萧：形容风吹落叶的声音。
⑤ 作客：此指背井离乡，流落他方。
⑥ 百年：谓人生不过百年，而作者此时已经年过半百。
⑦ 艰难：兼指时世与人生。苦恨：深深遗憾。苦，此用如副词，深，极。恨，遗憾。
⑧ 潦倒：困顿，衰颓，失意。新停浊酒杯：近来刚戒酒。新停：刚停。新，此用如副词，新近，刚刚。

【提示】

唐代宗大历初期，安史之乱虽已平息，但国家局势尚未安定，杜甫依然忧心忡忡，回归长安的心愿也还无法实现。所以，登临之际，他悲从中来，不仅悲自然之秋，更悲国家之秋和人生之秋。在一首题为《登楼》的诗里，杜甫曾说："花近高楼伤客心，万方多难此登临。"这也可视为他写这首《登高》时的心理背景。

诗歌前四句描写登高所见的望中景象，处处紧扣深秋的季节特色，画面开阔，气象飞动，却也隐约含蓄着身世飘零、韶华流逝、国势衰颓、历史无情的悲怆。后四句抒发年老多病、长期流寓他乡的愁苦，字字关系自己的经历遭遇，充溢着身世之感和家国之思，内蕴非常丰厚。

这是一首七律。通篇运用对偶，自始至终，贯通如一。首联两句的"风急天高""渚清沙白"，尚且句中自对。属对工切，语句严整，读来又一气流走，略无阻滞，被人誉为"旷代之作"。本诗语言特别精练，"迥""苦""新"等字的运用，新警独特，颇见功力。尤其是五、六两句，以寥寥十四个字概括了自己的半生经历和凄苦遭遇，从多方面抒说登高悲歌的缘由，言约义丰，精练明达，已经到了"难易一字"的境界。

【思考与练习】

一、诗中所悲之"秋"，有哪些方面的指向？

二、为什么说"悲秋"二字是一篇眼目？

三、前人说，此诗五、六两句至少从八个方面举述了作者所以"悲秋"的缘由，你能一一予以指明吗？

四、具体指陈并分析本诗各联所用对偶的优长。

长恨歌①

白居易

  白居易(772—846),字乐天,晚年自号香山居士,原籍太原,后迁居下邽(今陕西渭南)。唐代杰出诗人。唐德宗贞元十六年(800)进士,由校书郎累官至左拾遗。在此期间,他关心朝政,屡屡上书言事,并写了不少讽谕诗,要求革除弊政,因而遭权贵忌恨,被贬为江州司马。此后他历任忠州、杭州、苏州等地刺史。官终刑部尚书。

  白居易主张"文章合为时而著,歌诗合为事而作"(《与元九书》)。他与元稹一起,倡导旨在揭露时弊的"新乐府运动",写了《秦中吟》十首、《新乐府》五十首等,对当时社会的黑暗现实作了深刻批判。在艺术上,白居易诗以平易晓畅著称,在当时就流布很广。有《白氏长庆集》,存诗近三千首,数量之多,为唐人之冠。

汉皇重色思倾国②,御宇多年求不得③。
杨家有女初长成,养在深闺人未识。
天生丽质难自弃,一朝选在君王侧④。
回眸一笑百媚生,六宫粉黛无颜色⑤。
春寒赐浴华清池⑥,温泉水滑洗凝脂⑦。
侍儿扶起娇无力⑧,始是新承恩泽时⑨。
云鬓花颜金步摇⑩,芙蓉帐暖度春宵⑪。
春宵苦短日高起,从此君王不早朝。
承欢侍宴无闲暇,春从春游夜专夜。
后宫佳丽三千人,三千宠爱在一身。
金屋妆成娇侍夜⑫,玉楼宴罢醉和春。
姊妹弟兄皆列土⑬,可怜光彩生门户⑭。
遂令天下父母心,不重生男重生女⑮。

骊宫高处入青云⑯,仙乐风飘处处闻。
缓歌慢舞凝丝竹⑰,尽日君王看不足。
渔阳鼙鼓动地来⑱,惊破霓裳羽衣曲⑲。
九重城阙烟尘生⑳,千乘万骑西南行㉑。
翠华摇摇行复止,西出都门百余里。
六军不发无奈何,宛转蛾眉马前死㉒。
花钿委地无人收㉓,翠翘金雀玉搔头㉔。
君王掩面救不得,回看血泪相和流。
黄埃散漫风萧索,云栈萦纡登剑阁㉕。
峨嵋山下少人行㉖,旌旗无光日色薄。
蜀江水碧蜀山青,圣主朝朝暮暮情。
行宫见月伤心色㉗,夜雨闻铃肠断声㉘。
天旋日转回龙驭㉙,到此踌躇不能去,
马嵬坡下泥土中,不见玉颜空死处㉚。

君臣相顾尽沾衣,东望都门信马归㉛。
归来池苑皆依旧,太液芙蓉未央柳㉜。
芙蓉如面柳如眉,对此如何不泪垂。
春风桃李花开日,秋雨梧桐叶落时。
西宫南内多秋草㉝,落叶满阶红不扫。
梨园弟子白发新㉞,椒房阿监青娥老㉟。
夕殿萤飞思悄然,孤灯挑尽未成眠㊱。
迟迟钟鼓初长夜㊲,耿耿星河欲曙天㊳。
鸳鸯瓦冷霜华重㊴,翡翠衾寒谁与共㊵。
悠悠生死别经年,魂魄不曾来入梦。

临邛道士鸿都客㊶,能以精诚致魂魄㊷。
为感君王辗转思,遂教方士殷勤觅㊸。
排空驭气奔如电㊹,升天入地求之遍。
上穷碧落下黄泉㊺,两处茫茫皆不见。

忽闻海上有仙山,山在虚无缥缈间。
楼阁玲珑五云起⑯,其中绰约多仙子⑰。
中有一人字太真,雪肤花貌参差是⑱。
金阙西厢叩玉扃⑲,转教小玉报双成⑳。
闻道汉家天子使,九华帐里梦魂惊㉑。
揽衣推枕起徘徊,珠箔银屏迤逦开㉒。
云鬓半偏新睡觉㉓,花冠不整下堂来。
风吹仙袂飘飖举㉔,犹似霓裳羽衣舞。
玉容寂寞泪阑干㉕,梨花一枝春带雨。
含情凝睇谢君王㉖,一别音容两渺茫。
昭阳殿里恩爱绝㉗,蓬莱宫中日月长㉘。
回头下望人寰处㉙,不见长安见尘雾。
唯将旧物表深情㉚,钿合金钗寄将去㉛。
钗留一股合一扇㉜,钗擘黄金合分钿㉝。
但令心似金钿坚,天上人间会相见。
临别殷勤重寄词㉞,词中有誓两心知。
七月七日长生殿㉟,夜半无人私语时。
在天愿作比翼鸟㊱,在地愿为连理枝㊲。
天长地久有时尽,此恨绵绵无绝期㊳。

【注释】

① 唐宪宗元和元年(806),白居易任周至(今属陕西)县尉。一日,与友人陈鸿、王质夫到马嵬驿附近的仙游寺游览,谈及李隆基与杨贵妃事。王质夫认为,像这样突出的事情,如无大手笔加工润色,就会随着时间的推移而消没。他鼓励白居易:"乐天深于诗,多于情者也,试为歌之,何如?"于是,白居易写下了这首长诗。陈鸿同时写了一篇传奇《长恨歌传》。

② 汉皇:原指汉武帝,此处借指唐玄宗李隆基。重色:爱好女色。倾国:绝色女子。汉代李延年对汉武帝唱了一首歌:"北方有佳人,遗世而独立。一顾倾人城,再顾倾人国。宁不知倾国与倾城,佳人难再得。"后来,"倾国倾城"就成为美女的代称。

③ 御宇:驾御宇内,即统治天下。汉贾谊《过秦论》:"振长策而御宇内。"

④ "杨家"四句:杨玉环自幼养在叔父杨玄珪家。开元二十三年(735)册封为玄宗之子寿王李瑁妃。后被唐玄宗看中,先度为女道士,号太真,然后迎归宫中,封为贵妃。白居易此谓"养在深闺人未识",乃故为隐

讳。丽质,美丽的姿质。

⑤ 六宫粉黛:指宫内所有嫔妃。六宫,古代皇帝立六宫,由皇后、妃子居住。粉黛,女子化妆用品。粉以抹脸,黛以描眉。这里借指宫妃。无颜色:意谓相形之下,都失去了美好的姿容。

⑥ 华清池:骊山上华清宫内的温泉浴池。唐玄宗每年冬季都要到华清宫避寒。

⑦ 凝脂:形容皮肤白嫩滋润,犹如凝固的脂肪。

⑧ 侍儿:宫女。

⑨ 新承恩泽:刚得到皇帝的宠幸。

⑩ 金步摇:一种首饰,用金银丝盘成花枝形状,上缀珠玉,插于发髻,行走时随步履摇晃,因名"步摇"。

⑪ 芙蓉帐:绣着并蒂荷花图案的帐幔。芙蓉,荷花。春宵:春夜。

⑫ 金屋:据《太真外传》,杨玉环在华清宫的住所名端正楼。此言金屋,系用汉武帝"金屋藏娇"语意。

⑬ "姊妹"句:杨玉环被册封为贵妃后,家族沾光受宠。她的大姐封韩国夫人,三姐封虢国夫人,八姐封秦国夫人,堂兄杨铦官鸿胪卿、杨锜官侍御史,堂兄杨钊赐名国忠,官右丞相。姊妹,姐妹。列土,裂土受封。列,通"裂"。

⑭ 可怜:可爱,值得羡慕。

⑮ "不重"句:《长恨歌传》引当时民谣:"生女勿悲酸,生男勿喜欢";"男不封侯女作妃,看女却为门上楣"。

⑯ 骊宫:即华清宫。因在骊山上,故称骊宫。

⑰ 凝丝竹:指管弦乐器伴奏出舒缓的旋律。

⑱ "渔阳"句:指天宝十四载(755)十一月安禄山发动叛乱。渔阳,唐郡名,今天津蓟县一带,当时是范阳节度使安禄山所辖八郡之一。鼙(pí)鼓,古代军中骑兵所用小鼓。

⑲ 霓裳羽衣曲:唐代著名舞曲。相传是唐玄宗依据西凉节度使杨敬述所献乐曲加工润色而成。

⑳ 九重城阙:指京城长安。皇帝住的地方有九道门,叫九重。烟尘生:指发生战乱。

㉑ "千乘(shèng)"句:天宝十五载六月,安禄山破潼关,李隆基由延秋门出长安,仓皇向西南奔逃。乘,马车。

㉒ "翠华"四句:李隆基西奔至距长安百余里的马嵬驿(今陕西兴平),扈从禁卫军发难,不再前行,请诛杨国忠、杨玉环兄妹以平民怨。玄宗为保自身,只得照办。翠华,用翠鸟羽毛装饰的旗帜,用作皇帝的仪仗。此指皇帝的车驾。六军,此指皇帝的御林军。蛾眉,美女的代称。此指杨贵妃。

㉓ 花钿(diàn):镶嵌金花的首饰。委地:丢弃在地。

㉔ 翠翘:形状似翠鸟尾羽的头饰。金雀:雀形的金钗。玉搔头:玉簪。

㉕ 云栈:高入云霄的栈道。萦纡:回盘曲折。剑阁:即剑门关,是大剑山与小剑山之间的一座关隘,在今四川剑阁县北。

㉖ 峨嵋山:在今四川峨眉。玄宗奔蜀途中,并未经过峨眉山,这里泛指蜀中高山。

㉗ 行宫:皇帝离京出行在外的临时住地。

㉘ "夜雨"句:《明皇杂录·补遗》:"明皇既幸蜀,西南行。初入斜谷,霖雨涉旬,于栈道雨中闻铃音与山相应。上既悼念贵妃,采其声为《雨霖铃曲》以寄恨焉。"这里暗指此事。

㉙ 天旋日转:犹言云开雾散,喻局势转危为安。回龙驭:皇帝车驾归来。唐肃宗至德二载(757)十月,郭子仪等收复长安,唐肃宗派太子太师韦见素至蜀迎玄宗还京。

㉚ "不见"句:不见杨贵妃,徒然见到她死去的地方。

㉛ 信马:听任马往前走。

㉜ 太液、未央:分别是汉朝宫廷内的池名和殿名。这里借指唐代的宫殿池苑。

㉝ "西宫"句:玄宗还京后,初居兴庆宫,后来肃宗及其亲信唯恐他东山再起,将他迁至太极宫,近于变相软禁。唐代太极宫为西宫,也称西内。兴庆宫为南内,也称南苑。

㉞ 梨园弟子:玄宗亲自调教的乐工声伎。《雍录》卷九:"开元二年,置教坊于蓬莱宫,上自教法曲,谓之'梨园弟子'。至天宝中,即东宫置宜春北苑,命宫女数百人为梨园弟子。即是'梨园'者,按乐之地;而预教者,名为'弟子'耳。"

㉟ 椒房:后妃所住的宫殿。因用花椒和泥涂壁以取其香暖而多子,故名椒房。阿监:宫中近侍女官。青娥:年轻美貌的宫女。

㊱ 孤灯挑尽:古时用油灯照明,为使灯火明亮,过一会儿就要把浸在油中的灯草往前挑一点。挑尽,说明夜已深。按,唐时宫廷夜间燃烛而不点油灯,此处旨在形容玄宗晚年生活环境的凄苦。

㊲ 迟迟:迟缓。报更钟鼓声起止原有定时,这里用以形容玄宗长夜难眠时的心情。

㊳ 耿耿:明明亮亮。欲曙天:长夜将晓之时。

㊴ 鸳鸯瓦:两片瓦一俯一仰扣合在一起叫鸳鸯瓦。霜华:霜花。

㊵ 翡翠衾(qīn):绣有翠鸟的被子。谁与共:与谁共。

㊶ "临邛(qióng)"句:意谓有个从临邛来长安的道士。临邛,地名,今四川邛崃。鸿都,东汉首都洛阳宫门名,这里借指长安。

㊷ 致魂魄:招来杨贵妃的亡魂。

㊸ 方士:有法术的人。这里指道士。殷勤:尽力。

㊹ 排空驭气:犹言腾云驾雾。

㊺ 穷:穷尽,找遍。碧落、黄泉:天上、地下。道教称东方第一层天名碧落。挖地很深才有水,叫黄泉,用作地下的代称。

㊻ 玲珑:华美精巧。五云:五彩云霞。

㊼ 绰约:形容风姿轻盈柔美。

㊽ 参差(cēncī):这里意为仿佛、差不多。

㊾ 金阙:金碧辉煌的神仙宫阙。叩:叩击,敲。扃(jiōng):这里指玉石做的门。

㊿ "转教"句:意谓仙府庭院重重,须经辗转通报。小玉,传说中吴王夫差之女。双成,董双成,传说为西王母的侍女。小玉、双成,这里指杨贵妃在仙境中的侍女。

㉛ 九华帐:彩饰华美的帐幔。九华,重重花饰的图案。

㉜ 珠箔(bó):用珍珠串编成的帘子。银屏:作金银装饰的屏风。迤逦(lǐyǐ):一个接一个,接连不断,形容门户一重一重打开。

㉝ 新睡觉:刚睡醒。觉,醒。

(54) 袂(mèi):衣袖。

(55) 玉容寂寞:面容忧伤。阑干:纵横交错的样子。这里形容泪痕满面。

(56) 凝睇(dì):注视。

(57) 昭阳殿:汉代宫殿名,为赵飞燕所居,这里借指杨玉环生前在长安的寝宫。绝:断。

(58) 蓬莱宫:指杨玉环所在的仙境。蓬莱,传说中海上三仙山之一。这里泛指仙境。

(59) 人寰:人间。

(60) 旧物:指生前与玄宗定情的信物。

(61) 钿合:用黄金珠宝镶嵌成花纹的盒子。一说钿合也是一种首饰。寄将去:托道士捎去。

(62) "钗留"句:钗由两股结成,捎去一股,留下一股;合由两爿合成,捎去一爿,留下一爿。

(63) 擘(bò):分开。合分钿:将钿合上的图案分成两部分。

(64) 重(chóng):再,又。

(65) 长生殿:在骊山华清宫内,天宝元年建。一说,唐代后妃所居寝宫,通称为长生殿。

(66) 比翼鸟:雌雄相并而飞的鸟。

(67) 连理枝:两棵树的干或枝连生在一起,好像一棵树一样,叫连理。

(68) 恨:遗憾。绵绵:连绵不断。

【提示】

这是一首长篇叙事诗,铺叙了唐玄宗李隆基宠幸贵妃杨玉环以及他们之间生离死别的爱情故事。全诗分四段。第一段写李、杨会合经过及李对杨的无比宠幸;第二段写安史之乱爆发后贵妃殒命,玄宗伤痛不已;第三段写玄宗回归长安后对杨的无穷思念;第四段写道士找到杨妃及李、杨之间忠贞不渝的深情。

长诗对李、杨故事的描述,有一定的史实与传说作依据,但也融进了作者丰富的艺术想象和独特的感受,因而呈现在读者面前的是一出美丽的宫廷爱情悲剧。诗中对李、杨早先的耽乐误国,有所讽刺,如"汉皇重色思倾国""从此君王不早朝""姊妹弟兄皆列土,可怜光彩生门户""遂令天下父母心,不重生男重生女"等,但这不是主要的。作者精心描绘的是李、杨生死离别,在天人阻隔之后,依然苦苦相思的那份真爱与深情。因此,全诗的主旨是对李、杨悲剧的同情和对两人真心相爱的歌颂。

本诗情节曲折生动,这既源于李、杨情事本身的离奇,也出自诗人的精心构撰。按常理,杨贵妃身死马嵬坡,悲剧就完成了,而作者却匠心独运,大肆铺写玄宗幸蜀途中、还京路上以及回到长安后对杨妃的苦苦思念,细致地描写了人物的情感活动,推动情节继续深入发展。这不仅生发出了整个第四段的一系列情节,使长诗波澜再起,生面别开,充满浪漫色彩,而且还在皇帝身上写出了如常人一般的真切感情,大大增强了故事的悲剧气氛,深化了"长恨"的主题。

　　作者用力塑造了两个人物形象。对唐玄宗,突出了他早先宠幸杨妃和耽乐误国,以致生离死别,后来对杨妃苦苦相思,情深似海;对杨贵妃,着重描绘了她的美丽风姿和身登仙界后依然对玄宗忠贞不渝。作者将笔触深入到他们的内心世界,生动地写出了他们的心理活动。如第三段"夕殿萤飞思悄然"以下写玄宗从傍晚到夜深、到黎明、到清晨的整整一夜的心理活动;再如第四段"闻道汉家天子使"以下写贵妃的震惊、激动、惶惑、急切、悲楚、委屈、感激等诸般感触。诗人把人物内心活动写得合情合理。

　　此诗叙事详略得当,情致缠绵细腻,章法上下贯通,语言自然流畅。特别是抒情手法,更是丰富多样,或借比喻抒情,或借举止抒情,或融情入景,或移情于景,均娴熟圆美,精彩纷呈。这些艺术特色加上内容的深切动人,使此诗被后人奉为古代长篇歌行中的绝唱。

【思考与练习】

　　一、对《长恨歌》的主题思想,历来有不同认识,有人认为是讽刺荒淫,有人认为是歌颂爱情,有人认为是讽刺与爱情的双重主题。你的意见如何?理由是什么?

　　二、第三段从哪几个方面表现玄宗对贵妃的思念深情?其中运用了哪些抒情方法和修辞手法?

　　三、分析第四段中杨贵妃的心理活动。

早 雁①

杜 牧

杜牧(803—约852),字牧之,京兆万年(今陕西西安)人。唐文宗大和二年(828)进士,历任黄州、池州、湖州等地刺史,后入朝为司勋员外郎,官终中书舍人。

杜牧受祖父杜佑的影响,研究古今治乱得失,留意财富兵甲之事,以济世之才自负。但当时唐王朝已经江河日下,危机重重,他提出的削平藩镇、加强统一、收复失地、巩固边防、严禁佛教、僧尼还俗等主张,已经无法实现。他又不愿苟合取容,有时便纵情声色,放浪形骸。因此,在他的作品中,深广的忧愤与旖旎的风情并存。杜牧诗、赋、古文皆工,诗歌成就尤高,与李商隐同为晚唐诗坛翘楚,人称"小李杜"。他的古体诗雄豪健峭,骨气遒劲;近体诗情致俊爽,风调清朗,七绝最为人称道。有《樊川集》。

  金河秋半虏弦开②,云外惊飞四散哀③。
  仙掌月明孤影过④,长门灯暗数声来⑤。
  须知胡骑纷纷在⑥,岂逐春风一一回⑦。
  莫厌潇湘少人处⑧,水多菰米岸莓苔⑨。

【注释】

① 唐武宗会昌二年(842)八月,回纥统治者举兵南侵,沿途大肆劫掠,边地百姓四处流散。这首诗以早雁比喻南逃的难民。雁是一种候鸟,春夏在北方,秋天飞回南方过冬。这时尚未到北雁南飞之时,故称"早雁"。

② 金河:地名,在今内蒙古呼和浩特西南。秋半:秋季第二个月,农历八月。虏弦开:胡人开弓控弦射猎大雁,暗指回纥统治者发动战争。

③ 惊飞:大雁受到惊吓而四散飞去。这里比喻百姓遭到侵扰而逃难。

④ 仙掌:原指汉武帝在长安建章宫内所建掌托"承露盘"的铜铸仙人。这里指代长安。

⑤ 长门:汉武帝幽禁其失宠的陈皇后的冷宫。这里指代长安的宫殿。"仙掌""长门"两句是说南飞的

大雁经过长安宫殿上空。

⑥ 胡骑：指回纥入侵的兵马。

⑦ "岂逐"句：意谓人们何时能像大雁随着春风飞回北方那样返回故乡。

⑧ "莫厌"句：意谓不要嫌弃潇湘一带空旷冷寂、人烟稀少。相传北雁南飞，到湖南衡山回雁峰而止，来年春天再回到北方。潇湘，湘水在零陵与潇水会合，称潇湘。这里泛指湖南南部。

⑨ "水多"句：意谓这里食物丰富，可以暂且栖息。菰（gū），是一种生长在浅水中的多年生草本植物，它的果实是菰米，又叫雕胡米。莓（méi）苔，一种蔷薇科植物，开白花，结红色果实。菰米、莓苔，用来泛指雁的食物。

【提示】

唐武宗会昌二年八月，回纥进犯唐王朝北方边境地区。杜牧当时担任黄州刺史，闻讯之后深为边地人民担忧，写这首诗表达他的关切与同情。

这是一首咏物诗，托物言志，通篇运用比兴象征手法，表面上句句写雁，实际上句句关系时事与逃难的人民。首联点明时间地点，同时用雁遭到惊吓而四散飞逃、声声哀鸣，比兴百姓流离失所、纷纷逃难的痛苦生活。颔联写失群的孤雁飞过长安、经过皇宫时的凄凉情景，暗示朝廷对百姓的漠不关心。颈联用反问的语气告诫大雁不要返回北方，反映出敌人的猖狂、朝廷的无能，以致百姓有家难回。尾联叮嘱大雁暂留南方，安居潇湘，实为同情百姓而又无可奈何的宽慰。全诗表层意象与深层意蕴两相契合，含蓄而深沉。

作者对百姓深切同情，对朝廷则有所讥讽。诗中用汉武帝为了求得长生不老而建的承露仙人和陈皇后失宠后居住的长门宫指代宫廷，加上月夜灯暗冷寂的气氛，隐含了对君王腐败堕落、于百姓苦难麻木不仁的斥责，也包含着对朝廷无能的愤慨。

【思考与练习】

一、说说这首咏物诗托物言志、比兴象征的表现方法。

二、诗中哪些地方体现了作者忧国忧民的心情？

三、分析"仙掌月明孤影过，长门灯暗数声来"一联的情感内容与抒情手法。

虞美人①

李 煜

　　李煜(937—978),字重光,号钟隐,又号莲峰居士,五代时南唐的最后一个君主,史称李后主。他继位时(961年),南唐已对宋称臣,处于属国地位。李煜在位十五年,不修政事,屈辱苟安,沉湎于奢靡逸乐的宫廷生活。975年,宋灭南唐,李煜肉袒投降,被俘到宋都汴京(今河南开封),封违命侯,成了"日夕只以眼泪洗面"的阶下囚,相传三年后被宋太宗毒死。

　　李煜无力治国,却有多方面的文艺才能。他通音律,善书画,尤长于词。早期作品大多反映宫廷享乐生活,风格柔靡。亡国后的篇什,追怀昔日帝王生活,感伤囚徒处境,言辞凄苦,感情深沉。其词多直抒胸臆,直率天然,且善以白描手法摹写景物,形象鲜明,具有很高的艺术性,对后代颇有影响。他的作品甚多,保留至今的很少。后人把他和其父李璟(中主)的作品合辑为《南唐二主词》。

　　春花秋月何时了②?往事知多少!小楼昨夜又东风③,故国不堪回首月明中④。雕栏玉砌应犹在⑤,只是朱颜改⑥。问君能有几多愁⑦?恰似一江春水向东流。

【注释】

①《虞美人》:唐教坊曲名,后用为词调。双调。
②"春花秋月"句:这句对景伤怀,表面上指良辰美景何时了,实质上是哀叹亡国之痛何日了结。了(liǎo),终了,完结。
③ 小楼:指作者被俘到汴京后的住所。又东风:意谓春天又降临人间。
④ 故国:这里指南唐故土,主要指故都金陵。
⑤ 雕栏玉砌:精雕细刻的栏杆,玉石砌成的台阶。这里借指南唐宫殿。
⑥ 朱颜改:说自己原本红润的脸色已经变得憔悴不堪。或谓暗喻江山易主。
⑦ "问君"句:这里是作者的自问。几多,多少。

【提示】

　　这首词写在李煜亡国被俘之后，抒发了他的故国之思，亡国之恨。其中既有他为失去曾经拥有的王国、权力、荣华富贵、享乐生活而发的痛苦哀叹，也包含了对故国河山的思恋和对自己逸乐亡国的悔恨。情调虽然感伤低沉，但情感真实，感触真切。

　　作者借"春花秋月""雕栏玉砌"等景物抒发物是人非、江山易主的伤痛，内蕴丰富。末两句，以"一江春水"喻愁，使抽象的愁绪有了载体，变得形象可感，写出了胸中忧愁之无边无际、无穷无尽，意境深远。

【思考与练习】

　　一、这首词表现了词人怎样的思想感情？对其应如何评价？
　　二、"春花秋月何时了"的深层寓意是什么？作者为何有此感叹？
　　三、"雕栏玉砌应犹在，只是朱颜改"的言外之意是什么？
　　四、为什么说以"一江春水"喻愁生动贴切、意境深远？

八声甘州①

柳 永

柳永(约987—约1053),原名三变,字耆卿,福建崇安人。年轻时,常出入歌楼伎馆,为乐工歌妓撰写歌辞,为权贵所不齿,因而科考落第。于是他索性放浪形迹。宋仁宗景祐元年(1034)考取进士,做过屯田员外郎等小官,世称柳七、柳屯田。

柳永是北宋第一个专力填词的作家,他一生穷愁潦倒,独以词著称于世,是婉约派词人的著名代表。他的词多写都市繁华景象及青楼歌妓的生活,尤善于表达羁旅行役之苦,扩大了词的题材。柳永精通音律,大量制作慢词,对推进词体的发展起了重要的作用。柳词以铺叙见长,善于用通俗的语言传情状物,雅俗共赏,因而流传很广。有《乐章集》。

对潇潇暮雨洒江天,一番洗清秋②。渐霜风凄紧③,关河冷落,残照当楼④。是处红衰翠减⑤,苒苒物华休⑥。惟有长江水,无语东流。　　不忍登高临远,望故乡渺邈⑦,归思难收⑧。叹年来踪迹,何事苦淹留⑨?想佳人、妆楼颙望⑩,误几回、天际识归舟⑪。争知我、倚栏干处⑫,正恁凝愁⑬。

【注释】

①《八声甘州》:又名《甘州》,唐教坊大曲名,后用为词调。此调前后段共八韵,故名"八声",属慢词。双调。

②"对潇潇"二句:写眼前的景象。潇潇暮雨在辽阔江天飘洒,经过一番雨洗的秋景分外清朗寒凉。潇潇,下雨声。一说雨势急骤的样子。清秋,清冷的秋景。

③ 霜风:指秋风。凄紧:凄凉紧迫。

④ 残照:落日余光。

⑤ 是处:到处。红衰翠减:指花叶凋零。红,代指花。翠,代指绿叶。

⑥ 苒(rǎn)苒:同"荏苒",渐渐(过去)的意思。物华:美好的景物。休:这里是衰残的意思。

⑦ 渺邈(miǎo)：渺茫遥远。
⑧ 归思：渴望回家团聚的心思。
⑨ 淹留：长期停留。
⑩ 佳人：美女。古诗文中常用以代指自己所怀念的对象。颙(yóng)望：抬头凝望。
⑪ "误几回"句：多少次错把远处驶来的船只当作心上人的归舟。语意出自温庭筠《望江南》词："过尽千帆皆不是,斜晖脉脉水悠悠,肠断白蘋洲。"天际,指目力所能达到的极远之处。
⑫ 争：怎。处：这里表示时间。"倚栏干处"即"倚栏干时"。
⑬ 恁(nèn)：如此。凝愁：愁苦不已,愁恨深重。凝,表示一往情深、专注不已。

【提示】

这是柳永抒写羁旅行役之苦的名作。词人倾吐了萍踪漂泊的苦衷,表现了因事业无成而产生的内心矛盾。作品从一个侧面反映了封建时代中下层士子典型的生活遭遇和思想情绪。

本词上片借景抒情,下片借事抒情,而词中"登高临远"四字,则是融贯上下片的过渡线索。

词的上片,以层层铺叙的手法,描绘登高所见之景。开头以一"对"字领起,先总写清秋江天之寂寥;继以霜风、关河、残照之景,作气氛渲染;"红衰翠减",更见一片萧瑟;江水无语,又可谓言外有意,寄托了词人青春不再、人生如寄的感伤。写景中浸染了词人浓重的人生感叹。

下片以委婉曲折的笔法,抒写临远思归之情。"不忍登高临远"数句,直接抒发了羁旅之苦、思乡之切；"想佳人"以下,转换角度,驰骋想象,"从对面写起",由己之思彼转写彼之思己,从而把游子漂泊、归乡不得的凄苦情怀表达得淋漓尽致,悱恻动人。

此词状物传情,运用了富有表现力的白描语言,雅俗共赏,堪称婉约风格的当行本色。

【思考与练习】

一、词的上片借景抒情有何特点？
二、试分析"惟有长江水,无语东流"句的情感内涵。
三、词的下片借事抒情有何特点？
四、指出关合上下片的词句。

江城子①

苏 轼

作者简介，见《前赤壁赋》，第102页。

乙卯正月二十日夜记梦②。

十年生死两茫茫③，不思量④，自难忘⑤。千里孤坟⑥，无处话凄凉。纵使相逢应不识，尘满面，鬓如霜⑦。　夜来幽梦忽还乡，小轩窗⑧，正梳妆。相顾无言，唯有泪千行。料得年年肠断处，明月夜，短松冈⑨。

【注释】

① 《江城子》：词调名，又名《江神子》等，分单调、双调两种体式。双调体创自苏轼。
② 乙卯：宋神宗熙宁八年(1075)，岁次乙卯。
③ "十年"句：苏轼妻子王弗于宋英宗治平二年(1065)去世，至此整整十年。
④ 思量(liáng)：思念。
⑤ 忘(wáng)：此处叶韵，读阳平。
⑥ 千里：作者当时在山东密州，亡妻葬于四川眉山，故云。
⑦ 尘满面，鬓如霜：谓奔波于仕途，辛苦累累，身心疲惫，面目憔悴。如霜，喻指两鬓白发。
⑧ 轩窗：居室的窗户。
⑨ "料得"三句：唐代孟棨《本事诗·征异》引张姓者妻孔氏诗句："欲知肠断处，明月照孤坟。"此用其意。料得：料想。短松冈：指王弗墓地。古人于墓地多种植松树。

【提示】

这是一首悼亡词。是我国历代悼亡作品中的杰作。

苏轼19岁时，娶了王弗为妻。婚后，夫妻恩爱，伉俪情笃。可惜好景不长，结婚十年，王弗不幸去世。不久，苏轼即卷入了朝廷党争，一则为远离争斗旋涡，一则想在地方治理上有所作为，他于是自请外放，先出为杭州通判，后调任密州知州。这首词,即是他在密州任上写下的。

词的序言明白交代写作缘起乃"记梦",整首词即由此展开。上片侧重写入梦之前对亡妻的绵绵思念,既倾诉了十年来作者对亡妻的怀念无时不在无处不在,也透露出自身因宦途艰难而生发的苦恼忧伤。下片前五句正面描写梦境,突出展现"小轩窗,正梳妆"与"相顾无言,唯有泪千行"两个场景,一乐一悲,交相映照,以虚幻的景象表达真切的情意,催人泪下。末尾三句写梦后哀思,借托"明月夜,短松冈"的想象之景,抒发郁结心中的孤苦凄凉,收束全篇。

本篇在写作上有两个突出优点。一是以时分时合的笔法抒写思念。作者时而写亡妻,时而写自身,时而又关合双方,其基础是十年美满的婚姻生活和夫妻之间的情深意笃,其效果则强化了死生契阔后的酸楚哀伤。二是白描手法。无论描写人物的容貌(尘满面,鬓如霜)、行为(相顾无言,唯有泪千行),还是室内场景(小轩窗,正梳妆)、野外风物(明月夜,短松冈),作者一概都用白描手法,言辞虽平朴简短,但形象鲜明,特征清晰,表现力极强。

【思考与练习】

一、为什么说这首词是以虚幻的景象表达真切的情意?

二、以"记梦"为结构线索,梳理此词的抒情层次。

三、联系词中的有关语句,分别说明作者所用白描手法的艺术效果。

声声慢·秋情①

李清照

李清照(1084—约1151),号易安居士,济南(今属山东)人。她出身于一个有文化教养的仕宦家庭,父亲李格非是当时著名的学者,丈夫赵明诚历任州郡行政长官,是金石收藏家和考据家。李清照与夫婿志同道合,感情深厚,常一起校勘金石,鉴赏书画,唱和诗词。靖康之变,宋室仓皇南渡,李清照一家也随之避乱江南。不久赵明诚去世,他们苦心搜集的金石书画也在流亡途中丧失殆尽。李清照只身漂泊于杭州、越州、金华一带,在凄凉孤苦中度过了晚年。

李清照工诗能文,尤长于词,是我国古代文学史上卓越的女作家、女词人。她的词以南渡为界,分为前后两期。前期词主要描写她出嫁前后的闺阁生活,内容比较狭窄,词风清丽婉转;后期词多写国破家亡后的凄惨心境和痛苦感情,流露出故国之思和昔盛今衰之感,具有一定的社会意义,词风沉哀凄苦。有《漱玉词》。

寻寻觅觅②,冷冷清清,凄凄惨惨戚戚③。乍暖还寒时候④,最难将息⑤。三杯两盏淡酒,怎敌他、晚来风急⑥!雁过也,正伤心,却是旧时相识⑦。　　满地黄花堆积⑧,憔悴损,如今有谁堪摘⑨!守着窗儿,独自怎生得黑⑩!梧桐更兼细雨⑪,到黄昏、点点滴滴。这次第⑫,怎一个愁字了得⑬!

【注释】

① 声声慢:词调名,有平韵、仄韵二体,这首词是仄韵体。
② 寻寻觅觅:由孤独、失落而生发的寻求解脱的追寻动作神态。
③ 戚戚:忧愁的样子。
④ "乍暖"句:写深秋寒冷、又突然转暖的多变气候。
⑤ 将息:调养,静息。
⑥ 敌:抵挡。

⑦"雁过也"三句：作者从北方流落南方，见北雁南飞，故有故乡之思和"似曾相识"的感慨。古时有鸿雁传书之说，而李清照婚后有《一剪梅》词寄赠丈夫，内云："云中谁寄锦书来，雁字回时，月满西楼。"如今作者丈夫已逝，孤独无靠，满腹心事无可告诉，因而感到"伤心"。

⑧黄花：指菊花。

⑨有谁堪摘：意思是没有人有摘花的兴致。

⑩怎生得黑：怎样捱到天黑呢。怎生，怎样。

⑪"梧桐"句：意谓细雨打在梧桐上。温庭筠《更漏子》："梧桐树，三更雨，不道离情正苦。一叶叶，一声声，空阶滴到明。"

⑫次第：景况，情形。

⑬怎一个愁字了得：一个愁字怎么能包容得了。了(liǎo)，完毕，了结。

【提示】

这首《声声慢》是李清照后期词代表作之一。

当时，国破家亡、丈夫新丧，作者只身流落江浙，处境十分凄凉。这首词就是抒写她晚年孤苦无依的生活境况及其内心深处的一种绝望的哀愁。情调虽然低沉，却反映了南渡后许多离乡背井、骨肉分离的人的共同感受。

全词除开头十四个叠字和下片中的两个呼告句外，主要通过五个层次的残秋景物描写来渲染愁情：首先是通过气候的反常多变，总写词人烦闷难熬的心境；其次是借助"淡酒"和"晚风"来渲染愁情，并通过酒力敌不过风力显示出愁情的无比深重；再次是通过由南飞雁所引发的对故土家园和往昔夫妻伉俪生活的追怀，表现词人由家破人亡所造成的痛苦心情；接着又通过满地堆积憔悴的黄花自喻，抒发昔盛今衰、身世变迁之叹，突出词人晚年孤苦无依的凄凉心境；最后则通过梧桐细雨对心灵的敲击，将愁情推向高潮，导发出"这次第，怎一个愁字了得"的绝望呼告。

这首词在语言上很有特点：一是运用了"寻寻觅觅""冷冷清清""凄凄惨惨戚戚"和"点点滴滴"九组叠字，富于创造精神；二是采用了"将息""怎生""次第""了得"等不少宋代的口语，朴素浅近而又真切自然。

【思考与练习】

一、这首词表现了词人怎样的处境和心情？

二、分别说明词人是怎样通过气候、淡酒、晚风、过雁、黄花和梧桐细雨等景物描写来渲染愁情的。

三、这首词在语言上有什么特点？

摸鱼儿①

辛弃疾

辛弃疾(1140—1207),字幼安,号稼轩。出生在金人统治下的历城(今山东济南)。22岁时组织一支两千余人的起义队伍,抗击金统治者。后率领义军余部渡江归宋,想依靠南宋实现收复中原的壮志。但南宋朝廷对金人奉行妥协而对辛弃疾心存疑忌,不予信用,安排他作签判、通判之类的闲职小官。辛弃疾不顾自己位卑言微,力排众议,先后奏进《美芹十论》《九议》等,陈述收复大计,均未被采纳。其后,他历任转运副使、知府、安抚使等职,虽有政绩,但大志未遂,而且长期受到主和派的排斥打击;42岁起,除两次短期出仕外,一直落职闲居于江西农村。68岁时抑郁而死。

辛弃疾才兼文武,毕生以复国为己任,一直希望自己能置身于抗金斗争的最前线,但南宋执政者却将他投闲置散。于是他把自己的爱国抱负和满腔忧愤倾注在词作中。他的词现存六百多首,题材广阔,内容丰富,多方面地反映了当时的社会现实,饱含爱国热情。词风以豪放悲壮为主,"慷慨纵横,有不可一世之概"(《四库全书总目提要》);也有不少清丽明快、缠绵妩媚之作。因为两宋豪放词派由苏轼开创,而由辛弃疾继承、发展,故后人往往以"苏辛"并称。有《稼轩长短句》。

淳熙己亥②,自湖北漕移湖南③,同官王正之置酒小山亭④,为赋。

更能消、几番风雨⑤,匆匆春又归去。惜春长怕花开早⑥,何况落红无数⑦。春且住!见说道、天涯芳草无归路⑧。怨春不语⑨。算只有殷勤,画檐蛛网,尽日惹飞絮⑩。　　长门事,准拟佳期又误。蛾眉曾有人妒。千金纵买相如赋,脉脉此情谁诉⑪?君莫舞⑫,君不见、玉环飞燕皆尘土⑬!闲愁最苦。休去倚危栏⑭,斜阳正在,烟柳断肠处⑮。

【注释】

① 摸鱼儿：一名《摸鱼子》，本为唐教坊曲名，后用为词调。双调。

② 淳熙己亥：1179年。淳熙，宋孝宗年号。

③ "自湖北"句：由湖北转运副使调任湖南转运副使。漕（cáo），宋称转运司为漕司。移，调任。

④ 同官：辛弃疾调离后，由王正之接替他的职务，故称同官。王正之：名正己，字正之，是辛弃疾的旧交。

⑤ "更能消"句：还能经得住几番风雨呢。消，经受。

⑥ "惜春"句：花早开便会早谢，作者为爱惜春光，总不愿花开得太早。长怕，总怕。

⑦ 落红：落花。

⑧ "见说道"句：听说天尽头也长满芳草，春已没有归路。这句表示作者希望春天找不到归路，长驻人间。见说，听说。

⑨ "怨春"句：埋怨春天不理解人们对它的挽留。

⑩ "算只有"三句：虽然十分殷勤，但画檐上的蛛网，一天到晚也只能粘住一些飘落的柳絮（算是留住了一点点春意）。画檐，有彩画的屋檐。惹，粘惹，粘住。

⑪ "长门事"五句：司马相如《长门赋序》称：汉武帝时，陈皇后失宠，废居长门宫，愁闷悲思；听说司马相如善写文章，就奉送黄金百斤，请相如作赋以解悲愁；司马相如的文章使汉武帝感悟，于是陈皇后重新得宠。这里借题发挥，说陈皇后本可重新得宠，因有人嫉妒进谗，使原来约好的佳期又耽误了；纵然她用千金买得相如赋，脉脉柔情又能向谁去诉说？这几句暗喻忠良之士遭到谗害，不被理解信用，虽有思君报国之心，却无处倾诉。拟，拟定，约定。蛾眉，借指美人。谁诉，向谁诉说。

⑫ 君莫舞：你且不要手舞足蹈。此句警告谗害忠良者不要高兴得太早。

⑬ 玉环：唐玄宗宠妃杨贵妃的小名，骄宠一时。安禄山陷长安，贵妃随玄宗赴四川避乱，途经马嵬坡时，被赐死。飞燕：汉成帝宠后赵飞燕，后废为庶人，自杀。这里以杨玉环、赵飞燕死于非命，警告当时的权贵们也不会有好下场。

⑭ 危栏：高栏。危，高。

⑮ "斜阳"二句：夕阳正斜照在令人断肠的烟柳深处。这里以日落西山的暗淡景色喻南宋摇摇欲坠的衰微国势，表面上看是作者为春暮、日暮而肠断，实际上是在为国事而愁苦。

【提示】

这首词借宫中美人的春愁闺怨，抒发了作者对国运危迫、抗金形势衰微的焦虑担忧和报国无门、有志难伸的郁闷悲愤。

全词以比兴象征手法抒写情怀。上片借物起兴，以江南暮春的衰残景象象征南宋微弱的抗金形势，借美人之伤春、惜春、留春、怨春，表达对抗金复国的满怀热望和深沉惋惜；下片托古喻今，用汉武帝时陈皇后的宫闱旧事比兴，以美人之失宠、见妒、闲愁、苦思，暗示自己南渡以来，长期遭受朝廷冷落、排挤、猜忌的际遇，抒发华年虚掷、抱负成空的苦闷激愤。全词抒情委婉沉郁。

　　本篇比兴手法的运用不拘限于个别语句或局部的喻譬，而是通贯全篇，在总体上具有象征意义。如全词前后三次写及的残春景象，无疑是南宋局势风雨飘摇的象征；而词中美人之失宠见妒、伤春怀怨，则显然是作者遭际、心境的比况。整首词的外在形象与深层寓意若即若离，寄托深远。

　　本词"肝肠似火，色貌如花"，寓豪放于婉约之中，风格刚柔相济。

【思考与练习】

一、这首词的主旨是什么？

二、结合作品实际，领会此词融贯全篇的比兴手法。

三、此词上片所写之"春归去"有何象征意义？

四、本词风格有何特点？

再别康桥①

徐志摩

徐志摩(1897—1931),原名徐章垿,浙江海宁人。中国现代著名诗人。曾留学欧美,1922年回国。先后在北京大学、光华大学、大夏大学等校任教。1925年主编《晨报副镌·诗刊》。1928年主编《新月》月刊,是"新月派"的中坚。1931年因飞机失事去世。

徐志摩早期诗歌多表现对理想的向往与追求,也有同情下层劳动人民痛苦生活和对黑暗现实不满的诗作。后期诗歌多表现理想破灭后的彷徨、感伤和空虚情绪。他的诗形象性强,比喻贴切,音节和谐,语言清新,形式也比较多样。诗集有《志摩的诗》《翡冷翠的一夜》《猛虎集》等。另有散文集《爱眉小札》等。1991年广西民族出版社出版了《徐志摩全集》。

轻轻的我走了,
　　正如我轻轻的来;
我轻轻的招手,
　　作别西天的云彩。

那河畔的金柳,
　　是夕阳中的新娘;
波光里的艳影,
　　在我的心头荡漾。

软泥上的青荇②,
　　油油的在水底招摇;
在康河的柔波里,
　　我甘心做一条水草!

那榆荫下的一潭，
　　不是清泉，是天上虹，
揉碎在浮藻间③，
　　沉淀着彩虹似的梦。

寻梦？撑一支长篙，
　　向青草更青处漫溯，
满载一船星辉，
　　在星辉斑斓里放歌。

但我不能放歌，
　　悄悄是别离的笙箫；
夏虫也为我沉默，
　　沉默是今晚的康桥！

悄悄的我走了，
　　正如我悄悄的来；
我挥一挥衣袖，
　　不带走一片云彩。

十一月六日中国海上

【注释】

① 本篇最初发表于1928年12月《新月》第一卷第10号，收入《猛虎集》。1921年徐志摩曾入"剑桥大学研究院"读研究生。1928年秋徐志摩出国讲学，再度至英国剑桥大学。康桥：即剑桥。
② 青荇(xìng)：即荇菜。一种水生植物。《诗经·周南·关雎》："参差荇菜，左右流之。"
③ 浮藻：浮在水面上的藻类植物，是含叶绿素和其他辅助色素的低等自养植物。

【提示】

《再别康桥》是1928年徐志摩出国讲学、再度游览剑桥后所写的著名诗篇，表达了诗人重游故地时眷恋、珍惜而又略带忧郁的情怀，寄托着他对西方文明的深挚向往和追求。

本诗以悦目赏心的诗性美感著称。这诗性美感主要体现在以下三个方面：其一是诗情画意的意象美。诗人的情感都是通过描写物象来渲染的，所以诗意含蓄而蕴藉。垂柳艳影、青荇柔波、榆潭彩虹、篙船星辉、夏虫笙箫，一个个画面动静交错、历历在目。作者将自己的身影、心意、向往糅合进画面，情与景水乳交融，使意象内涵丰富而韵味浓郁。其二是抒情手法的精彩多样。"在康河的柔波里，我甘心做一条水草"，"波光里的艳影，在我的心头荡漾"，这是自喻为物，托物寄情，贴切而易懂。以"夕阳中的新娘"喻"河畔的金柳"，以"别离的笙箫"喻"悄悄"，是通过美化对象来激发感情，新鲜而动人。"西天的云彩"和"彩虹似的梦"是象征，前者是即景暗示西方文明，后者是造景隐喻美好理想，均意在言外。特别是反复用"轻轻来""悄悄走"的举止来渲染惜别之情的深挚，更是亲切感人。其三是诗歌体式的建筑美、音乐美。建筑美主要体现在结构的完善、章节的整齐、句式的匀称；音乐美主要体现在节奏的流畅、音节的顿挫、韵律的和谐。尤其应当指出的是，本诗的建筑风格和音乐节律，与诗情的轻柔基调、诗人的幽微心态十分吻合，而首尾内容的呼应、形式的对称、韵律的合拍，则给人一种周而复始、循环往复的旋律感，相当委婉精妙。

【思考与练习】

一、这首诗的诗性美感主要体现在哪几个方面？

二、诗中主要运用了哪些抒情方法？请举例说明它们的特点和作用。

三、本诗首尾在内容和形式上的前后呼应有何艺术效果？

一句话①

闻一多

闻一多(1899—1946),原名家骅,又名亦多,湖北浠水人。著名的诗人、学者和民主战士。1913年考入北京清华学校,五四运动曾对他有所触动和影响。1922年赴美留学,研习美术和文学,颇受西方唯美主义文艺思潮的影响;同时,目睹美国种族歧视和民族压迫的现实,激起强烈的反帝爱国热情。1923年出版了诗集《红烛》。1925年回国后,历任北京艺术专科学校、武汉大学、青岛大学、清华大学等校教授。1928年与徐志摩等人创办《新月》杂志。同年出版的诗集《死水》,在思想深度和艺术表现技巧方面都较前更进了一步。他的诗继承了中外诗歌的优良传统,精练、严谨,富有创造性,具有独特的艺术风格。

抗日战争时期,在昆明西南联合大学中文系任教。1943年后,在中国共产党的教育影响下,积极参加反对独裁、争取民主的斗争。1946年7月15日,被国民党特务暗害于昆明。有《闻一多全集》。

有一句话说出就是祸,
有一句话能点得着火。
别看五千年没有说破,
你猜得透火山的沉默?
说不定是突然着了魔,
突然青天里一个霹雳
爆一声
"咱们的中国!"

这话叫我今天怎么说?
你不信铁树开花也可,

那么有一句话你听着：
等火山忍不住了缄默，
不要发抖，伸舌头，顿脚，
等到青天里一声霹雳
爆一声
"咱们的中国！"

【注释】

① 本篇选自诗集《死水》。

【提示】

  1925年闻一多从海外回来，目睹祖国的贫困、落后，深感痛心和失望；但他没有消沉，而是热切盼望中国能有一个大的变革。这首短诗，就是诗人对黑暗中国的揭露，对理想中国的企盼，对民众革命的信心，蕴含着深厚的爱国主义思想。

  诗中大量运用了隐喻象征手法。"有一句话说出就是祸，有一句话能点得着火"，其中"一句话"隐喻火种，"火"隐喻民众革命，"说出就是祸"暗示反动统治者对民众革命的惧怕和镇压，"能点得着火"暗示民众普遍存在着不满和反抗情绪；这两句诗，反映了当时中国政治黑暗、革命一触即发的社会现实。"火山"象征蕴藏着巨大力量的民众，"霹雳"象征民众革命的声威和力量，表现出诗人对民众和民众革命的坚定信心。"咱们的中国"，则暗示未来的祖国将由人民当家做主，表现出诗人对理想中国的向往和赞颂。

  两节诗的末三句重复，仅将"突然"换成了"等到"，这用的是"反复"修辞手法。诗用反复，有一唱三叹之妙，不仅强调了"霹雳"和"咱们的中国"，突出了主题，而且高潮迭起；强化了全诗高昂自信的激情和格调。

  这首诗形式整齐，语言自然平易而富于节奏感，有适于吟诵的特点。

【思考与练习】

  一、这首诗反映了当时怎样的社会现实？表达了诗人怎样的思想感情？

  二、指出诗中"一句话""火""火山""霹雳"的隐喻意义。

  三、"你不信铁树开花"指的是什么？

  四、找出诗中的反复句，说明其表达作用。

雨　　巷①

戴望舒

戴望舒(1905—1950)，浙江杭县人。中国现代著名诗人、翻译家。曾留学法国、西班牙。其诗歌深受法国象征派影响，成为20世纪30年代中国"现代派"诗歌的代表人物。早期诗歌追求朦胧的审美情趣，以哀怨感伤的格调见长，《雨巷》就是他的成名作。诗集有《我的记忆》《望舒草》等。抗日战争爆发后，戴望舒投入了抗日活动，1941年在香港为日军逮捕入狱，表现出坚贞不屈的民族气节。这段经历，使他后期诗歌的风格变化很大，充满激情，爱憎分明，如《狱中题壁》《我用残损的手掌》等，都表现出高尚的爱国主义情操和对美好未来的憧憬。

撑着油纸伞，独自
彷徨在悠长，悠长
又寂寥的雨巷，
我希望逢着
一个丁香一样地
结着愁怨的姑娘。

她是有
丁香一样的颜色，
丁香一样的芬芳，
丁香一样的忧愁，
在雨中哀怨，
哀怨又彷徨；
她彷徨在这寂寥的雨巷，

撑着油纸伞
像我一样,
像我一样地
默默彳亍着②
冷漠,凄清,又惆怅。

她静默地走近
走近,又投出
太息一般的眼光;
她飘过
像梦一般地,
像梦一般地凄婉迷茫。

像梦中飘过
一枝丁香地,
我身旁飘过这女郎;
她静默地远了,远了,
到了颓圮的篱墙③,
走尽这雨巷。

在雨的哀曲里,
消了她的颜色,
散了她的芬芳,
消散了,甚至她的
太息般的眼光,
丁香般的惆怅。

撑着油纸伞,独自
彷徨在悠长,悠长
又寂寥的雨巷,
我希望飘过
一个丁香一样地
结着愁怨的姑娘。

【注释】

① 本诗最初发表于《小说月报》1928年8月第19卷第8号,后收入诗集《我的记忆》。戴望舒因此诗而获"雨巷诗人"之名,是典型的象征主义诗作。
② 彳亍(chìchù):慢慢行走的样子,走走停停。
③ 颓圮(pǐ):崩坏,倒塌。

【提示】

这首运用象征手法写成的抒情诗,或许包容着日常生活、现实斗争与抽象理念三个方面的丰富蕴含。

从日常生活的角度来看,这是一首爱情诗。抒情主人公"我"孤独地撑着雨伞徘徊在悠长而无人走过的雨巷,是在等待梦中情人的出现。诗的被隐蔽在"想象"里面的"真实",可能是诗人曾经有过的一段感情际遇。

从诗中反映的情绪来看,可将其置于当时政治斗争的大背景中来加以阐释。1927年大革命失败,身为共青团员的戴望舒未免陷入痛苦与彷徨之中。这首短诗运用了如此之多的描写情感之词,如彷徨、寂寥、愁怨、忧愁、哀怨、冷漠、凄清、惆怅、太息、凄婉、迷茫等,渲染了一种孤独愁苦的情感主调,但内里生长的也不无思索、希望与探求的积极因素。

这首诗最富象征意味的是"丁香姑娘"。她是诗人的梦中情人和情感寄托的偶像,是可遇而不可求、可望而不可即的一切美好的化身。从日常生活层面看,"她"是"恋人";从现实斗争层面看,"她"可以理解为"革命";从形而上的哲学层面看,"她"还可以被解读为"美"与"理想"的象征。

象征手法的运用是这首诗的显著特点。"丁香"是美丽、高洁、愁怨的象征,"雨巷"是人生漫漫长路、狭窄天地的象征,"撑着油纸伞""独自彷徨""默默彳亍"是等待、希望和追求的象征,"颓圮的篱墙"是家园的破落与环境总体的低潮的象征,"雨的哀曲"是环境凄苦、遭际不幸的象征。最主要的象征当然是"丁香姑娘"。

营造中国古典诗词的意境美是这首诗的又一特色。意境强调情景交融、虚实相生,强调言外之意、韵外之致,强调耐人品味的和谐整体的艺术空间。在本诗中,雨巷、油纸伞、丁香、篱墙、女郎、独行者等,编织出雨中江南小城一隅的画面,显然具有中国传统文化的气息与古典诗词意境美的浓郁韵味。

本诗的突出成就还在于诗歌节奏的音乐性方面。标点符号的运用,韵脚的有无,排列方式的变化,重复的大量出现,都与诗人内心情绪的变化谐调一致。诗歌语言的节奏其实就是诗人内心的情感节奏。

【思考与练习】
一、这首诗表现了诗人怎样的思想感情?
二、"丁香姑娘"具有怎样的象征内涵?
三、这首诗的音乐性主要体现在哪些方面?

祖国啊,我亲爱的祖国①

舒 婷

舒婷(1952—),本名龚佩瑜,曾用名龚舒婷,福建厦门人。当代著名诗人。1972年参加工作,曾在厦门灯泡厂当工人,后为福建省作家协会专业作家。1979年开始发表作品,著有诗集《双桅船》《会唱歌的鸢尾花》《始祖鸟》,散文集《心烟·秋天的情绪》《露珠里的"诗想"》等。诗歌《祖国啊,我亲爱的祖国》获1979—1980年全国中青年优秀诗歌作品奖,诗集《双桅船》获1979—1982年全国优秀新诗(诗集)奖。

我是你河边上破旧的老水车,
数百年来纺着疲惫的歌;
我是你额上熏黑的矿灯,
照你在历史的隧洞里蜗行摸索;
我是干瘪的稻穗;是失修的路基;
是淤滩上的驳船。
把纤绳深深
　　　勒进你的肩膊,
——祖国呵!

我是贫穷,
我是悲哀。
我是你祖祖辈辈
　　痛苦的希望呵,
是"飞天"袖间②
千百年来未落到地面的花朵,
——祖国呵!

　　　　我是你簇新的理想，
　　　　刚从神话的蛛网里挣脱；
　　　　我是你雪被下古莲的胚芽；
　　　　我是你挂着眼泪的笑涡；
　　　　我是新刷出的雪白的起跑线；
　　　　是绯红的黎明
　　　　　　正在喷薄；
　　　　——祖国呵！

　　　　我是你十亿分之一，
　　　　是你九百六十万平方的总和；
　　　　你以伤痕累累的乳房
　　　　喂养了
　　　　迷惘的我、深思的我、沸腾的我；
　　　　那就从我的血肉之躯上
　　　　去取得
　　　　你的富饶、你的荣光、你的自由；
　　　　——祖国呵，
　　　　我亲爱的祖国！

【注释】
① 本诗系舒婷1979年在《诗刊》上发表的处女作，后收入作者第一部诗集《双桅船》。
② 飞天：指佛教壁画，或石刻中飞舞在空中的女神。梵语提婆，意译为天。神于空中飞翔，故称飞天。

【提示】
　　本诗通过多组意象的组合，抒发了经历"文革"动乱的一代青年对曾经饱经风霜、深受灾难而今正在重新崛起的祖国的真挚感情，表达了他们渴望祖国日益富强的殷切心意。
　　全诗共分四节，每一节都是一个相对完整的、包蕴着特定思想感情的意象群。第一节以一组象征意象，展现历史悠久的古国负重前行的艰难与缓慢。第二节则以"飞天"与未落地面的"花朵"，感叹祖祖辈辈的美好理想在久远的贫穷与悲哀中一再失落。第三节用一组富于生机与活力的意象，象征祖国正如东升的旭日喷薄而起。第四节以抒情的笔触直抒胸臆，表达了诗人和她代表的一代人决心献身于祖国的热忱。

本诗以"祖国啊，我亲爱的祖国"为题，看似非常平直，实质蕴涵着无穷的感慨。"祖国"一词的重复，表达了诗人对祖国母亲一再受到历史重创的哀痛与今日重现光明的感奋。对祖国的热爱是人们永恒的普遍情感，而本诗则真实地传达了刚从"文革"劫难中走出来的一代青年的复杂心态，使这种爱国之情具有鲜明的时代色彩。

新颖传神的意象运用是本诗艺术表现的主要特点。以第一节为例，"破旧的老水车""熏黑的矿灯""干瘪的稻穗""失修的路基""淤滩上的驳船"所组成的意象群，其共有的陈旧、颓败、贫瘠、阻滞的整体色彩，处处都在展现贫穷落后的历史面貌给予祖国的沉重负载（"把纤绳深深／勒进你的肩膊"），虽无一词一句的现实描述和直抒胸臆，读者却能联系自己所了解的史实而深受感染。

"我"作为本诗的抒情主人公，在各节中与作为祖国的"你"对举，具有灵活的象征含义，然而又都与祖国密切相关，是祖国不同时代、不同命运的意象代表，是诗人情感的倾诉主体。

全诗四个章节，情感逻辑层次清晰。从为祖国苦难的过去而悲伤，为祖国的希望未能实现而遗憾，到为祖国的新生和美好的未来而欢呼，决心为祖国的富饶、荣光、自由而献身，大致构成了一种逐层演进的关系，由沉重到热烈，由抑到扬，最后达到了高潮。

【思考与练习】

一、诗人在本诗的四个章节中是怎样逐层递进地抒发情感的？

二、本诗是怎样运用象征意象来表达诗人对祖国深厚的感情的？

三、抒情主人公"我"在诗中有何特点？

我愿是一条急流①

裴多菲

  裴多菲(1823—1849),匈牙利诗人、革命家。早年失学,当过兵,做过流浪艺人。1842年开始写作,用匈牙利民歌体裁反映人民的生活和思想感情。1848年匈牙利革命时发表政治诗《给贵族老爷们》和《民族之歌》,号召人民起来推翻反动统治,为民族的独立和自由而战。1849年在反抗沙俄军队的战斗中牺牲。裴多菲的诗歌具有现实主义特色,幽默生动,富有活力,并继承民歌传统,开创了直截了当的风格和明快的、不加雕琢的新诗体。除诗歌外,还有政论、剧本等作品。他的创作对匈牙利文学的发展影响很大。

我愿是一条急流,
是山间的小河,
穿过崎岖的道路,
从山岩中间滚过……
只要我的爱人
是一条小鱼,
在我的浪花中间,
愉快地游来游去。

我愿是一座荒林,
坐落在河流两岸;
我高声呼叫着,
同暴风雨作战……
只要我的爱人

是一只小鸟，
停在枝头上啼叫，
在我的怀里作巢。

我愿是城堡的废墟，
耸立在高山之巅，
即使被轻易毁灭，
我也并不懊丧……
只要我的爱人
是一根常春藤，
绿色枝条恰似臂膀，
沿着我的前额上升。

我愿是一所小草棚，
在幽谷中隐藏，
饱受风雨的打击，
屋顶留下了创伤……
只要我的爱人
是熊熊的烈火，
在我的炉膛里，
愉快而缓慢地闪烁。

我愿是一块云朵，
是一面破碎的大旗，
在旷野的上空，
疲倦地傲然停立……
只要我的爱人
是黄昏的太阳，
照射我苍白的脸，
射出红色的光焰。

1847年6月1日至10日于索伦塔

【注释】

① 本诗选自《裴多菲抒情诗选》,兴万生译,江苏人民出版社1986年版。

【提示】

裴多菲是匈牙利的伟大诗人和革命家。鲁迅先生在《为了忘却的记念》中引述了殷夫所译他的《格言》:"生命诚宝贵,爱情价更高;若为自由故,两者皆可抛!"此诗曾在中国读者中广为流传。裴多菲不仅创作了许多战斗诗篇,也写了不少优美的情诗。《我愿是一条急流》就是献给他妻子森德莱·尤丽亚的一首爱情诗。

本诗最鲜明的特点,就是通过一系列比喻来表达深切的爱情。全诗五节,分别用急流与小鱼、荒林与小鸟、城堡的废墟与常春藤、草棚与烈火、云朵与太阳五组比喻,形象地抒发了"我"对"我的爱人"的炽热的爱情。这些喻体的选择,把夫妻之间相依为命、坚贞不渝的纯真感情表现得淋漓尽致,体现了诗人对妻子的敬重与赞美。诗中"我"的形象都显得荒芜、简陋、残缺,只有在"我的爱人"的衬托与关爱下,才具有了生机与活力,形成和谐之美,充分表现了诗人对爱情的虔诚。在这些喻体的对应关系之间,还渗透着诗人对爱情和事业的献身精神。仔细体味关于"我"的诗句中诸如"崎岖""作战""毁灭""创伤""破碎"等词语,不难体察抒情主人公在艰难的逆境中,不仅因得到爱情的滋养而意志弥坚,而且矢志不移,决心为爱情以及更崇高的目标献身。1849年7月31日,诗人在塞盖斯瓦尔战役中阵亡,用自己的行动实践了自己的《格言》。

本诗的语言朴实,不加雕琢;结构匀称,节奏明快。

【思考与练习】

一、本诗是如何运用比喻手法表达诗人对妻子的深厚感情的?

二、具体分析本诗在语言和结构上的特点。

三、联系你对裴多菲的了解,试述你从他对待爱情与革命的态度中所得到的启示。

诗歌的抒情方法

诗歌是一种以表现人的内在情志为基本特征的文学样式。诗缘情,诗言志,诗达意,诗寓理,感情、志向、意愿、理念均可通过诗歌的形式表达,但以抒写感情为其本色当行。感情是诗歌创作的动力,意境建构的内涵;情感流程是诗歌生命的内在血脉,以情动人是诗歌功能的主要体现。即使是表达哲理的诗歌,也是以寓理于情者为上乘:寓理于情,情愈深则理愈至。古今中外的诗歌,虽有叙事、抒情之分,但绝大多数是抒情诗。因此,要提高阅读和欣赏诗歌的能力,最主要的途径是深入理解和掌握诗歌的抒情方法。

诗歌的抒情方法多种多样,但概括说来,不外乎直接抒情和间接抒情两类。

直接抒情一般称作直抒胸臆,即不假外物,不加掩饰,直陈自己的喜怒哀乐、感受领悟。如《湘夫人》"聊逍遥兮容与",《归园田居》"性本爱丘山",《长恨歌》"此恨绵绵无绝期",《声声慢》"冷冷清清,凄凄惨惨戚戚",《一句话》"有一句话说出就是祸",《祖国啊,我亲爱的祖国》"我是贫穷,我是悲哀"等等,都是直抒胸臆。直抒胸臆虽然简洁明快,有时也有画龙点睛之用,但总体说来,它只能是诗歌表达的辅助成分,用得多了,必然浅显直露,丧失诗歌应有的委婉含蓄、耐人咀嚼的韵味。

间接抒情是诗歌的主要表情达意途径,亦可称作意象表现。凡是将情、志、意、理渗透和含蕴在景、物、人、事之中,让读者感而悟之,思而得之,都是间接抒情、意象表现。意象的形态和表现方式是多种多样的:可以是自然景物,也可以是社会人事;可以是现实的、原态的,也可以是虚拟的、再造的;可以是简单的个别形态,也可以是复杂的组合形态;可以是比喻、比拟,也可以是象征、用典。意象表现形态生动、蕴含丰富、意在言外、韵味悠长,是诗歌审美特征的集中体现。把握诗歌的抒情方法,主要就是把握诗歌的种种意象表现方法及其表达作用。

最常见也最具表现力的抒情方法,或称意象表现方法,主要有下列几种:

一、借景抒情

通过自然景物意象来表现作者心中的情志意理,统称为借景抒情。借景抒情、情景交融是最常见的抒情途径。但由于其中景物的形态多种多样,情景交融的方式亦多有不同,故而又可将它们分成若干种类。下面所例析的三种情景交融方式,可以帮助我们对借景抒情有一些更深入的理解和把握。

(一) 融情入景

在借景抒情中,景物的形态是自然的、质朴的,甚至看不出有所选择和加工,即使略有加工,也仍然保持着原本形态,情感溶解、渗透在景物之中,没有直露、强加的痕迹,这就是融情入景。融情入景是通过景物与情感在形态、性质上的相似性来启发感情。因此,需经由读者的想象成像、潜心体悟和充分联想,方能深切把握它的情感内涵。如"嫋嫋兮秋风,洞庭波兮木叶下"(《湘夫人》),虽然只是景物白描,但通过对肃杀秋风、寒凉水波、飘零落叶和秋风荡水波、秋风扫落叶、落叶随水波的想象和体验,就可以真切地感悟到当时湘君赴约不遇时那种骤然失落和极度忧伤的心境。"无边落木萧萧下,不尽长江滚滚来"(《登高》),虽然没有情字点拨,但通过落木萧萧江水滚滚与国势动荡历史无情的同构联想,就能够深深地感受到当时杜甫胸中正翻腾着忧国忧民的滚滚心潮。《长恨歌》中以"春风桃李花开日,秋雨梧桐叶落时""迟迟钟鼓初长夜,耿耿星河欲曙天"来抒写唐明皇对杨贵妃的相思之情,纯用以景染情,庶几达到"不著一字,尽得风流"的程度。不难看出,融情入景,空灵蕴藉,是一种诗情画意最为浓郁的情景交融方式。

(二) 移情于景

在借景抒情中,由于主观感情的强行介入,使景物明显见出情感冲击的印痕:或不同程度地改变了事物本来的形态、特性,或语句中夹带有点染情感倾向的字词,这就是移情于景。例如,"三杯两盏淡酒"(《声声慢》),不是真的酒"淡",而是由愁情深重难解所产生的一种主观感受。"雁过也,正伤心,却是旧时相识"(《声声慢》),不可能真的是"旧时相识",而是因过度思念新丧的丈夫所造成的一种心理错觉。"行宫见月伤心色,夜雨闻铃肠断声"(《长恨歌》),月色本是明媚的,铃声本是清丽的,但在极度思念杨贵妃的唐明皇的感受中,它们却改变了性质,变成"伤心色""肠断声",这无疑是主观感情强行移入的结果。"那榆荫下的一潭,不是清泉,是天上虹,揉碎在浮藻间,沉淀着彩虹似的梦"(《再别康桥》),一个不起眼的水潭,一忽儿变成"虹",一忽儿变成"梦",既可以"揉碎",又能够"沉淀",这种物象的不断幻化、变身,显然是诗人当时情感跳荡、思绪延伸的结果,主观心理幻象的移入,使朴实的景物平添出许多奇异的色彩和幽深的内涵。移情于景是一种景物多有变异、情感鲜明激越、富于再创造性的情景交融方式,表现力相当强劲。

(三)因情造景

在借景抒情中,如果景物是根据情感表达的需要而虚拟、生造、幻化出来的,是现实世界不可能存在或并没有发生的,那就是因情造景。最典型的因情造景是汉乐府民歌《上邪》的"山无陵,江水为竭,冬雷震震,夏雨雪,天地合",以种种根本不可能发生的景象来对天发誓,将至死不渝的坚贞爱情表达得十分有力。《湘夫人》中有四句奇异景象也是如此:"鸟何萃兮蘋中?罾何为兮木上?""麋何食兮庭中?蛟何为兮水裔?"鸟不宿在树林而聚集在水草间,渔网不撒在水中而挂在树上,麋鹿不在草地觅食而跑进庭院,蛟龙不潜伏在深渊而爬到岸边,这都不是真实存在,而是假想的反常现象,是湘君在赴约不遇、心情十分懊丧的情况下,对自己尴尬处境的比况;而这种自我比况景象的心理发生,则极其别致而有力地体现出当时湘君懊恼、痛苦的深度。《长恨歌》第四部分所写临邛道士寻觅杨贵妃的亡魂、已身登仙界的杨贵妃仍情系尘寰的情景,无疑是顺应着李、杨深挚的情思而生发出来的幻境;《湘夫人》中极力铺陈的布置新房、准备结婚的景象,显然是将失落的东西在想象中虚拟得更加美好;《雨巷》所创造的那种朦胧而不可求、可望而不可即的"丁香空结雨中愁"的意境,则应当说是诗人用彷徨、寂寥、忧愁、哀怨、惆怅、迷茫、追求等多种复杂感情所酿造的一个恍恍惚惚的白日梦。当然,这些已不是单纯的因情造景,而是由多个因情造景交织成的因情造境。因情造景,因情造境,是强烈情感和特异心境的产物,因而往往充满虚幻、浪漫的色彩。

二、借事抒情

诗歌中,凡描述社会人事的地方,都是借事抒情。可以说,借事抒情是一条比借景抒情运用得还要普遍的抒情途径。如《蒹葭》中的"溯洄从之""溯游从之",《湘夫人》中的"朝驰余马兮江皋,夕济兮西滢",《登高》中的"万里悲秋常作客,百年多病独登台",《再别康桥》中的"撑一支长篙,向青草更青处漫溯,满载一船星辉,在星辉斑斓里放歌",等等,整体看来,都应当说是借事抒情。《八声甘州》的下片,先写自己思乡,然后联想到家中的"佳人"也在"妆楼颙望",最后又回到自己"倚栏干""凝愁",委婉曲折,无疑是以心理活动融贯的借事抒情佳构。像《八声甘州》那样,上片借景抒情,下片借事抒情,已经成为诸多词作的基本抒情模式。《长恨歌》是一首抒情意味极浓的叙事诗,其抒情的基本途径就是寓深情于人事叙述之中,几乎句句情溢,字字含泪,确是借事抒情的上乘巨制。

三、借举止抒情

特定情景中的表情和举止,是一个人当时情感和心理的直接显现,抓住它,往往能收到以少胜多的表情达意之效。辛弃疾在报国无门时,用"把吴钩看了,栏干拍遍"(《水龙吟》)的举止来抒写他心中的愤懑,李白在被逐出长安、仕途受阻时,用"停杯投箸不能食,拔剑四顾心茫然"(《行路难》)的举止来抒发胸中的怨愤,都是生动传神的借举止抒情妙笔。在《长恨歌》中,白居易用"回眸一笑"的媚态,点染杨玉环使"六宫粉黛无颜色"的"天生丽质";用"宛转蛾眉""血泪相和流"的惨相,渲染杨贵妃缢死马嵬坡时的哀婉凄绝;用"孤灯挑尽未成眠"的彻夜长思,彰显唐明皇对杨贵妃的刻骨深情;用"云鬓半偏新睡觉,花冠不整下堂来"的失态举止,凸现杨贵妃"闻道汉家天子使"时的激动、惶急心情,也都取得了"以一目尽传精神"的艺术表达效果。抒情诗大多篇幅短小,凡写到人事,均不可能全面铺开。因此,选取典型的表情、动作来一笔传神、一以当十,就成了必由之路。像《八声甘州》的"误识归舟",《再别康桥》的"轻轻来""轻轻走"等,也都应作如是观;即使是《八声甘州》的"不忍登高临远"和《摸鱼儿》的"休去倚危栏",也可以说是"反举止"的借举止抒情,颇耐人寻味。

四、借比喻抒情

比喻是以此物喻比彼物,往往可以变无形为有形、化抽象为具体,给人以鲜明生动的艺术感受。如《虞美人》"问君能有几多愁?恰似一江春水向东流",本来正面描述愁情很难,但用汹涌东流的暴涨春水一比喻,那个囚徒小皇帝之愁情的深重无边、流动永恒就跃然纸上,可感性极强。在《长恨歌》中,白居易用"芙蓉如面柳如眉"来喻比杨贵妃的美貌;用"比翼鸟""连理枝"来喻比李、杨的生死不渝,虽有些俗套,但前者睹物思人,后者托物寄心,均十分贴切;特别是用"梨花一枝春带雨"来喻比杨玉环"闻道汉家天子使"时的情态,既活画出容颜如花、泪流纵横的外在形貌,又显现出惊喜与幽怨交织的内在心情,形神兼备,堪称神来之笔。

在抒情诗中,有不少比喻是作者自喻,需仔细体认。如《声声慢》写菊花"满地黄花堆积,憔悴损,如今有谁堪摘",就是李清照对自己当时悲惨遭遇、人老珠黄、孤苦无依情景的自喻性写照,其中充满身世变迁、无可奈何之叹。《摸鱼儿》写蜘蛛网"算只有殷勤,画檐蛛网,尽日惹飞絮",则是辛弃疾对自己一直忠心报国却始终不被重用的自喻性写照,其中淤积着长期报国无门的愤懑和哀怨。至于《再别康桥》中的"在康河的柔波里,我甘心做一条水草",则是用明喻的方式,直接宣示作者自己对康河即对西方文明的深情眷恋。比喻的方式方法很多,需一一分辨它们的喻体、被喻体及喻意。

五、借象征抒情

象征是通过某一特定的形象,隐喻、暗示具有相似特征的某类事物、情感、观念的表达方法,它言在此而意在彼,从个别走向一般,与比喻相较更具整体性和抽象性。有些象征类似于比喻,但比喻更注重具体"形似",象征更注重整体"神似",两者还是有区别的。如大家所熟知的名句"春蚕到死丝方尽,蜡炬成灰泪始干",其中以蚕丝喻情丝,以蜡泪比眼泪,有比喻成分,但总体上是以春蚕吐丝不死不停,蜡炬燃烧不尽不休,来象征爱情的至死不渝。《行路难》中,以"欲渡黄河冰塞川,将登太行雪满山",隐喻仕途艰险受阻,《一句话》中,以"火山"隐喻蕴藏着革命情绪的民众,以"火山爆发"隐喻民众革命风潮,以"霹雳"隐喻民众革命声威,也都是包含比喻成分的象征。

值得注意的是,本书所选诗作中,整体性象征较多,如《蒹葭》以"在水一方"的格局,象征人类所经常遇到的可望难即情景,具有人类生存困境的普遍意义;《早雁》以惊恐南徙的早雁,象征边境战乱中民众的苦难,具有关心民生疾苦的普遍意义;《摸鱼儿》上片以"春又归去"的衰残景象,象征抗金收复时机再度丧失,具有国势殆危的普遍意义;《雨巷》以"我"寻找幻影中"丁香姑娘"而不得的心理过程,象征大革命失败后一批知识青年的复杂心境,是理想幻灭时内心"梦一般凄婉迷茫"的普遍写照;《祖国啊,我亲爱的祖国》以多组意象,象征祖国"蜗行"——"希望"——复苏——"沸腾"的历史进程,表达出历经"文革"动乱的一代青年渴望祖国尽快富强起来的殷殷爱国深情。这些整体性象征意境中,都包含着不少具体象征意象,需细心予以辨识,并用准确的词语把它们的象征意蕴一一概括出来,这是深入理解诗意的必经之路。

六、借典故抒情

典故可以是"用事",也可以是"用言",前者称事典,后者称言典。但不管事典、言典,都是借古人古事古言来隐喻今人今事今意,抒情言志,表明心迹。如《行路难》中的"闲来垂钓碧溪上,忽复乘舟梦日边",是借用传说中吕尚和伊尹终究被重用的故事,表达作者对前途仍充满信心;"长风破浪会有时",是借用南朝宗悫"乘长风破万里浪"的壮语,来形容自己的宏伟抱负。《摸鱼儿》下片,先用汉武帝时陈皇后失宠后重金买相如赋诉衷肠的故事,来隐喻抗金志士遭谗受贬、忠君爱国之心无处倾诉的痛苦,后用唐玄宗宠妃杨玉环、汉成帝宠后赵飞燕终不免惨死的故事,来痛斥当时把握朝政的权奸决没有好下场。借用典故抒情,多有言约意丰、委婉含蓄的长处,但也容易造成障隔、生涩的阅读障碍,宜慎用。

小 说

枕中记①

沈既济

沈既济(约750—约797),吴兴德清(今属浙江)人,一说,苏州吴县(今江苏苏州)人。唐传奇作家、史学家。因受宰相杨炎赏识提拔,唐德宗建中元年(780)授左拾遗、史馆修撰。次年杨炎被贬赐死,他迁谪为处州司户参军。后复入朝,官礼部员外郎。

沈既济通典籍,工史笔,曾撰《建中实录》十卷、《选举志》十卷,今俱佚。所作传奇当时即名声昭著,今存《枕中记》《任氏传》两篇。

开元七年②,道士有吕翁者③,得神仙术,行邯郸道中④,息邸舍,摄帽弛带⑤,隐囊而坐⑥。

俄见旅中少年,乃卢生也。衣短褐,乘青驹,将适于田⑦,亦止于邸中,与翁共席而坐,言笑殊畅。久之,卢生顾其衣装敝亵,乃长叹息曰:"大丈夫生世不谐,困如是也!"翁曰:"观子形体,无苦无恙,谈谐方适,而叹其困者,何也?"生曰:"吾此苟生耳。何适之谓?"翁曰:"此不谓适,而何谓适?"答曰:"士之生世,当建功树名,出将入相,列鼎而食,选声而听,使族益昌而家益肥,然后可以言适乎。吾尝志于学,富于游艺⑧,自惟当年青紫可拾⑨。今已适壮⑩,犹勤畎亩,非困而何?"言讫,而目昏思寐。时主人方蒸黍⑪,翁乃探囊中枕以授之,曰:"子枕吾枕,当令子荣适如志。"

其枕青瓷,而窍其两端⑫。生俯首就之,见其窍渐大,明朗。乃举身而入,遂至其家。数月,娶清河崔氏女⑬。女容甚丽,生资愈厚⑭。生大悦,由是衣装服驭,日益鲜盛。明年,举进士,登第;释褐秘校⑮,应制⑯,转渭南尉⑰,俄迁监察御史⑱,转起居舍人⑲,知制诰⑳。三载,出典同州㉑,迁陕牧㉒,生性好土功㉓,自陕西凿河八十里,以济不通，邦人利之，刻石纪德，移节卞州㉔，领河南道采访使㉕，征为京兆尹㉖。是岁，神武皇帝方事戎狄㉗，恢宏土宇㉘，会吐蕃悉抹逻及烛龙莽布支攻陷瓜沙㉙，而节度使王君㝟新被杀，河湟震动㉚。帝思将帅之才，遂除生御史中丞㉛，河西道节度大破戎虏㉜，斩首七千级，开地九百里，筑三大城以遮要害㉝。边人立石于居延山以颂之㉞。归朝册勋，恩礼极盛。转吏部侍郎㉟，迁户部尚书兼御史大夫㊱。时望清重，群情翕习㊲。大为时宰所忌，以飞语中之㊳，贬为端州刺史。三年，征为常侍㊴。未几，同中书门下平章事㊵。与萧中令嵩、裴侍中光庭同执大政十余年㊶，嘉谟密令㊷，一日三接，献替启沃㊸，号为贤相。同列害之，复诬与边将交结，所图不轨。下制狱㊹，府吏引从至其门而急收之㊺。生惶骇不测，谓妻子曰："吾家山东，有良田五顷，足以御寒馁，何苦求禄？而今及此。思衣短褐，乘青驹，行邯郸道中，不可得也。"引刃自刎。其妻救之，获免。其罹者皆死㊻，独生为中官保之㊼，减罪死，投驩州㊽。数年，帝知冤，复追为中书令㊾，封燕国公，恩旨殊异。生五子：曰俭，曰传，曰位，曰倜，曰倚，皆有才器。俭进士登第，为考功员外㊿；传为侍御史○51；位为太常丞○52；倜为万年尉○53；倚最贤，年二十八，为左襄○54；其姻媾皆天下望族。有孙十余人。两窜荒徼○55，再登台铉○56，出入中外○57，徊翔台阁，五十余年，崇盛赫奕。性颇奢荡，甚好佚乐，后庭声色○58，皆第一绮丽。前后赐良田、甲第、佳人、名马，不可胜数。

后年渐衰迈，屡乞骸骨○59，不许。病，中人候问○60，相踵于道，名医上药，无不至焉。将殁，上疏曰："臣本山东诸生○61，以田圃为娱。偶逢圣运，得列官叙。过蒙殊奖，特秩鸿私○62，出拥节旄，入升台辅。周旋中外，绵历岁时。有忝天恩○63，无裨圣化。负乘贻寇○64，履薄增忧○65，日惧一日，不知老至。今年逾八十，位极三事○66，钟漏并歇，筋骸俱耄○67，弥留沈顿，待时益尽。顾无成效，上答休明○68，空负深恩，永辞圣代。无任感恋之至○69。谨奉表陈谢。"诏曰："卿以俊德，作朕元辅。出拥藩翰○70，入赞雍熙○71。升平二纪○72，实卿所赖。比婴疾疹○73，日谓痊平。岂斯沈痼，良用悯恻。今令骠骑大将军高力士就第候省○74。其勉加针石○75，为予自爱。犹冀无妄○76，期于有瘳○77。"是夕，薨○78。

卢生欠伸而悟，见其身方偃于邸舍○79，吕翁坐其傍，主人蒸黍未熟，触类如故○80。生蹶然而兴○81，曰："岂其梦寐也？"翁谓生曰："人生之适，亦如是矣。"生怃然良久○82，谢曰："夫宠辱之道，穷达之运，得丧之理，死生之情，尽知之矣。此先生所以窒吾欲也○83。敢不受教。"稽首再拜而去○84。

【注释】

① 《枕中记》有两种本子传世,这里据《文苑英华》本。另有《太平广记》本,文字颇有异同。
② 开元七年:719年。开元,唐玄宗年号(713—741)。
③ 吕翁:旧注或指为吕洞宾,不确。吕洞宾本人及传说均晚于本文作者。
④ 邯郸:县名,今属河北。
⑤ 摄帽弛带:摘下帽子松开腰带。摄,手提。弛,解下,松开。
⑥ 隐囊:靠枕。这里用为动词,意谓倚在靠枕上。隐,凭,靠,旧读去声。
⑦ 短褐:粗布短衣,贫贱者所穿着。适:到。
⑧ 富于游艺:有多方面的修养。《论语·述而》:"志于道,据于德,依于仁,游于艺。"
⑨ 青紫可拾:很容易地得到功名富贵。青紫,本为古时公卿绶带之色,因指代高官显爵。《汉书·夏侯胜传》:"经术苟明,其取青紫如俛拾地芥耳。"
⑩ 适壮:到了壮年,年满三十。《礼记·曲礼上》:"三十曰壮,有室。"
⑪ 黍:一种粮食作物,子实淡黄色,去皮后通称黄米,比小米略大,可做饭,可酿酒。
⑫ 窍:孔。此用作动词,开孔。
⑬ 清河崔氏:清河崔氏为当时的显姓望族,唐代寒门以结姻于显姓望族为荣。清河,郡名,治武城(今河北清河西北)。
⑭ 资:资产。厚:丰厚。
⑮ 释褐:换去平民服装,此指进士及第后授官。秘校:秘书省校书郎的简称,掌校勘书籍,订正讹误。
⑯ 应制:参加宏词或拔萃考试。这是唐代的两种选拔官员的考试制度,前者"试文三篇",后者"试判三条"。
⑰ 渭南尉:渭南县尉。渭南,今属陕西。尉,掌一县军事、刑狱等。
⑱ 监察御史:御史台察院的官员,掌分察百僚、巡按郡县、纠视刑狱、肃整朝仪。
⑲ 起居舍人:负责记录皇帝言论的侍从官。
⑳ 知制诰:负责起草诏命的官职。
㉑ 出典同州:出任同州刺史。典,掌管。同州,治冯翊(今陕西大荔)。
㉒ 陕牧:陕州刺史。陕州,治陕县(今河南陕县西南)。牧,州郡长官。
㉓ 土功:指水利工程。据郑樵《通志》,唐玄宗时多次开凿陕州到长安的水道,以利粮食运输,如陕州刺史韦坚天宝间开河道引渭水成功。土,原本作"上",据别本改。
㉔ 移节:改任,指地方长官之间的调动。卞州:治开封(今属河南)。
㉕ 河南道:唐开元十五道之一,辖今山东、河南黄河故道以南,江苏、安徽淮河以北地区。采访使:官名,唐初称按察使,开元时改为采访处置使。
㉖ 京兆尹:官名,唐开元初改雍州为京兆府,雍州长史为京兆尹。
㉗ 神武皇帝:唐玄宗的尊号。事戎狄:对西北外族开战。
㉘ 恢宏土宇:拓展疆域。
㉙ 攻陷瓜沙:据《旧唐书·萧嵩传》,开元十五年(727),"吐蕃大将悉诺逻恭禄及烛龙莽布支攻陷瓜州

城”,玄宗派遣萧嵩以兵部尚书、河西节度使衔率兵抵御。瓜州,治晋昌(今甘肃安西东南)。本文取材于此事。

㉚ 河湟:指今甘肃、青海境内的黄河、湟水流域。

㉛ 除:免去旧职;授任新职。御史中丞:国家监察机关御史台的副长官。

㉜ 河西道节度:河西节度使。唐开元、天宝间为十节度使之一,辖今甘肃河西走廊。

㉝ 三大城:据《旧唐书·张仁愿传》,张仁愿曾筑三座受降城防御突厥。本文当取材于此。

㉞ 居延山:在今内蒙古额济纳旗境内。

㉟ 吏部侍郎:吏部的副长官。吏部,尚书省六部之首,掌全国官员任免、课考、升降、调动之事。

㊱ 户部尚书:户部的正长官。户部,尚书省六部之一,掌全国土地、户籍、赋税、财政之事。御史大夫:国家监察机关御史台的正长官。

㊲ 群情翕(xī)习:众人服从、追随。翕,调协和合。

㊳ 飞语:没有根据的流言。

㊴ 端州:治高要(今广东肇庆)。

㊵ 常侍:皇帝身边的侍从官,唐代多为大臣的兼职。

㊶ 同中书门下平章事:唐代以中书省长官中书令、门下省长官侍中为宰相,以他官任宰相,则称“同中书门下平章事”。

㊷ 萧中令嵩、裴侍中光庭:都是玄宗朝的重臣。中令,中书令。

㊸ 嘉谟:指皇帝的旨意。嘉,美好。谟,谋划。

㊹ 献替启沃:指给皇帝的奏议讽谏。献替,即“献可替否”,对皇帝的建议与劝谏。启沃,开诚忠告。

㊺ 制狱:皇帝特命拘押罪人的监狱。制,诏命。

㊻ 收:逮捕。

㊼ 罹者:指受到牵连的人。

㊽ 中官:宦官。

㊾ 投驩州:发配到驩州。驩州,治九德(今越南荣市)。

㊿ 追:此处意为补救。

(51) 考功员外:考功员外郎,吏部考功司的副长官,负责官员的业绩考核。

(52) 侍御史:御史台中的官职,负责监察。

(53) 太常丞:太常寺丞,负责祭祀礼乐的官职。“太”原本作“大”,“太”的古字;据别本改。

(54) 万年:古县名,与长安县同治都城(今陕西西安),辖都城东片。

(55) 左襄:《太平广记》作“右补阙”。即拾遗、补阙一类的谏官。

(56) 窜:流放。荒徼:荒远的边地。徼,边界。

(57) 台铉(xuàn):指宰相之职。铉,本义是鼎耳,后比喻重臣。

(58) 中外:中央和地方(的职位)。

(59) 台阁:原指尚书台,后泛指中央政府机构。

(60) 后庭:一般指后宫,这里指姬妾的住所。

㉛ 乞骸骨：古代请求退休的婉辞。

㉒ 中人：宦官。

㉓ 诸生：此指儒生。

㉔ 秩鸿私：给予很大的偏爱。秩，有官职、俸禄的意思，这里指授官、赏俸。鸿，巨大。

㉕ 忝（tiǎn）：有愧于。

㉖ 负乘贻寇：居非其位、才不称职的谦辞。语出《周易·解》："六三，负且乘，致寇至。"意思是背负着包裹乘车（显示出自己不配享受的低下身份），结果招致强盗抢夺。

㉗ 履薄：如履薄冰，形容谨慎、惶恐的样子。

㉘ 三事：这里指三公之职，有位极人臣之意。

㉙ 钟漏并歇：比喻衰朽残年，来日无多。钟，击之报时的铜钟。漏，古时主要的计时器漏壶。

㉚ 耄（mào）：原意是高龄，此处意为衰颓。

㉛ 休明：美好清明，指君主的美政。

㉜ 无任：犹言不胜。

㉝ 元辅：宰相。

㉞ 藩翰：指捍卫王室的重臣。典出《诗经·大雅·板》："价人维藩，大师维垣，大邦维屏，大宗维翰。"毛传："藩，屏也；翰，干也。"

㉟ 雍熙：和乐升平。

㊱ 二纪：二十四年。岁星十二年运行一周，为一纪。

㊲ 比：近来。婴：遭受。

㊳ 高力士（684—762）：高州良德（今广东高州东北）人。唐宦官。本姓冯，养于宦官高氏，遂姓高。玄宗时颇受宠幸，封渤海郡公。

㊴ 针石：古代针灸所用的砭石制成的石针。此泛指治疗手段。

㊵ 无妄：《周易·无妄》："九五，无妄之疾，勿药有喜。"意谓虽得病，但不必服药而自然痊愈。用于治病时，多为希冀、祝福痊愈的意思。

㊶ 有瘳（chōu）：也是痊愈之意。古文中，无妄、有瘳常常对举。

㊷ 薨（hōng）：死的别称。唐代称三品以上大官之死。《新唐书·百官志一》："凡丧，三品以上称薨。"原本作"梦"，据别本改。

㊸ 偃：卧。

㊹ 触类：各种，所有。

㊺ 蹶然：快速起身的样子。兴：起来。

㊻ 怃然：失意的样子。

㊼ 窒吾欲：抑制我的欲望。窒，抑制。

㊽ 稽首：古时一种叩头至地的跪拜礼。

【提示】

　　这篇小说，通过叙述卢生梦前的抱负、梦中的遭遇、梦后的觉悟，警示世人：人生若一意追逐功名富贵，到头来终究是一枕黄粱，远不如身体无恙，性命无虞，心情无忧。就作者而论，这一认识，或是源自宦海沉浮的感悟，或是受到道家出世思想的影响。从读者来看，仕途失意的人士能以此补偿失落，平衡心态，所以认同者为数众多。元明以还，马致远、汤显祖、蒲松龄等名家都曾以《枕中记》为故事原型而再度创作发挥，致使"黄粱梦"成了富于象征意味的文化符号。

　　小说的艺术构思非常奇妙。一是作者欲取先予，随顺引达，让卢生经历"达—穷—达"的人生起伏后，在位极人臣、享尽荣华富贵时幡然醒悟。卢生对功名利禄的放弃，不是出于对将来灾祸的恐惧，而是出于对人生"真谛"的洞见；不是出于无奈，而是出于自觉。这比马致远《邯郸梦》、蒲松龄《续黄粱》让笔下的主人翁在噩梦中惊醒悔悟远为深刻而透彻。二是虚实结合，两相比照。诸如梦里六十年漫长岁月的虚与现实中一饭未熟的实，梦里卢生出将入相、腰金衣紫的虚与梦后卢生布衣短褐、一介寒士的实，吕翁神仙法术之虚与其"人生之适，亦如是矣"云云指点迷津之实，都从不同侧面作相互比照，而共同指向敝屣功名富贵的创作意图。这不仅强化了小说的主旨，也扩张了它的艺术魅力。

　　本篇意在以故事和经验惊警世人，所以文字多为概括的叙述而缺乏具体描写，艺术性略有欠缺。不过，文中吕翁与卢生的两番对话也还时有生动之处。

【思考与练习】

　　一、认知本篇首尾呼应的写作手法及其艺术效果。
　　二、从现今来看，本文主张的人生观有何积极意义？又有何消极作用？
　　三、你所阅读过的文学作品中，有哪些篇章表达过与本文类似的思想观念？
　　四、如何理解让卢生在美梦中醒悟要比让他在噩梦中醒悟深刻而透彻？

婴　宁①

蒲松龄

蒲松龄(1640—1715),字留仙,一字剑臣,别号柳泉居士,淄川(今山东淄博)人。出身于半农半商家庭,后家道陷于贫困。本人屡次失意于科场,只得以做幕宾、塾师为生。他生当明清易代的乱世,黑暗的社会现实与个人遭遇的坎坷,造成了他"孤愤""狂痴"的人生态度,表现在他创作的《聊斋志异》中。其诗、文、俗曲等作品今汇编为《蒲松龄集》。

《聊斋志异》近500篇,继承了六朝志怪小说、唐传奇和《史记》传记文学的传统,把花妖狐魅人格化,幽冥世界现实化,曲折地批判社会,表达理想,是中国古代短篇文言小说的顶峰之作。

　　王子服,莒之罗店人②。早孤。绝慧,十四入泮③。母最爱之,寻常不令游郊野。聘萧氏,未嫁而夭,故求凰未就也④。

　　会上元⑤,有舅氏子吴生,邀同眺瞩。方至村外,舅家仆来,招吴去。生见游女如云,乘兴独游。有女郎携婢,拈梅花一枝,容华绝代,笑容可掬。生注目不移,竟忘顾忌。女过去数武⑥,顾婢子笑曰:"个儿郎目灼灼似贼!"遗花地上,笑语自去。生拾花怅然,神魂丧失,怏怏遂返。

　　至家,藏花枕底,垂头而睡,不语亦不食。母忧之,醮禳益剧⑦,肌革锐减。医师诊视,投剂发表⑧,忽忽若迷。母抚问所由,默然不答。适吴生来,嘱秘诘之。吴至榻前,生见之泪下。吴就榻慰解,渐致研诘。生具吐其实,且求谋画。吴笑曰:"君意亦痴!此愿有何难遂?当代访之。徒步于野,必非世家。如其未字⑨,事固谐矣;不然,拼以重赂,计必允遂。但得痊瘳,成事在我。"生闻之,不觉解颐⑩。吴出告母,物色女子居里⑪,而探访既穷,并无踪迹。母大忧,无所为计。然自吴去后,颜顿开,食亦略进。

数日,吴复来。生问所谋。吴绐之曰⑫:"已得之矣。我以为谁何人,乃我姑之女,即君姨妹,今尚待聘。虽内戚有婚姻之嫌,实告之,无不谐者。"生喜溢眉宇,问:"居何里?"吴诡曰:"西南山中,去此可三十余里。"生又嘱再四,吴锐身自任而去⑬。生由是饮食渐加,日就平复。探视枕底,花虽枯,未便雕落。凝思把玩,如见其人。怪吴不至,折柬招之⑭。吴支托不肯赴招。生恚怒,悒悒不欢。母虑其复病,急为议姻;略与商榷,辄摇首不愿,惟日盼吴。

吴迄无耗,益怨恨之。转思三十里非遥,何必仰息他人?怀梅袖中,负气自往,而家人不知也。伶仃独步,无可问程,但望南山行去。约三十余里,乱山合沓,空翠爽肌,寂无人行,止有鸟道。遥望谷底,丛花乱树中,隐隐有小里落。下山入村,见舍宇无多,皆茅屋,而意甚修雅⑮。北向一家,门前皆丝柳,墙内桃杏尤繁,间以修竹;野鸟格磔其中⑯。意其园亭,不敢遽入。回顾对户,有巨石滑洁,因坐少憩。

俄闻墙内有女子,长呼"小荣",其声娇细。方伫听间,一女郎由东而西,执杏花一朵,俯首自簪。举头见生,遂不复簪,含笑拈花而入。审视之,即上元途中所遇也。心骤喜。但念无以阶进⑰;欲呼姨氏,顾从无还往,惧有讹误。门内无人可问。坐卧徘徊,自朝至于日昃⑱,盈盈望断,并忘饥渴。时见女子露半面来窥,似讶其不去者。忽一老媪扶杖出,顾生曰:"何处郎君,闻自辰刻来,以至于今。意将何为?得勿饥也?"生急起揖之,答云:"将以盼亲。"媪聋聩不闻。又大言之。乃问:"贵戚何姓?"生不能答。媪笑曰:"奇哉!姓名尚自不知,何亲可探?我视郎君,亦书痴耳。不如从我来,啖以粗粝,家有短榻可卧。待明朝归,询知姓氏,再来探访。"生方腹馁思啖,又从此渐近丽人,大喜。从媪入,见门内白石砌路,夹道红花,片片坠阶上;曲折而西,又启一关⑲,豆棚花架满庭中。肃客入舍⑳,粉壁光如明镜;窗外海棠枝朵,探入室中;裀藉几榻㉑,罔不洁泽。甫坐,即有人自窗外隐约相窥。媪唤:"小荣!可速作黍。"外有婢子嗷声而应。坐次,具展宗阀㉒。媪曰:"郎君外祖,莫姓吴否?"曰:"然。"媪惊曰:"是吾甥也!尊堂㉓,我妹子。年来以家窭贫,又无三尺之男,遂至音问梗塞。甥长成如许,尚不相识。"生曰:"此来即为姨也,匆遽遂忘姓氏。"媪曰:"老身秦姓,并无诞育;弱息亦为庶产㉔。渠母改醮㉕,遗我鞠养。颇亦不钝,但少教训;嬉不知愁。少顷,使来拜识。"

未几,婢子具饭,雏尾盈握㉖。媪劝餐已,婢来敛具。媪曰:"唤宁姑来。"婢应去。良久,闻户外隐有笑声。媪又唤曰:"婴宁,汝姨兄在此。"户外嗤嗤笑不已。婢推之以入,犹掩其口,笑不可遏。媪嗔目曰:"有客在,咤咤叱叱,景象何堪?"女忍笑而立,生揖之。媪曰："此王郎，汝姨子。一家尚不相识，可笑人也。"问："妹子年几何矣？"媪未能解。生又言之。女复笑，不可仰视。媪谓生曰："我言少教诲，此可见矣。年已十六，呆痴如婴儿。"生曰："小甥一岁。"曰："阿甥已十七矣，得非庚午属马者耶？"生首应之。又问："甥妇阿谁？"答曰："无之。"曰："如甥才貌，何十七岁犹未聘？婴宁亦无姑家，极相匹敌。惜有内亲之嫌。"生无语，目注婴宁，不遑他瞬②。婢向女小语云："目灼灼，贼腔未改！"女又大笑，顾婢曰："视碧桃开未？"遽起，以袖掩口，细碎连步而出。至门外，笑声始纵。媪亦起，唤婢襆被，为生安置。曰："阿甥来不易，宜留三五日，迟迟送汝归。如嫌幽闷，舍后有小园，可供消遣；有书可读。"

次日，至舍后，果有园半亩，细草铺毡，杨花糁径；有草舍三楹，花木四合其所。穿花小步，闻树头苏苏有声，仰视，则婴宁在上。见生来，狂笑欲堕。生曰："勿尔，堕矣！"女且下且笑，不能自止。方将及地，失手而堕，笑乃止。生扶之，阴掭其腕㉘。女笑又作，倚树不能行，良久乃罢。生俟其笑歇，乃出袖中花示之。女接之，曰："枯矣。何留之？"曰："此上元妹子所遗，故存之。"问："存之何益？"曰："以示相爱不忘。自上元相遇，凝思成病，自分化为异物㉙；不图得见颜色，幸垂怜悯。"女曰："此大细事㉚。至戚何所靳惜？待郎行时，园中花，当唤老奴来，折一巨捆负送之。"生曰："妹子痴耶？"女曰："何便是痴？"生曰："我非爱花，爱拈花之人耳。"女曰："葭莩之情㉛，爱何待言。"生曰："我所为爱，非瓜葛之爱，乃夫妻之爱。"女曰："有以异乎？"曰："夜共枕席耳。"女俯首思良久，曰："我不惯与生人睡。"语未已，婢潜至，生惶恐遁去。

少时，会母所，母问："何往？"女答以园中共话。媪曰："饭熟已久，有何长言，周遮乃尔㉜。"女曰："大哥欲我共寝。"言未已，生大窘，急目瞪之。女微笑而止。幸媪不闻，犹絮絮究诘。生急以他词掩之，因小语责女。女曰："适此语不应说耶？"生曰："此背人语。"女曰："背他人，岂得背老母。且寝处亦常事，何讳之？"生恨其痴，无术可以悟之。食方竟，家人捉双卫来寻生㉝。先是，母待生久不归，始疑；村中搜觅已遍，竟无踪兆。因往寻吴。吴忆曩言，因教于西南山村行觅。凡历数村，始至于此。生出门，适相值，便入告媪，且请偕女同归。媪喜曰："我有志，匪伊朝夕㉞。但残躯不能远涉，得甥携妹子去，识认阿姨，大好！"呼婴宁。宁笑至。媪曰："有何喜，笑辄不辍？若不笑，当为全人。"因怒之以目，乃曰㉟："大哥欲同汝去，可便装束。"又饷家人酒食，始送之出曰："姨家田产丰裕，能养冗人。到彼且勿归，小学诗礼，亦好事翁姑。即烦阿姨，择一良匹与汝。"二人遂发。至山坳，回顾，犹依稀见媪倚门北望也。

抵家，母睹姝丽，惊问为谁。生以姨妹对。母曰："前吴郎与儿言者，诈也。我未有姊，何以得甥？"问女，女曰："我非母出。父为秦氏，没时，儿在襁中，不能记忆。"母曰："我一姊适秦氏，良确；然殂谢已久，那得复存？"因审诘面庞、志赘㊵，一一符合。又疑曰："是矣。然亡已多年。"疑虑间，吴生至，女避入室。吴询得故，惘然久之。忽曰："此女名婴宁耶？"生然之。吴极称怪事。问所自知，吴曰："秦家姑去后，姑丈鳏居，祟于狐，病瘵死。狐生女名婴宁，绷卧床上，家人皆见之。姑丈没，狐犹时来；后求天师符粘壁上，狐遂携女去。将勿此耶？"彼此疑参，但闻室中嗤嗤皆婴宁笑声。母曰："此女亦太憨。"吴生请面之。母入室，女犹浓笑不顾。母促令出，始极力忍笑，又面壁移时，方出。才一展拜，翻然遽入，放声大笑。满室妇女，为之粲然。

吴请往觇其异㊶，就便执柯寻至村所㊷，庐舍全无，山花零落而已。吴忆葬处，仿佛不远；然坟垅湮没，莫可辨识，诧叹而返。母疑其为鬼。入告吴言，女略无骇意；又吊其无家，亦殊无悲意，孜孜憨笑而已。众莫之测。母令与少女同寝止。昧爽即来省问㊸，操女红精巧绝伦。但善笑，禁之亦不可止；然笑处嫣然，狂而不损其媚，人皆乐之。邻女少妇，争承迎之。母择吉为之合卺㊹，而终恐为鬼物。窃于日中窥之，形影殊无少异㊺。至日，使华装行新妇礼；女笑极不能俯仰㊻，遂罢。生以憨痴，恐泄漏房中隐事；而女殊密秘，不肯道一语。每值母忧怒，女至，一笑即解。奴婢小过，恐遭鞭楚，辄求诣母共话；罪婢投见，恒得免。而爱花成癖，物色遍戚党；窃典金钗，购佳种，数月，阶砌藩溷㊼，无非花者。

庭后有木香一架，故邻西家。女每攀登其上，摘供簪玩。母时遇见，辄诃之。女卒不改。一日，西人子见之，凝注倾倒。女不避而笑。西人子谓女意属己，心益荡。女指墙底笑而下，西人子谓示约处，大悦。及昏而往，女果在焉。就而淫之，则阴如锥刺，痛彻于心，大号而蹲。细视非女，则一枯木卧墙边，所接乃水淋窍也。邻父闻声，急奔研问，呻而不言。妻来，始以实告。爇火烛窥㊽，见中有巨蝎，如小蟹然。翁碎木捉杀之。负子至家，半夜寻卒。邻人讼生，讦发婴宁妖异。邑宰素仰生才，稔知其笃行士，谓邻翁讼诬，将杖责之。生为乞免，遂释而出。母谓女曰："憨狂尔尔，早知过喜而伏忧也。邑令神明，幸不牵累；设鹘突官宰㊾，必逮妇女质公堂，我儿何颜见戚里？"女正色，矢不复笑㊿。母曰："人罔不笑，但须有时。"而女由是竟不复笑，虽故逗之，亦终不笑；然竟日未尝有戚容㊿。

一夕，对生零涕。异之。女哽咽曰："曩以相从日浅，言之恐致骇怪。今日察姑及郎，皆过爱无有异心，直告或无妨乎？妾本狐产。母临去，以妾托鬼母，相依十余年，始有今日。妾又无兄弟，所恃者惟君。老母岑寂山阿，无人怜而合厝之㊿，九泉辄为悼恨。君倘不惜烦费,使地下人消此怨恫,庶养女者不忍溺弃㊾。"生诺之,然虑坟冢迷于荒草。女言无虑。刻日,夫妇舆榇而往㊿。女于荒烟错楚中,指示墓处,果得媪尸,肤革犹存。女抚哭哀痛。舁归,寻秦氏墓合葬焉。是夜,生梦媪来称谢,寤而述之。女曰:"妾夜见之,嘱勿惊郎君耳。"生恨不邀留。女曰:"彼鬼也。生人多,阳气胜,何能久居?"生问小荣,曰:"是亦狐,最黠。狐母留以视妾,每摄饵相哺,故德之常不去心㊿。昨问母,云已嫁之。"由是岁值寒食㊾,夫妇登秦墓,拜扫无缺。

女逾年,生一子。在怀抱中,不畏生人,见人辄笑,亦大有母风云。

异史氏曰㊿:"观其孜孜憨笑,似全无心肝者;而墙下恶作剧,其黠孰甚焉!至凄恋鬼母,反笑为哭,我婴宁殆隐于笑者矣㊿。窃闻山中有草,名'笑矣乎'。嗅之,则笑不可止。房中植此一种,则合欢、忘忧㊿,并无颜色矣。若解语花,正嫌其作态耳㊿。"

【注释】

① 《聊斋志异》各种版本的文字小有出入,本篇以铸雪斋本为主,参照手稿本酌定。"婴宁"似出于《庄子·大宗师》,其中有所谓"撄宁",指"撄而后宁",即经困扰而后达成合乎天道、保持自然本色的人生。

② 莒(jǔ):莒县,今属山东。

③ 入泮(pàn):古代学校有泮池,故称学童入学为入泮。

④ 求凰:犹言求妻。相传司马相如以《凤求凰》琴曲向卓文君求婚。

⑤ 上元:元宵节。

⑥ 数武:几步。武,半步。

⑦ 醮禳(jiàoráng):请僧道祈祷做法事。

⑧ 发表:中医的一种治疗方法,即通过让患者出汗使其体内邪毒发散出来。

⑨ 未字:还没有订婚。女子订婚称"字"。

⑩ 解颐:开怀欢笑。

⑪ 居里:住所。

⑫ 绐(dài):欺诳。

⑬ 锐身自任:挺身担起责任。锐身,挺身。

⑭ 折柬:裁纸写信。

⑮ 修雅:整齐雅致。

⑯ 格磔:鸟鸣声。

⑰ 无以阶进:找不到进去的理由。阶,台阶,这里喻指借口、理由。

⑱ 日昃(zè):过午。昃,日偏。

⑲ 启一关:开了一道门。关,门。

⑳ 肃客:迎客。肃,引导,迎接。

㉑ 裀藉(jiè):坐垫,坐席。

㉒ 具展宗阀:各自述说家世。宗阀,家世。阀,本指官宦人家门前记录功业的柱子,后泛指功业或家世。

㉓ 尊堂:对别人母亲的敬称。

㉔ 弱息:幼弱的子女。庶产:姬妾所生。

㉕ 渠:她的。

㉖ 雏尾盈握:(摆上来)肥鸡肥鸭。古人称幼小的鸡鸭为"雏尾不盈握",即尾巴还抓不满一把。

㉗ 不遑他瞬:顾不上看其他地方。遑,闲暇。不遑,没有空闲。

㉘ 阴捘:暗地里捏。

㉙ "自分"句:自以为要死了。异物,《庄子》称人死亡后"或化为鼠肝,或化为虫臂"。

㉚ 细事:小事情。

㉛ 葭莩(jiāfú):芦苇中的薄膜。多指疏远的亲戚(取"薄"的喻义),但也可泛指亲戚。这里即为泛指。

㉜ 周遮:啰唆,唠叨。

㉝ 捉双卫:牵着两头驴。卫,驴的别名。

㉞ 匪伊朝夕:不止一天。

㉟ 抄本无"'有何喜,笑辄不辍?若不笑,当为全人。'因怒之以目。乃曰"二十一字。

㊱ 志赘:指人身上的特征。志,同"痣"。赘,赘疣。

㊲ 觇(chān)其异:察看(有无)异常。觇,观察,窥探。

㊳ 执柯:比喻做媒。语出《诗经》"伐柯如何,匪斧不克。取妻如何,匪媒不得"。

㊴ 昧爽:晚上和早晨。省问:看望问候,请安。

㊵ 合卺(jǐn):成婚,圆房。

㊶ "窃于"二句:传说鬼物在阳光下没有影子,所以用这个方法来检验婴宁。

㊷ 不能俯仰:犹言(笑得)直不起腰。

㊸ 阶砌藩溷(hùn):台阶、围墙甚至厕所。这里是无所不在的意思。

㊹ 爇(ruò):燃烧,点燃。

㊺ 设:假如。鹘突:即糊涂。

㊻ 矢:立誓,决心。

㊼ 戚容:悲伤的样子。

㊽ 合厝(cuò):合葬。厝,埋葬。

㊾ "庶养女者"句:古时恶俗,认为女儿不能接续香烟,不能办理后事,所以把女婴溺杀。这里的意思是,我安葬了父母,或许可以改变人们轻视女儿的习俗。

㊿ 舆榇(chèn):用车子运载棺材。

(51) 德之常不去心:感激她,常常心中惦念。德,名词动化。

(52) 寒食:清明节的前两天为寒食节,旧俗这天不点火吃冷饭。寒食到清明是扫墓的日子。

(53) 异史氏:蒲松龄自称。

㉞ "殆隐于笑者矣"六字,抄本作"何尝憨耶"。
㉟ 合欢、忘忧:合欢花、忘忧草。因为这两种花草的名字带有开怀之意,所以拿来与"笑矣乎"比较。
㊱ "若解语花"二句:唐玄宗称杨贵妃为"解语花",意谓像花一样美丽而又善解人意,善于讲话迎合。这里是说"解语花"迎合他人,不是天性的自然流露。作态,造作,不自然。

【提示】

　　这篇小说之所以令读者喜爱,首先是由于它塑造了一个个性鲜明的狐女形象。她个性的表层是爱笑:无时无地的笑,千姿百媚的笑;内里是痴憨:不解人情,不谙世事。整篇小说几成婴宁笑声的组曲、憨性的乐歌。无疑,这个性是未经世俗污染的自然天性的自由流淌,其中寄托着作者的真情赞美和向往。

　　还应当进一步看到的是:婴宁的性格最终发生了很大转化,由"无时不笑"到"矢不复笑",再到"笑须有时"。显然,这转化意味着婴宁自然天性的失落和对社会礼法的顺应;虽然这是不得已的,但却是社会人生的必然:狐女要走出荒山深谷,投身人际社会,由自然人变成社会人,就必须经由这样一番洗礼。如果说这里有一种"隐于笑"的悲剧情味,那就是因为它象征着人类永远也无法解脱的个体性与群体性、自然性与社会性相矛盾的困境。小说的深刻内涵和普遍意义或许就在这里。

　　鬼母形象具有整体建构和主题深化的双重价值。小说的表层叙事,是王子服遇美女、寻美女、娶美女的经过,但内里实情,却是鬼母养狐女、教狐女、嫁狐女的过程。表面上的重重偶然与巧合,实际上都是鬼母为完成托养义务所作的有意安排;而鬼母无所不能,则是她导演这一幕幕喜剧的真正机杼。特别是她对婴宁的一再教诲,督导婴宁从"笑辄不辍"到"笑须有时",从"少教训"到成为"全人",更是加速了婴宁自然天性的失落,从而也就十分鲜明地彰显出小说披露人类困境的主题。这就是《婴宁》整体构思的奥妙所在。

　　小说的环境描写与人物性格刻画,达到了妙合无痕的境地。婴宁的生父是人,生母是狐,长期由鬼母教养,一直生活在与世隔绝的乱山幽谷之中,正是这样的特定环境,才养成了她纯真、痴憨而又略带狡黠的天性。尤其是让争奇斗妍的百花始终陪衬在她的周围,极尽类比、象征之能事,更是对她音容笑貌、独特个性的有力烘托。花与笑的交相辉映,是这篇小说中一道最亮丽的风景线。

【思考与练习】

　　一、把握婴宁的个性特点和性格转化轨迹,体会小说所展示的社会人生内涵。

二、作者说婴宁是"隐于笑者",这话应如何理解?

三、谈谈这篇小说的整体建构特点。

四、具体分析作品中描写花儿的表现作用。

宝黛吵架①

曹雪芹

曹雪芹(约1715—约1764),名霑,字梦阮,号雪芹,清代伟大的现实主义作家。祖居辽阳,后入满籍。从曾祖父起,三代先辈任江宁织造。少年时代过着富贵奢华生活,雍正初年其父被革职,家业被抄,举家迁居北京,从此家道败落。晚年过着"举家食粥酒常赊"的日子。贫病而卒。

曹雪芹生性放达,能诗善画,具有深厚的文化修养和卓越的艺术才能。虽身处"康乾盛世",但因经历了盛衰变迁,颇有憬悟,遂以毕生精力,创作了长篇章回小说《石头记》(即《红楼梦》)。小说规模宏大,结构严谨,情节复杂,描写生动,塑造了众多具有典型性格的艺术形象,其思想性和艺术性,均堪称中国古代长篇小说的高峰。

且说宝玉因见黛玉病了,心里放不下,饭也懒怠吃,不时来问,只怕他有个好歹。黛玉因说道:"你只管听你的戏去罢;在家里做什么?"宝玉因昨日张道士提亲之事,心中大不受用,今听见黛玉如此说,心里因想道:"别人不知道我的心,还可恕;连他也奚落起我来。"因此心中更比往日的烦恼加了百倍。要是别人跟前,断不能动这肝火,只是黛玉说了这话,倒又比往日别人说这话不同,由不得立刻沉下脸来,说道:"我白认得你了!罢了,罢了!"黛玉听说,冷笑了两声道:"你白认得了我吗?我那里能够象人家有什么配的上你的呢!"宝玉听了,便走来,直问到脸上道:"你这么说,是安心咒我天诛地灭?"黛玉一时解不过这话来。宝玉又道:"昨儿还为这个起了誓呢,今儿你到底儿又重我一句!我就'天诛地灭',你又有什么益处呢?"黛玉一闻此言,方想起昨日的话来。今日原自己说错了,又是急,又是愧,便抽抽搭搭的哭起来,说道:"我要安心咒你,我也'天诛地灭'!……何苦来呢!我知道昨日张道士说亲,你怕拦了你的好姻缘,你心里生气,来拿我煞性子。"

原来宝玉自幼生成来的有一种下流痴病,况从幼时和黛玉耳鬓厮磨,心情相对,如今稍知些事，又看了些邪书僻传，凡远亲近友之家所见的那些闺英闱秀，皆未有稍及黛玉者，所以早存一段心事，只不好说出来。故每每或喜或怒，变尽法子暗中试探。那黛玉偏生也是个有些痴病的，也每用假情试探。因你也将真心真意瞒起来，我也将真心真意瞒起来，都只用假意试探，如此"两假相逢，终有一真"，其间琐琐碎碎，难保不有口角之事。

即如此刻，宝玉的心内想的是："别人不知我的心，还可恕；难道你就不想我的心里眼里只有你？你不能为我解烦恼，反来拿这个话堵噎我，可见我心里时时刻刻白有你，你心里竟没我了。"宝玉是这个意思，只口里说不出来。那黛玉心里想着："你心里自然有我，虽有'金玉相对'之说，你岂是重这邪说不重人的呢？我就时常提这'金玉'，你只管了然无闻的，方见的是待我重，无毫发私心了。怎么我只一提'金玉'的事，你就着急呢？可知你心里时时有这个'金玉'的念头。我一提，你怕我多心，故意儿着急，安心哄我。"

那宝玉心中又想着："我不管怎么样都好，只要你随意，我就立刻因你死了，也是情愿的；你知也罢，不知也罢，只由我的心，那才是你和我近，不和我远。"黛玉心里又想着："你只管你就是了；你好，我自然好。你要把自己丢开，只管周旋我，是你不叫我近你，竟叫我远了。"

看官，你道两个人原是一个心，如此看来，却都是多生了枝叶，将那求近之心，反弄成疏远之意了。此皆他二人素昔所存私心，难以备述。如今只说他们外面的形容。

那宝玉又听见他说"好姻缘"三个字，越发逆了己意，心里干噎，口里说不出来；便赌气向颈上摘下"通灵玉"来，咬咬牙，狠命往地下一摔，道："什么劳什子！我砸了你，就完了事了！"偏生那玉坚硬非常，摔了一下，竟文风不动。宝玉见不破，便回身找东西来砸。黛玉见他如此，早已哭起来，说道："何苦来你砸那哑吧东西？有砸他的，不如来砸我！"

二人闹着，紫鹃雪雁等忙来解劝。后来见宝玉下死劲的砸那玉，忙上来夺，又夺不下来。见比往日闹的大了，少不得去叫袭人。袭人忙赶了来，才夺下来。宝玉冷笑道："我是砸我的东西，与你们什么相干！"袭人见他脸都气黄了，眉眼都变了，从来没气的这么样，便拉着他的手，笑道："你合妹妹拌嘴，不犯着砸他；倘或砸坏了，叫他心里脸上怎么过的去呢？"黛玉一行哭着，一行听了这话，说到自己心坎儿上来，可见宝玉连袭人不如，越发伤心大哭起来，心里一急，方才吃的香薷饮②，便承受不住，

"哇"的一声,都吐出来了。紫鹃忙上来用绢子接住,登时一口一口的,把块绢子吐湿。雪雁忙上来捶揉。紫鹃道:"虽然生气,姑娘到底也该保重些。才吃了药,好些儿,这会子因和宝二爷拌嘴,又吐出来了;倘或犯了病,宝二爷怎么心里过的去呢?"宝玉听了这话,说到自己心坎儿上来,可见黛玉竟还不如紫鹃呢。又见黛玉脸红头胀,一行啼哭,一行气凑,一行是泪,一行是汗,不胜怯弱。宝玉见了这般,又自己后悔:"方才不该和他较证,这会子他这样光景,我又替不了他。"心里想着,也由不得滴下泪来了。

　　袭人守着宝玉,见他两个哭的悲痛,也心酸起来;又摸着宝玉的手冰凉,要劝宝玉不哭罢,一则恐宝玉有什么委屈闷在心里,二则又恐薄了黛玉:两头儿为难。正是女儿家的心性,不觉也流下泪来。紫鹃一面收拾了吐的药,一面拿扇子替黛玉轻轻的搧着,见三个人都鸦雀无声,各自哭各自的,索性也伤起心来,也拿着绢子拭泪。

　　四个人都无言对泣。还是袭人勉强笑向宝玉道:"你不看别的,你看看这玉上穿的穗子,也不该和林姑娘拌嘴呀。"黛玉听了,也不顾病,赶来夺过去,顺手抓起一把剪子来就铰。袭人紫鹃刚要夺,已经剪了几段。黛玉哭道:"我也是白效力,他也不稀罕,自有别人替他再穿好的去呢!"袭人忙接了玉道:"何苦来!这是我才多嘴的不是了。"宝玉向黛玉道:"你只管铰!我横竖不带他,也没什么。"

　　只顾里头闹,谁知那些老婆子们见黛玉大哭大吐,宝玉又砸玉,不知道要闹到什么田地儿,便连忙的一齐往前头去回了贾母王夫人知道,好不至于连累了他们。那贾母王夫人见他们忙忙的做一件正经事来告诉,也都不知有了什么原故,便一齐进园来瞧。急的袭人抱怨紫鹃:"为什么惊动了老太太、太太?"紫鹃又只当是袭人着人去告诉的,也抱怨袭人。

　　那贾母王夫人进来,见宝玉也无言,黛玉也无话,问起来,又没为什么事,便将这祸移到袭人紫鹃两个人身上,说:"为什么你们不小心伏侍,这会子闹起来都不管呢?"因此将二人连骂带说,教训了一顿。二人都没的说,只得听着。还是贾母带出宝玉去了,方才平伏。

　　过了一日,至初三日,乃是薛蟠生日,家里摆酒唱戏,贾府诸人都去了。宝玉因得罪了黛玉,二人总未见面,心中正自后悔,无精打采,那里还有心肠去看戏?因而推病不去。黛玉不过前日中了些暑溽之气,本无甚大病,听见他不去,心里想:"他是好吃酒听戏的,今日反不去,自然是因为昨儿气着了;再不然他见我不去,他也没心肠去。只是昨儿千不该,万不该,铰了那玉上的穗子。管定他再不带了,还得我穿了他才带。"因而心中十分后悔。

那贾母见他两个都生气,只说趁今儿那边去看戏,他两个见了,也就完了,不想又都不去。老人家急的抱怨说:"我这老冤家,是那一世里造下的孽障?偏偏儿的遇见了这么两个不懂事的小冤家儿,没有一天不叫我操心!真真的是俗语儿说的,'不是冤家不聚头'了。几时我闭了眼,断了这口气,任凭你们两个冤家闹上天去,我'眼不见,心不烦',也就罢了——偏他娘的又不嘣这口气!"自己抱怨着,也哭起来了。

谁知这个话传到宝玉黛玉二人耳内,他二人竟从来没有听见过"不是冤家不聚头"的这句俗话儿,如今忽然得了这句话,好似参禅的一般,都低着头细嚼这句话的滋味儿,不觉的潸然泪下。虽然不曾会面,却一个在潇湘馆临风洒泪,一个在怡红院对月长吁。正是"人居两地,情发一心"了。

【注释】

① 本文节选自《红楼梦》第二十九回"享福人福深还祷福,多情女情重愈斟情"。人民文学出版社 1957 年版。

② 香薷饮:中医方剂名。由香薷(俗名蜜蜂草)、厚朴(pò)、扁豆、甘草制成,主治发热恶寒、头痛烦躁、腹中不和、吐泻等症。

【提示】

古典名著《红楼梦》通常是以行为和对话来刻画人物性格和推动情节发展,极少运用展示人物内心活动的心理描写手法写人。本文是一处例外。作者描述了恋爱中男女主人公吵架的起因和愈演愈烈并最终后悔的过程,主要采用直接心理描写方法,深入展现了人物内心世界细腻而微妙的心理变化。

本文的精到,在于揭示了恋爱中少男少女内心与言行不符乃至悖反的普遍现象。爱到极处,反生争吵;爱之愈深,争吵愈多愈烈。这反映了人性的复杂和内心的奥秘。从这个意义上说,有情人弄假成真、弄巧成拙是超越时代和国界的。今天在我们周围还时时发生。

作者总括得好:"因你也将真心真意瞒起来,我也将真心真意瞒起来,都只用假意试探,如此'两假相逢,终有一真',其间琐琐碎碎,难保不有口角之事。"所谓"不是冤家不聚头""人居两地,情发一心",点拨的正是这个道理。这种热恋中少男少女普遍而微妙的心理情态,如果作者不直接把它揭示出来,读者就很可能于无意中将它忽略了,而这或许正是曹雪芹一反常态,在这里采取直接心理描写方法的用心所在。

【思考与练习】

一、宝黛吵架的心理原因是什么?是否有普遍意义?

二、作者运用直接心理描写手法达到了怎样的艺术效果?

三、找出文中作者的议论,谈谈你的理解和评价。

断魂枪①

老 舍

  老舍(1899—1966),原名舒庆春,字舍予,满族人。现当代著名作家。1924 年赴英国任伦敦大学东方学院中文教员,并从事文学创作。1930 年回国,先后任济南齐鲁大学、青岛山东大学等校教授。抗战时期,任中华全国文艺界抗敌协会常务委员兼总务部主任,负责"文协"的实际工作,是会刊《抗战文艺》的主要负责人之一。1946 年,应邀赴美国讲学。1949 年 12 月回国。1951 年北京市人民政府授予他"人民艺术家"称号。曾任全国文联副主席、全国作协副主席、北京市文联主席、中国民间文学研究会副理事长等职。1966 年 8 月因迫害而死。

  老舍是一位多产作家。新中国成立前,他以小说创作为主。作品题材广泛,多描写北京底层人民的生活,表现出对下层人民悲惨命运的深挚同情,并有反映抗战时期沦陷区人民生活和斗争的长篇巨著。新中国成立后,以戏剧创作为主,深刻揭露旧社会的黑暗,热情歌颂社会主义新中国。老舍的作品具有鲜明的民族风格和浓郁的北京味,语言简洁传神,富有表现力,艺术成就很高。代表作有长篇小说《骆驼祥子》《四世同堂》《离婚》,中短篇小说《月牙儿》《断魂枪》,戏剧《龙须沟》《茶馆》等。

  "生命是闹着玩,事事显出如此;从前我这么想过,现在我懂得了。"

  沙子龙的镖局已改成客栈。

  东方的大梦没法子不醒了。炮声压下去马来与印度野林中的虎啸。半醒的人们,揉着眼,祷告着祖先与神灵;不大会儿,失去了国土、自由与权利。门外立着不同面色的人,枪口还热着。他们的长矛毒弩,花蛇斑彩的厚盾,都有什么用呢;连祖先与祖先所信的神明全不灵了啊!龙旗的中国也不再神秘,有了火车呀,穿坟过墓的破坏着风水。枣红色多穗的镖旗,绿鲨皮鞘的钢刀,响着串铃的口马,江湖上的智慧与黑话,义气与声名,连沙子龙,他的武艺,事业,都梦似的变成昨夜的。今天是火车、快枪、通商与恐怖。听说,有人还要杀下皇帝的头呢!

这是走镖已没有饭吃,而国术还没被革命党与教育家提倡起来的时候。

谁不晓得沙子龙是利落,短瘦,硬棒,两眼明得像霜夜的大星?可是,现在他身上放了肉。镖局改了客栈,他自己在后小院占着三间北房,大枪立在墙角,院子里有几只楼鸽。只是在夜间,他把小院的门关好,熟习熟习他的"五虎断魂枪"。这条枪与这套枪,二十年的工夫,在西北一带,给他创出来:"神枪沙子龙"五个字,没遇见过敌手。现在,这条枪与这套枪不会再替他增光显胜了;只是摸摸这凉、滑、硬而发颤的杆子,使他心中少难过一些而已。只有在夜间独自拿起枪来,才能相信自己还是"神枪沙"。在白天,他不大谈武艺与往事;他的世界已被狂风吹了走。

在他手下创练起来的少年们还时常来找他。他们大多数是没落子弟,都有点武艺,可是没地方去用。有的在庙会上去卖艺:踢两趟腿,练套家伙,翻几个跟头,附带着卖点大力丸,混个三吊两吊的。有的实在闲不起了,去弄筐果子,或挑些毛豆角,赶早儿在街上论斤吆喝出去。那时候米贱肉贱,肯卖膀子力气本来可以混个肚子圆;他们可是不成:肚量既大,而且得吃口管事儿的;干饽饽、辣饼子咽不下去。况且他们还时常去走会:五虎棍,开路,太狮少狮……虽然算不了什么——比起走镖来——可是到底有个机会活动活动,露露脸。是的,走会捧场是买脸的事,他们打扮的得像个样儿,至少得有条青洋绉裤子,新漂白细市布的小褂,和一双鱼鳞洒鞋——顶好是青缎子抓地虎靴子。他们是神枪沙子龙的徒弟——虽然沙子龙并不承认——得到处露脸,走会得赔上俩钱,说不定还得打场架。没钱,上沙老师那里去求。沙老师不含糊,多少不拘,不让他们空着手儿走。可是,为打架或献技去讨教一个招数,或是请给说个对子——什么空手夺刀,或虎头钩进枪——沙老师有时说句笑话,马虎过去:"教什么?拿开水浇吧!"有时直接把他们逐出去。他们不大明白沙老师是怎么了,心中也有点不乐意。

可是,他们到处为沙老师吹腾,一来是愿意使人知道他们的武艺有真传授,受过高人的指教;二来是为激动沙老师:万一有人不服气而找上老师来,老师难道还不露一两手真的么?所以:沙老师一拳就砸倒了个牛!沙老师一脚把人踢到房上去,并没使多大的劲!他们谁也没见过这种事,但是说着说着,他们相信这是真的了,有年月,有地方,千真万确,敢起誓!

王三胜——沙子龙的大伙计——在土地庙拉开了场子,摆好了家伙,抹了一鼻子茶叶末色的鼻烟,他抡了几个竹节钢鞭,把场子打大一些。放下鞭,没向四周作揖,叉着腰念了两句:"脚踢天下好汉,拳打五路英雄!"向四周扫了一眼:"乡亲们,王三胜不是卖艺的;玩艺儿会几套,西北路上走过镖,会过绿林中的朋友。现在闲着没事,拉个场子陪诸位玩玩。有爱练的尽管下来,王三胜以武会友,有赏脸的,我陪着。神枪沙子龙是我的师傅;玩艺地道!诸位,有愿下来的没有?"他看着,准知道没人敢下来,他的话硬,可是那条钢鞭更硬,十八斤重。

王三胜,大个子,一脸横肉,努着对大黑眼珠,看着四围。大家不出声。他脱了小褂,紧了紧深月白色的腰里硬,把肚子杀进去。给手心一口吐沫,抄起大刀来:

"诸位,王三胜先练趟瞧瞧。不白练,练完了,带着的扔几个;没钱,给喊个好,助助威。这儿没生意口。好,上眼!"

大刀靠了身,眼珠努出多高,脸上绷紧,胸脯子鼓出,像两块老桦木根子。一蹾脚,刀横起,大红缨子在肩前摆动。削砍劈拨,蹲越闪转,手起风生,忽忽直响。忽然刀在右手心上旋转,身弯下去,四围鸦雀无声,只有缨铃轻叫。刀顺过来,猛的一个蹾泥,身子直挺,比众人高着一头,黑塔似的。收了势:"诸位!"一手持刀,一手叉腰,看着四围。稀稀的扔了几个铜钱,他点点头。"诸位!"他等着,等着,地上依旧是那几个亮而削薄的铜钱,外层的人偷偷散去,他咽了口气:"没人懂!"他低声的说,可是大家全听见了。

"有功夫!"西北角上一个黄胡子老头儿答了话。

"啊?"王三胜好似没听明白。

"我说:你——有——功——夫!"老头子的语气很不得人心。

放下大刀,王三胜随着大家的头往西北看。谁也没看起这个老人:小干巴个儿,披着件粗蓝布大衫,脸上窝窝瘪瘪,眼陷进去很深,嘴上几根细黄胡,肩上扛着条小黄草辫子,有筷子那么细,而绝对不像筷子那么直顺。王三胜可是看出这老家伙有功夫,脑门亮,眼睛亮——眼眶虽深,眼珠可黑得像两口小井,深深的闪着黑光。王三胜不怕:他看得出别人有功夫没有,可更相信自己的本事,他是沙子龙手下的大将。

"下来玩玩,大叔!"王三胜说得很得体。

点点头,老头儿往里走。这一走,四外全笑了。他的胳臂不大动;左脚往前迈,右脚随着拉上来,一步步的向前拉扯,身子整着,像是患过瘫痪病。蹭到场中,把大衫扔在地上,一点没理会四围怎样笑他。

"神枪沙子龙的徒弟,你说?好,让你使枪吧;我呢?"老头子非常的干脆,很像久想动手。

人们全回来了,邻场耍狗熊的无论怎么敲锣也不中用了。

"三截棍进枪吧?"王三胜要看老头子一手,三截棍不是随便就拿得起来的家伙。

老头子又点点头,拾起家伙来。

王三胜努着眼,抖着枪,脸上十分难看。

老头子的黑眼珠更深更小了,像两个香火头,随着面前的枪尖儿转,王三胜忽然觉得不舒服,那俩黑眼珠似乎要把枪尖吸进去!四外已围得风雨不透,大家都觉出老头子确是有威。为躲那对眼睛,王三胜耍了个枪花。老头子的黄胡子一动:"请!"王三胜一扣枪,向前躬步,枪尖奔了老头子的喉头去,枪缨打了一个红旋。老人的身子忽然活展了,将身微偏,让过枪尖,前把一挂,后把撩王三胜的手。拍,拍,两响,王三胜的枪撒了手。场外叫了好。王三胜连脸带胸口全紫了,抄起枪来;一个花子,连枪带人滚了过来,枪尖奔了老人的中部。老头子的眼亮得发着黑光;腿轻轻一屈,下把掩裆,上把打着刚要抽回的枪杆;拍,枪又落在地上。

场外又是一片彩声。王三胜流了汗,不再去拾枪,努着眼,木在那里。老头子扔下家伙,拾起大衫,还是拉拉着腿,可是走得很快了。大衫搭在臂上,他过来拍了王三胜一下:

"还得练哪,伙计!"

"别走!"王三胜擦着汗:"你不离,姓王的服了!可有一样,你敢会会沙老师?"

"就是为会他才来的!"老头子的干巴脸上皱起点来,似乎是笑呢。"走;收了吧;晚饭我请!"

王三胜把兵器拢在一处,寄放在变戏法二麻子那里,陪着老头子往庙外走。后面跟着不少人,他把他们骂散。

"你老贵姓?"他问。

"姓孙哪,"老头子的话与人一样,都那么干巴。"爱练;久想会会沙子龙。"

沙子龙不把你打扁了!王三胜心里说。他脚底下加了劲,可是没把孙老头落下。他看出来,老头子的腿是老走着查拳门中的连跳步;交起手来,必定很快。但是,无论他怎么快,沙子龙是没对手的。准知道孙老头要吃亏,他心中痛快了些,放慢了些脚步。

"孙大叔贵处?"

"河间的,小地方。"孙老者也和气了些:"月棍年刀一辈子枪,不容易见功夫!说真的,你那两手就不坏!"

王三胜头上的汗又回来了,没言语。

到了客栈,他心中直跳,唯恐沙老师不在家,他急于报仇。他知道老师不爱管这种事,师弟们已碰过不少钉子,可是他相信这回必定行,他是大伙计,不比那些毛孩子;再说,人家在庙会上点名叫阵,沙老师还能丢这个脸么?

"三胜,"沙子龙正在床上看着本《封神榜》,"有事吗?"

三胜的脸又紫了,嘴唇动着,说不出话来。

沙子龙坐起来,"怎么了,三胜?"

"栽了跟头!"

只打了个不甚长的哈欠,沙老师没别的表示。

王三胜心中不平,但是不敢发作;他得激动老师:"姓孙的一个老头儿,门外等着老师呢;把我的枪,枪,打掉了两次!"他知道"枪"字在老师心中有多大分量。没等盼咐,他慌忙跑出去。

客人进来,沙子龙在外间屋等着呢。彼此拱手坐下,他叫三胜去泡茶。三胜希望两个老人立刻交了手,可是不能不沏茶去。孙老者没话讲,用深藏着的眼睛打量沙子龙。沙很客气:

"要是三胜得罪了你,不用理他,年纪还轻。"

孙老者有些失望,可是看出沙子龙的精明。他不知怎样好了,不能拿一个人的精明断定他的武艺。"我来领教领教枪法!"他不由的说出来。

沙子龙没接碴儿。王三胜提着茶壶走进来——急于看二人动手,他没管水开了没有,就沏在壶中。

"三胜,"沙子龙拿起个茶碗来,"去找小顺们去,天汇见,陪孙老者吃饭。"

"什么?"王三胜的眼珠几乎掉出来。看了看沙老师的脸,他敢怒而不敢言的说了声"是啦!"走出去,撅着大嘴。

"教徒弟不易!"孙老者说。

"我没收过徒弟。走吧,这个水不开!茶馆去喝,喝饿了就吃。"沙子龙从桌子上拿起缎子褡裢,一头装着鼻烟壶,一头装着点钱,挂在腰带上。

"不,我还不饿!"孙老者很坚决,两个"不"字把小辫从肩上抡到后边去。

"说会子话儿。"

"我来为领教领教枪法。"

"功夫早搁下了,"沙子龙指着身上,"已经放了肉!"

"这么办也行,"孙老者深深的看了沙老师一眼:"不比武,教给我那趟五虎断魂枪。"

"五虎断魂枪?"沙子龙笑了:"早忘净了!早忘净了!告诉你,在我这儿住几天,咱们逛逛各处,临走,多少送点盘缠。"

"我不逛,也用不着钱,我来学艺!"孙老者立起来,"我练趟给你看看,看够得上学艺不够!"一屈腰已到了院中,把楼鸽都吓飞起去。拉开架子,他打了趟查拳;腿快,手飘洒,一个飞脚起去,小辫儿飘在空中,像从天上落下来一个风筝;快之中,每个架子都摆得稳、准、利落;来回六趟,把院子满都打到,走得圆,接得紧,身子在一处,而精神贯串到四面八方。抱拳收势,身儿缩紧,好似满院乱飞的燕子忽然归了巢。

"好!好!"沙子龙在台阶上点着头喊。

"教给我那趟枪!"孙老者抱了抱拳。

沙子龙下了台阶,也抱着拳:"孙老者,说真的吧,那条枪和那套枪都跟我入棺材,一齐入棺材!"

"不传?"

"不传!"

孙老者的胡子嘴动了半天,没说出什么来。到屋里抄起蓝布大衫,拉拉着腿:"打搅了,再会!"

"吃过饭走!"沙子龙说。

孙老者没言语。

沙子龙把客人送到小门,然后回到屋中,对着墙角立着的大枪点了点头。

他独自上了天汇,怕是王三胜们在那里等着。他们都没有去。

王三胜和小顺们都不敢再到土地庙去卖艺,大家谁也不再为沙子龙吹腾;反之,他们说沙子龙栽了跟头,不敢和个老头儿动手;那个老头子一脚能踢死个牛。不要说王三胜输给他,沙子龙也不是"个儿"。不过呢,王三胜到底和老头子见了个高低,而沙子龙连句硬话也没敢说。"神枪沙子龙"慢慢似乎被人们忘了。

夜静人稀,沙子龙关好了小门,一气把六十四枪刺下来;而后,挂着枪,望着天上的群星,想起当年在野店荒林的威风。叹一口气,用手指慢慢摸着凉滑的枪身,又微微一笑,"不传!不传!"

【注释】

① 本篇最初发表于 1935 年 9 月天津《大公报》副刊《文艺》第 13 期。

【提示】

进入半封建半殖民地社会的近代中国,古老的传统文明遭遇到西方现代文明的严峻挑战,以刀枪棍棒为代表的国术,面对强大凶残的坚船利炮,不得不谋求改变。身怀"五虎断魂枪"绝技的镖师沙子龙,一方面对往昔神枪的威风八面满怀留恋,一方面又在痛苦与无奈中将镖局改成客栈,并执意"不传"断魂枪。通过沙子龙的复杂心态,小说展现了传统文化在社会大变革时代一时找不到现实延续点和连接线的焦灼困境,揭示出当时国人在时代变迁中一时找不到自己生存位置的孤寂与悲凉。这一丰厚而沉重的思想内涵,在今天依然有很强的现实意义。

小说的人物性格特征十分鲜明。沙子龙武艺高强,个性孤傲内向;孙老者嗜艺如命,个性豪爽固执;王三胜庸俗自私,个性争强好胜。但面对时代变革大潮,沙子龙虽无奈却成为"东方的大梦不得不醒"的醒者,而孙老者和王三胜则仍然沉潜在"东方的大梦"之中。三个人物形象构成了意味深长的对照。尽管作者对主要人物沙子龙着墨不多,但由于有孙老者和王三胜的多侧面对比烘衬,他的性格内涵和心态容量,却显得更为深沉、丰满。

作者善于通过白描手法来刻画人物形象。其中,对孙老者穿戴、辫子、眼神的肖像描写,对王三胜练武比武过程的动作描写,对沙子龙内在复杂心态的外在行为显现,尤为精彩。小说语言简洁生动,对话声口毕肖,比喻新奇贴切,极富表现力。

【思考与练习】

一、体会作品开头社会环境描写的意义和作用,理解小说的深刻思想内涵。

二、概括沙子龙、孙老者、王三胜的个性特点,把握他们在时代大变革中的基本心态。

三、抓住重要段落,分析其中肖像描写、对话描写、行为描写、心理刻画的特点和表现作用。

哦，香雪①

铁 凝

铁凝(1957—)，当代作家。生于北京，中学毕业后到农村插队。主要作品有小说集《没有纽扣的红衬衫》《红屋顶》《麦秸垛》和长篇小说《玫瑰门》《无雨之城》《大浴女》等。

如果不是有人发明了火车，如果不是有人把铁轨铺进深山，你怎么也不会发现台儿沟这个小村。它和它的十几户乡亲，一心一意掩藏在大山那深深的皱褶里，从春到夏，从秋到冬，默默地接受着大山任意给予的温存和粗暴。

然而，两根纤细、闪亮的铁轨延伸过来了。它勇敢地盘旋在山腰，又悄悄地试探着前进，弯弯曲曲，曲曲弯弯，终于绕到台儿沟脚下，然后钻进幽暗的隧道，冲向又一道山梁，朝着神秘的远方奔去。

不久，这条线正式营运，人们挤在村口，看见那绿色的长龙一路呼啸，挟带着来自山外的陌生、新鲜的清风，擦着台儿沟贫弱的脊背匆匆而过。它走得那样急忙，连车轮辗轧钢轨时发出的声音好像都在说：不停不停，不停不停！是啊，它有什么理由在台儿沟站脚呢，台儿沟有人要出远门吗？山外有人来台儿沟探亲访友吗？还是这里有石油储存，有金矿埋藏？台儿沟，无论从哪方面讲，都不具备挽住火车在它身边留步的力量。

可是，记不清从什么时候起，列车时刻表上，还是多了"台儿沟"这一站。也许乘车的旅客提出过要求，他们中有哪位说话算数的人和台儿沟沾亲；也许是那个快乐的男乘务员发现台儿沟有一群十七八岁的漂亮姑娘，每逢列车疾驶而过，她们就成帮搭伙地站在村口，翘起下巴，贪婪、专注地仰望着火车。有人朝车厢指点，不时能听见她们由于互相捶打而发出的一两声娇嗔的尖叫。也许什么都不为，就因为台儿沟太小了，小得叫人心疼，就是钢筋铁骨的巨龙在它面前也不能昂首阔步，也不能不停下来。总之,台儿沟上了列车时刻表,每晚七点钟,由首都方向开往山西的这列火车在这里停留一分钟。

这短暂的一分钟,搅乱了台儿沟以往的宁静。从前,台儿沟人历来是吃过晚饭就钻被窝,他们仿佛是在同一时刻听到了大山无声的命令。于是,台儿沟那一小片石头房子在同一时刻忽然完全静止了,静得那样深沉、真切,好像在默默地向大山诉说着自己的虔诚。如今,台儿沟的姑娘们刚把晚饭端上桌就慌了神,她们心不在焉地胡乱吃几口,扔下碗就开始梳妆打扮。她们洗净蒙受了一天的黄土、风尘,露出粗糙、红润的面色,把头发梳得乌亮,然后就比赛着穿出最好的衣裳。有人换上过年时才穿的新鞋,有人还悄悄往脸上涂点胭脂。尽管火车到站时已经天黑,她们还是按照自己的心思,刻意斟酌着服饰和容貌。然后,她们就朝村口,朝火车经过的地方跑去。香雪总是第一个出门,隔壁的凤娇第二个就跟了出来。

七点钟,火车喘息着向台儿沟滑过来,接着一阵空哐乱响,车身震颤一下,才停住不动了。姑娘们心跳着涌上前去,像看电影一样,挨着窗口观望。只有香雪躲在后边,双手紧紧捂着耳朵。看火车,她跑在最前边;火车来了,她却缩到最后去了。她有点害怕它那巨大的车头,车头那么雄壮地喷吐着白雾,仿佛一口气就能把台儿沟吸进肚里。它那撼天动地的轰鸣也叫她感到恐惧。在它跟前,她简直像一叶没根的小草。

"香雪,过来呀,看!"凤娇拉过香雪向一个妇女头上指,她指的是那个妇女头上别着的那一排金圈圈。

"怎么我看不见?"香雪微微眯着眼睛。

"就是靠里边那个,那个大圆脸。看,还有手表哪,比指甲盖还小哩!"凤娇又有了新发现。

香雪不言不语地点着头,她终于看见了妇女头上的金圈圈和她腕上比指甲盖还要小的手表。但她也很快就发现了别的。"皮书包!"她指着行李架上一只普通的棕色人造革学生书包。就是那种连小城市都随处可见的学生书包。

尽管姑娘们对香雪的发现总是不感兴趣,但她们还是围了上来。

"哟,我的妈呀!你踩着我脚啦!"凤娇一声尖叫,埋怨着挤上来的一位姑娘。她老是爱一惊一乍的。

"你乍乎什么呀,是想叫那个小白脸和你搭话了吧?"被埋怨的姑娘也不示弱。

"我撕了你的嘴!"凤娇骂着,眼睛却不由自主地朝第三节车厢的车门望去。

那个白白净净的年轻乘务员真下车来了。他身材高大,头发乌黑,说一口漂亮的北京话。也许因为这点,姑娘们私下里都叫他"北京话"。"北京话"双手抱住胳膊肘,和她们站得不远不近地说:"喂,我说小姑娘们,别扒窗户,危险!"

"哟,我们小,你就老了吗?"大胆的凤娇回敬了一句。

姑娘们一阵大笑,不知谁还把凤娇往前一搡,弄得她差点撞在他身上。这一来反倒更壮了凤娇的胆,"喂,你们老待在车上不头晕?"她又问。

"房顶子上那个大刀片似的,那是干什么用的?"又一个姑娘问。她指的是车厢里的电扇。

"烧水在哪儿?"

"开到没路的地方怎么办?"

"你们城市里一天吃几顿饭?"香雪也紧跟在姑娘们后边小声问了一句。

"真没治!""北京话"陷在姑娘们的包围圈里,不知所措地嘟囔着。

快开车了,她们才让出一条路,放他走。他一边看表,一边朝车门跑去,跑到门口,又扭头对她们说:"下次吧,下次告诉你们!"他的两条长腿灵巧地向上一跨就上了车,接着一阵叽哩哐啷,绿色的车门就在姑娘们面前沉重地合上了。列车一头扎进黑暗,把她们撇在冰冷的铁轨旁边。很久,她们还能感觉到它那越来越轻的震颤。

一切又恢复了寂静,静得叫人惆怅。姑娘们走回家去,路上总要为一点小事争论不休:

"谁知道别在头上的金圈圈是几个?"

"八个。"

"九个。"

"不是!"

"就是!"

"凤娇你说哪?"

"她呀,还在想'北京话'哪!"有人开起了凤娇的玩笑。

"去你的,谁说谁就想。"凤娇说着捏了一下香雪的手,意思是叫香雪帮腔。

香雪没说话,慌得脸都红了。她才十七岁,还没学会怎样在这种事上给人家帮腔。

"他的脸多白呀!"那个姑娘还在逗凤娇。

"白?还不是在那大绿屋里捂的。叫他到咱台儿沟住几天试试。"有人在黑影里说。

"可不,城里人就靠捂。要论白,叫他们和咱香雪比比。咱们香雪,天生一副好皮子,再照火车上那些闺女的样儿,把头发烫成弯弯绕,啧啧!'真没治'!凤娇姐,你说是不是?"

凤娇不接茬儿,松开了香雪的手。好像姑娘们真在贬低她的什么人一样,她心里真有点替他抱不平呢。不知怎么的,她认定他的脸绝不是捂白的,那是天生。

香雪又悄悄把手送到凤娇手心里,她示意凤娇握住她的手,仿佛请求凤娇的宽恕,仿佛是她使凤娇受了委屈。

"凤娇,你哑巴啦?"还是那个姑娘。

"谁哑巴啦!谁像你们,专看人家脸黑脸白。你们喜欢,你们可跟上人家走啊!"凤娇的嘴很硬。

"我们不配!"

"你担保人家没有相好的?"

……

不管在路上吵得怎样厉害,分手时大家还是十分友好的,因为一个叫人兴奋的念头又在她们心中升起:明天,火车还要经过,她们还会有一个美妙的一分钟。和它相比,闹点小别扭还算回事吗?

哦,五彩缤纷的一分钟,你饱含着台儿沟的姑娘们多少喜怒哀乐!

日久天长,这五彩缤纷的一分钟,竟变得更加五彩缤纷起来,就在这个一分钟里,她们开始挎上装满核桃、鸡蛋、大枣的长方形柳条篮子,站在车窗下,抓紧时间跟旅客和和气气地作买卖。她们踮着脚尖,双臂伸得直直的,把整筐的鸡蛋、红枣举上窗口,换回台儿沟少见的挂面、火柴,以及属于姑娘们自己的发卡、香皂。有时,有人还会冒着回家挨骂的风险,换回花色繁多的纱巾和能松能紧的尼龙袜。

凤娇好像是大家有意分配给那个"北京话"的,每次都是她提着篮子去找他。她和他作买卖故意磨磨蹭蹭,车快开时才把整篮的鸡蛋塞给他。要是他先把鸡蛋拿走,下次见面时再付钱,那就更够意思了。如果他给她捎回一捆挂面、两条纱巾,凤娇就一定抽出一斤挂面还给他。她觉得,只有这样才对得起和他的交往,她愿意这种交往和一般的作买卖有所区别。有时她也想起姑娘们的话:"你担保人家没有相好的?"其实,有没有相好的不关凤娇的事,她又没想过跟他走。可她愿意对他好,难道非得是相好的才能这么做吗?

香雪平时话不多,胆子又小,但作起买卖却是姑娘中最顺利的一个。旅客们爱买她的货,因为她是那么信任地瞧着你,那洁净如水晶的眼睛告诉你,站在车窗下的这个女孩子还不知道什么叫受骗。她还不知道怎么讲价钱,只说:"你看着给吧。"你望着她那洁净得仿佛一分钟前才诞生的面孔,望着她那柔软得宛若红缎子似的嘴唇,心中会升起一种美好的感情。你不忍心跟这样的小姑娘耍滑头,在她面前,再爱计较的人也会变得慷慨大度。

有时她也抓空儿向他们打听外面的事,打听北京的大学要不要台儿沟人,打听什么叫"配乐诗朗诵"(那是她偶然在同桌的一本书上看到的)。有一回她向一位戴眼镜的中年妇女打听能自动开关的铅笔盒,还问到它的价钱。谁知没等人家回话,车已经开动了。她追着它跑了好远,当秋风和车轮的呼啸一同在她耳边鸣响时,她才停下脚步意识到,自己的行为是多么可笑啊。

火车眨眼间就无影无踪了。姑娘们围住香雪,当她们知道她追火车的原因后,便觉得好笑起来。

"傻丫头!"

"值不当的!"

她们像长者那样拍着她的肩膀。

"就怪我磨蹭,问慢了。"香雪可不认为这是一件值不当的事,她只是埋怨自己没抓紧时间。

"咳,你问什么不行呀!"凤娇替香雪挎起篮子说。

"谁叫咱们香雪是学生呢。"也有人替香雪分辩。

也许就因为香雪是学生吧,是台儿沟唯一考上初中的人。

台儿沟没有学校,香雪每天上学要到十五里以外的公社。尽管不爱说话是她的天性,但和台儿沟的姐妹们总是有话可说的。公社中学可就没那么多姐妹了,虽然女同学不少,但她们的言谈举止,一个眼神,一声轻轻的笑,好像都是为了叫香雪意识到,她是小地方来的,穷地方来的。她们故意一遍又一遍地问她:"你们那儿一天吃几顿饭?"她不明白她们的用意,每次都认真地回答:"两顿。"然后又友好地瞧着她们反问道:"你们呢?"

"三顿!"她们每次都理直气壮地回答。之后,又对香雪在这方面的迟钝感到说不出的怜悯和气恼。

"你上学怎么不带铅笔盒呀?"她们又问。

"那不是吗。"香雪指指桌角。

其实,她们早知道桌角那只小木盒就是香雪的铅笔盒,但她们还是做出吃惊的样子。每到这时,香雪的同桌就把自己那只宽大的泡沫塑料铅笔盒摆弄得哒哒乱响。这是一只可以自动合上的铅笔盒,很久以后,香雪才知道它所以能自动合上,是因为铅笔盒里包藏着一块不大不小的吸铁石。香雪的小木盒呢,尽管那是当木匠的父亲为她考上中学特意制作的,它在台儿沟还是独一无二的呢。可在这儿,和同桌的铅笔盒一比,为什么显得那样笨拙、陈旧?它在一阵哒哒声中有几分羞涩地畏缩在桌角上。

香雪的心再也不能平静了,她好像忽然明白了同学们对于她的再三盘问,明白了台儿沟是多么贫穷。她第一次意识到这是不光彩的,因为贫穷,同学们才敢一遍又一遍地盘问她。她盯住同桌那只铅笔盒,猜测它来自遥远的大城市,猜测它的价钱肯定非同寻常。三十个鸡蛋换得来吗?还是四十个、五十个?这时她的心又忽地一沉:怎么想起这些了?娘攒下鸡蛋,不是为了叫她乱打主意啊!可是,为什么那诱人的哒哒声老是在耳边响个没完?

深秋,山风渐渐凛冽了,天也黑得越来越早。但香雪和她的姐妹们对于七点钟的火车,是照等不误的。她们可以穿起花棉袄了,凤娇头上别起了淡粉色的有机玻璃发卡,有些姑娘的辫梢还缠上了夹丝橡皮筋。那是她们用鸡蛋、核桃从火车上换来的。她们仿照火车上那些城里姑娘的样子把自己武装起来,整齐地排列在铁路旁,像是等待欢迎远方的贵宾,又像是准备着接受检阅。

火车停了,发出一阵沉重的叹息,像是在抱怨台儿沟的寒冷。今天,它对台儿沟表现了少有的冷漠:车窗全部紧闭着,旅客在昏黄的灯光下喝茶、看报,没有人向窗外瞥一眼。那些眼熟的、常跑这条线的人们,似乎也忘记了台儿沟的姑娘。

凤娇照例跑到第三节车厢去找她的"北京话",香雪系紧头上的紫红色线围巾,把臂弯里的篮子换了换手,也顺着车身不停地跑着。她尽量高高地踮起脚尖,希望车厢里的人能看见她的脸。车上一直没有人发现她,她却在一张堆满食品的小桌上,发现了渴望已久的东西。它的出现,使她再也不想往前走了,她放下篮子,心跳着,双手紧紧扒住窗框,认清了那真是一只铅笔盒,一只装有吸铁石的自动铅笔盒。它和她离得那样近,如果不是隔着玻璃,她一伸手就可以摸到。

一位中年女乘务员走过来拉开了香雪。香雪挎起篮子站在远处继续观察。当她断定它属于靠窗那位女学生模样的姑娘时,就果断地跑过去敲起了玻璃。女学生转过脸来,看见香雪臂弯里的篮子,抱歉地冲她摆了摆手,并没有打开车窗的意思。不知怎么的她就朝车门跑去,当她在门口站定时,还一把攥住了扶手。如果说跑的时候她还有点犹豫,那么从车厢里送出来的一阵阵温馨的、火车特有的气息却坚定了她的信心,她学着"北京话"的样子,轻巧地跃上了踏板。她打算以最快的速度跑进车厢,以最快的速度用鸡蛋换回铅笔盒。也许,她所以能够在几秒钟内就决定上车,正是因为她拥有那么多鸡蛋吧,那是四十个。

香雪终于站在火车上了。她挽紧篮子,小心地朝车厢迈出了第一步。这时,车身忽然悸动了一下,接着,车门被人关上了。当她意识到眼前发生了什么事时,列车已经缓缓地向台儿沟告别了。香雪扑在车门上,看见凤娇的脸在车下一晃。看来这不是梦,一切都是真的,她确实离开姐妹们,站在这既熟悉、又陌生的火车上了。她拍打着玻璃,冲凤娇叫喊:"凤娇!我怎么办呀,我可怎么办呀!"

列车无情地载着香雪一路飞奔,台儿沟刹那间就被抛在后面了。下一站叫西山口,西山口离台儿沟三十里。

三十里,对于火车、汽车真的不算什么,西山口在旅客们闲聊之中就到了。这里上车的人不少,下车的只有一位旅客,那就是香雪。她胳膊上少了那只篮子,她把它塞到那个女学生座位下面了。

在车上,当她红着脸告诉女学生,想用鸡蛋和她换铅笔盒时,女学生不知怎么的也红了脸。她一定要把铅笔盒送给香雪,还说她住在学校吃食堂,鸡蛋带回去也没法吃。她怕香雪不信,又指了指胸前的校徽,上面果真有"矿冶学院"几个字。香雪却觉着她在哄她,难道除了学校她就没家吗?香雪一面摆弄着铅笔盒,一面想着主意。台儿沟再穷,她也从没白拿过别人的东西。就在火车停顿前发出的几秒钟的震颤里,香雪还是猛然把篮子塞到女学生的座位下面,迅速离开了。

车上,旅客们曾劝她在西山口住一夜再回台儿沟。热情的"北京话"还告诉她,他爱人有个亲戚就住在站上。香雪并没有住,更不打算去找"北京话"的什么亲戚,他的话倒使她感到了委屈,她替凤娇委屈,替台儿沟委屈。她只是一心一意地想:赶快走回去,明天理直气壮地去上学,理直气壮地打开书包,把"它"摆在桌上。车上的人既不了解火车的呼啸曾经怎样叫她像只受惊的小鹿那样不知所措,更不了解山里的女孩子在大山和黑夜面前到底有多大本事。

列车很快就从西山口车站消失了,留给她的又是一片空旷。一阵寒风扑来,吸吮着她单薄的身体。她把滑到肩上的围巾紧裹在头上,缩起身子在铁轨上坐了下来。香雪感受过各种各样的害怕,小时候她怕头发,身上沾着一根头发择不下来,她会急得哭起来;长大了她怕晚上一个人到院子里去,怕毛毛虫,怕被人胳肢(凤娇最爱和她来这一手)。现在她害怕这陌生的西山口,害怕四周黑幽幽的大山,害怕叫人心跳的寂静,当风吹响近处的小树林时,她又害怕小树林发出的窸窸窣窣的声音。三十里,一路走回去,该路过多少大大小小的林子啊!

一轮满月升起来了,照亮了寂静的山谷,灰白的小路,照亮了秋日的败草,粗糙的树干,还有一丛丛荆棘、怪石,还有漫山遍野那树的队伍,还有香雪手中那只闪闪发光的小盒子。

她这才想到把它举起来仔细端详。她想,为什么坐了一路火车,竟没有拿出来好好看看?现在,在皎洁的月光下,她才看清了它是淡绿色的,盒盖上有两朵洁白的马蹄莲。她小心地把它打开,又学着同桌的样子轻轻一拍盒盖,"哒"的一声,它便合得严严实实。她又打开盒盖,觉得应该立刻装点东西进去。她从兜里摸出一只盛擦脸油的小盒放进去,又合上了盖子。只有这时,她才觉得这铅笔盒真属于她了,真的。她又想到了明天,明天上学时,她多么盼望她们会再三盘问她啊!

她站了起来,忽然感到心里很满,风也柔和了许多。她发现月亮是这样明净,群山被月光笼罩着,像母亲庄严、神圣的胸脯;那秋风吹干的一树树核桃叶,卷起来像一树树金铃铛,她第一次听清它们在夜晚,在风的怂恿下"豁啷啷"地歌唱。她不再害怕了,在枕木上跨着大步,一直朝前走去。大山原来是这样的!月亮原来是这样的!核桃树原来是这样的!香雪走着,就像第一次认出养育她成人的山谷。台儿沟呢?不知怎的,她加快了脚步。她急着见到它,就像从来没见过它那样觉得新奇。台儿沟一定会是"这样的":那时台儿沟的姑娘不再央求别人,也用不着回答人家的再三盘问。火车上的漂亮小伙子都会求上门来,火车也会停得久一些,也许三分、四分,也许十分、八分。它会向台儿沟打开所有的门窗,要是再碰上今晚这种情况,谁都能从从容容地下车。

今晚台儿沟发生了什么事?对了,火车拉走了香雪,为什么现在她像闹着玩儿似地去回忆呢?四十个鸡蛋也没有了,娘会怎么说呢?爹不是盼望每天都有人家娶媳妇、聘闺女吗?那时他才有干不完的活儿,他才能光着红铜似的脊梁,不分昼夜地打出那些躺柜、碗橱、板箱,挣回香雪的学费。想到这儿,香雪站住了,月光好像也黯淡下来,脚下的枕木变成一片模糊。回去怎么说?她环视群山,群山沉默着;她又朝着近处的杨树林张望,杨树林窸窸窣窣地响着,并不真心告诉她应该怎么做。是哪儿来的流水声?她寻找着,发现离铁轨几米远的地方,有一道浅浅的小溪。她走下铁轨,在小溪旁边蹲了下来。她想起小时候有一回和凤娇在河边洗衣裳,碰见一个换芝麻糖的老头。凤娇劝香雪拿一件旧汗褂换几块糖吃,还教她对娘说,那件衣裳不小心叫河水给冲走了。香雪很想吃芝麻糖,可她到底没换。她还记得,那老头真心实意等了她半天呢。为什么她会想起这件小事?也许现在应该骗娘吧,因为芝麻糖怎么也不能和铅笔盒的重要性相比。她要告诉娘,这是一个宝盒子,谁用上它,就能一切顺心如意,就能上大学、坐上火车到处跑,就能要什么有什么,就再也不会被人盘问她们每天吃几顿饭了。娘会相信的,因为香雪从来不骗人。

小溪的歌唱高昂起来了,它欢腾着向前奔跑,撞击着水中的石块,不时溅起一朵小小的浪花。香雪也要赶路了,她捧起溪水洗了把脸,又用沾着水的手抿光被风吹乱的头发。水很凉,但她觉得很精神。她告别了小溪,又回到了长长的铁路上。

前边又是什么?是隧道,它愣在那里,就像大山的一只黑眼睛。香雪又站住了,但她没有返回去,她想到怀里的铅笔盒,想到同学们惊羡的目光,那些目光好像就在隧道里闪烁。她弯腰拔下一根枯草,将草茎插在小辫里。娘告诉她,这样可以"避邪"。然后她就朝隧道跑去。确切地说,是冲去。

香雪越走越热了,她解下围巾,把它搭在脖子上。她走出了多少里?不知道。尽管草丛里的"纺织娘""油葫芦"总在鸣叫着提醒她。台儿沟在哪儿?她向前望去,她看见迎面有一颗颗黑点在铁轨上蠕动。再近一些她才看清,那是人,是迎着她走过来的人群。第一个是凤娇,凤娇身后是台儿沟的姐妹们。

香雪想快点跑过去,但腿为什么变得异常沉重?她站在枕木上,回头望着笔直的铁轨,铁轨在月亮的照耀下泛着清淡的光,它冷静地记载着香雪的路程。她忽然觉得心头一紧,不知怎么的就哭了起来,那是欢乐的泪水,满足的泪水。面对严峻而又温厚的大山,她心中升起一种从未有过的骄傲。她用手背抹净眼泪,拿下插在辫子里的那根草棍儿,然后举起铅笔盒,迎着对面的人群跑去。

山谷里突然爆发了姑娘们欢乐的呐喊。她们叫着香雪的名字,声音是那样奔放、热烈;她们笑着,笑得是那样不加掩饰、无所顾忌。古老的群山终于被感动得颤栗了,它发出宽亮低沉的回音,和她们共同欢呼着。

哦,香雪!香雪!

【注释】

① 本篇原载《青年文学》1982 年第 2 期。

【提示】

如果把火车看作现代文明的象征，那么，台儿沟就是古老中国大地的缩影。火车终于开进了贫穷、落后、封闭、沉寂的深山，虽然只在台儿沟站停一分钟，但却具有整个中国正在发生现代化转折和它尚处于初始阶段的隐喻意义。人们惊奇、向往、激动、流泪，情不自禁地追逐着火车跑；穿戴、谈吐、行为、心理，一切都开始发生前所未有的变化。这无疑是沉睡大地的觉醒，预示着一个五彩缤纷的新世界正在展开。

作者以动人的抒情笔调，歌唱了在这文明与原始的交汇中，后者所折射出来的质朴美。香雪就是这质朴美的化身。她心地纯真，"洁净如水晶的眼睛"，能使"爱计较的人也会变得慷慨大方"；她性格执着，为了一个小小的"铅笔盒"心愿，竟能不顾后果地冲上火车；她生性胆怯，但趁着心愿满足的兴奋激情，也能勇敢地在暗夜荒山中独自穿行。小说以"哦，香雪！香雪！"的反复呼告收结，情感是复杂的：有对贫穷落后的怜悯，有对现代文明的召唤，有对质朴心灵的赞叹，也有对这质朴美可能被现代文明吞没的担忧。主题思想的多重性，更能够引发读者的深思。

在火车进站的全景素描中，重彩濡染香雪爬上火车换取铅笔盒的新奇情节，中心画面鲜明突出，整体构思颇具匠心。而在这中心画面中，对香雪暗夜独行的心理刻画尤为精彩：有兴奋，也有恐惧，两者交替演进，切合人物的处境和心性，合情合理；围绕着铅笔盒勾勒行为举止，展现心理活动，彰显出人物战胜黑暗和恐惧的内在精神动力，令人信服；让周围环境随着香雪的情绪变化而转换色调，情景交融互动，呈现出一派诗化的意境美，真切感人。调动一切艺术手段，深入揭示人物心灵，是这篇小说动人心弦的关键。

【思考与练习】

一、你认为这篇小说包蕴着哪些方面的思想感情内涵？
二、香雪性格的质朴美主要体现在哪些方面？
三、仔细阅读香雪夜行荒山一节，说明其中的心理刻画手法及其艺术效果。

苦　恼①

契诃夫

　　契诃夫(1860—1904)，俄国小说家、戏剧家。出生于破产商人家庭，早年边做家庭教师，边求学。1884年毕业于莫斯科大学医学系。学生时代即开始以"契洪特"的笔名写作诙谐小品和幽默短篇小说。这些小说质量参差不齐，瑕瑜互见，有逗趣取乐、投合时俗的平庸之作，也有暴露黑暗、针砭社会的佳作，如《一个小官员之死》《变色龙》等。1886年后，他思想剧变，锐意反映人生，描摹世态，创作风格日趋成熟，写出了许多脍炙人口的短篇小说，如《万卡》《草原》《第六病室》《带阁楼的房子》《带小狗的女人》等。契诃夫的小说言简意赅，冷峻客观，独树一帜。他与莫泊桑齐名，被认为是世界上最有影响的短篇小说家之一。契诃夫也写戏剧，名作有《三姊妹》和《樱桃园》等。

　　——我拿我的烦恼向谁去诉说？……②

　　暮色晦暗。大片的湿雪绕着刚点亮的街灯懒洋洋地飘飞，落在房顶、马背、肩膀、帽子上，积成又软又薄的一层。车夫姚纳·波达波夫周身白色，像个幽灵。他坐在车座上一动也不动，身子向前伛着，伛到了活人的身子所能伛到的最大限度。哪怕有一大堆雪落在他身上，仿佛他也会觉得用不着抖掉似的……他的小母马也是一身白，也一动不动。它那呆呆不动的姿势，它那瘦骨棱棱的身架，它那棍子一样笔直的四条腿，使得它活像拿一个小钱就可以买到的马形蜜糖饼。它大概在想心事吧。不管是谁，只要被人从犁头上硬拉开，从熟悉的灰色景致里硬拉开，硬给丢到这个充满古怪的亮光、不断的喧哗、熙攘的行人的漩涡里，那它就不会不想心事……

　　姚纳和他的小马有好久没动了。还是在午饭以前，他们就走出了院子，至今还没拉到一趟生意。可是现在黄昏的暗影笼罩全城了。街灯的黯淡的光已经变得明亮生动,杂乱的街上也热闹多了。

"车夫,到维堡区去③!"姚纳听见有人喊车。"车夫!"

姚纳猛地哆嗦一下,从粘着雪的睫毛望出去,看见一个军人,穿一件军大衣,头戴一顶兜囊④。

"到维堡区去!"军人又说一遍,"你是睡着了还是怎么的?拉到维堡区去!"

为了表示同意,姚纳抖了抖缰绳;这样一来,一片片的雪就从马背上和他的肩膀上纷纷掉下来……军人坐上了雪橇。车夫嘬起嘴唇,对那匹马发出啧的一响⑤,跟天鹅那样伸出脖子,在车座上微微挺起身子,与其说是由于需要还不如说是出于习惯地扬起鞭子。那小母马也伸出脖子,弯一弯像棍子一样笔直的腿,迟迟疑疑地走动了……

"你往哪儿闯啊,鬼东西!"姚纳立刻听见黑暗里有人嚷起来,一团团黑影在他跟前游过来游过去,"你到底是往哪儿走哪?靠右!"

"你不会赶车!靠右走!"军人生气地说。

一个赶四轮轿车的车夫朝他咒骂;一个行人穿过马路,肩膀刚好擦着马鼻子,就狠狠地瞪他一眼,抖掉袖子上的雪。姚纳坐在车座上局促不安,仿佛坐在针尖上似的,向他两旁撑开胳膊肘儿,眼珠乱转,就跟有鬼附了体一样,仿佛他不知道自己在哪儿,也不知道为什么在那儿似的。

"这些家伙真是混蛋!"军人打趣地说,"他们简直是极力跑来撞你,或者扑到马蹄底下去。他们这是预先商量好的。"

姚纳回头瞧着他的乘客,张开嘴唇……他分明想要说话,可是喉咙里没吐出一个字来,只是哼了一声。

"什么?"军人问。

姚纳咧开苦笑的嘴,嗓子里用一下劲,这才干哑地说出来:

"老爷,我的……嗯……我的儿子在这个星期死了。"

"哦!……他害什么病死的?"

姚纳掉转整个身子朝着乘客说:

"谁说得清呢?多半是热病吧……他在医院里躺了三天就死了……上帝的意旨哟。"

"拐弯呀,鬼东西!"黑暗里有人喊,"瞎了眼还是怎么的,老狗?用眼睛瞧着!"

"赶车吧,赶车吧……"乘客说,"照这样走下去,明天也到不了啦。快点赶车吧!"

车夫又伸出脖子,微微挺起身子,笨重而优雅地挥动他的鞭子。他有好几回转过身去看军官,可是军官闭着眼睛,分明不愿意再听了。姚纳把车赶到维堡区,让乘客下车,再把车子赶到一个饭馆的左近停下来,坐在车座上伛下腰,又不动了……湿雪又把他和他的马涂得挺白。一个钟头过去了,又一个钟头过去了……

三个青年沿着人行道走过来,两个又高又瘦,一个挺矮,驼背;他们互相谩骂,他们的雨鞋踩出一片响声。

"车夫,上巡警桥去!"驼背用破锣似的声音喊道,"我们三个人……二十个戈比!"

姚纳抖动缰绳,把嘴唇嘬得喷喷地响。二十个戈比是不公道的,可是他顾不得讲价了。现在,一个卢布也好,五个戈比也好,在他全是一样,只要有人坐车就行……青年们互相推挤着,骂着下流话,拥上雪橇,三个人想一齐坐下来。这就有了需要解决的问题:该哪两个坐着?该哪一个站着呢?经过很久的吵骂、变卦、责难,他们总算得出了结论:该驼背站着,因为他顶矮。

"好啦,赶车吧!"驼背站稳,用破锣样的声音说,他的呼吸吹着姚纳的后脑壳,"快走!你戴的这是什么帽子呀,老兄!走遍彼得堡,再也找不到比这更糟的了……"

"嘻嘻!……嘻嘻!……"姚纳笑,"这帽子本来不行啦!"

"得啦,本来不行了,你啊,赶车吧!你就打算一路上都照这样子赶车吗?啊?要我给你一个脖儿拐吗?……"

"我的脑袋要炸开了……"一个高个子说,"昨天在杜科玛索夫家里,华斯卡和我两个人一共喝了四瓶白兰地。"

"我真不懂你为什么要胡说!"另一个高个子生气地说,"你跟下流人似地胡说白道。"

"要是我胡说,让上帝惩罚我!我说的是实在的情形嘛!……"

"要是这实在,跳蚤咳嗽就也实在罗。"

"嘻嘻!"姚纳笑了,"好有兴致的几位老爷!"

"呸!滚你的!……"驼背愤愤地喊叫,"你到底肯不肯快点走啊,你这老不死的?难道就这样赶车?给它一鞭子!他妈的!快走!结结实实地抽它一鞭子!"

姚纳感到了背后那驼背的扭动的身子和抖动的声音。他听着骂他的话,看着这几个人,孤单的感觉就渐渐从他的胸中消散了。驼背一股劲儿地骂他,诌出一长串稀奇古怪的骂人话,直说得透不过气来,连连咳嗽。那两个高个子开始讲到一个名叫娜节日达·彼得罗芙娜的女人。姚纳不住地回头看他们。等到他们的谈话有了一个短短的停顿,他又回过头去,叽叽咕咕地说:

"这个星期我……嗯……我的儿子死了!"

"大家都要死的……"驼背咳了一阵,擦擦嘴唇,叹口气说,"算了,赶车吧!赶车吧!诸位先生啊,车子照这么爬,我简直受不了啦!什么时候他才会把我们拉到啊?"

"那么,你给他一点小小的鼓励也好……给他一个脖儿拐!"

"你听见没有,你这老不死的?我要给你一个脖儿拐啦!要是跟你们这班人讲客气,那还不如索性走路的好!……听见没有,你这条老龙⑥?莫非我们说的话你不在心上吗?"

于是姚纳,与其说是觉得,不如说是听见脖子后面拍的一响。

"嘻嘻!……"他笑,"好有兴致的几位老爷……求上帝保佑你们!"

"赶车的,你结过婚没有?"一个高个子问。

"我?嘻嘻……!好有兴致的老爷!现在我那老婆成了烂泥地罗……嘻嘻嘻!……那就是,在坟里头啦!这会儿,我儿子也死了,我却活着……真是怪事,死神认错了门啦……它没来找我,却去找了我的儿子……"

姚纳回转身去,想说一说他儿子是怎么死的,可是这当儿驼背轻松地吁一口气,说是谢天谢地,他们总算到了。姚纳收下二十个戈比,对着那几个玩乐的客人的后影瞧了好半天,他们走进一个漆黑的门口,不见了。他又孤单了,寂静又向他侵袭过来……苦恼刚淡忘了不久,现在又回来了,更为有力地撕扯他的胸膛。姚纳的眼睛焦灼而痛苦地打量大街两边川流不息的人群:难道在那成千上万的人当中,连一个愿意听他讲话的人都找不到吗?人群匆匆地来去,没有人理会他和他的苦恼……那苦恼是浩大的,无边无际。要是姚纳的胸裂开,苦恼滚滚地流出来的话,那苦恼仿佛会淹没全世界似的,可是话虽如此,那苦恼偏偏没人看见。那份苦恼竟包藏在这么渺小的躯壳里,哪怕在大白天举着火把去找也找不到……

姚纳看见一个看门人提着一个袋子,就下决心跟他攀谈一下。

"现在什么时候啦,朋友?"他问。

"快到十点了……你停在这儿做什么?把车子赶开!"

姚纳把雪橇赶到几步以外,伛下腰,任凭苦恼来折磨他……他觉得向别人诉说也没有用了。可是还没过上五分钟,他就挺起腰板,摇着头,仿佛感到一阵剧烈的疼痛似的;他拉了拉缰绳……他受不住了。

"回院子里去!"他想,"回院子里去!"

他那小母马仿佛领会了他的想头似的,踩着小快步跑起来。过了一个半钟头,姚纳已经坐在一个又大又脏的火炉旁边了。炉台上、地板上、凳子上,全睡得有人,正在打鼾。空气又臭又闷……姚纳看一看那些睡熟的人,搔一搔自己的身子,后悔回来得太早了……

"其实我连买燕麦的钱还没挣到呢,"他想,"这就是为什么我会这么苦恼的缘故了。一个人,要是会料理自己的事……让自己吃得饱饱的,自己的马也吃得饱饱的,那他就会永远心平气和……"

墙角上,有一个年青的车夫爬起来,睡意朦胧地嗽了嗽喉咙,走到水桶那儿去。

"想喝水啦!"姚纳问他。

"是啊,想喝水!"

"那就喝吧。……喝点水,身体好……可是,老弟,我的儿子死了……听见没有?这个星期在医院里死的……真是怪事!"

姚纳看一看他的话生了什么影响,可是什么影响也没有看见。那年青小伙子已盖上被子蒙着头,睡着了。老头儿叹口气,搔搔自己的身子……如同那青年想喝水似的,他想说话。他儿子去世快满一个星期了,他却至今还没跟别人好好地谈过这件事……应当有条有理、有声有色地讲一讲……应当讲一讲他儿子怎样得的病,怎样受苦,临死之前说过些什么话,怎样去世的……他要描摹一下儿子怎样下葬,后来他怎样上医院里去取死人的衣服。他还有个女儿阿尼霞住在乡下……他也想谈一谈她……他现在可以讲的话还会少吗?听讲的人应该哀伤,叹息,惋惜……倒还是跟娘儿们谈一谈的好。她们虽是些蠢东西,不过听不上两句话就会呜呜地哭起来。

"出去看看马吧,"姚纳想,"有的是工夫睡觉……总归睡得够的,不用担心……"

他穿上大衣,走进马棚,他的马在那儿站着。他想到燕麦,想到干草,想到天气……他孤单单一个人的时候,不敢想儿子……对别人谈一谈儿子倒还可以,至于想他,描出他的模样,那是会可怕得叫人受不了的……

"你在嚼草吗?"姚纳问他的马,看见它亮晶晶的眼睛,"好的,嚼吧,嚼吧……我们挣的钱既然不够吃燕麦,那就吃干草吧……对了……我呢,岁数大了,赶车不行啦……应当由我儿子来赶车才对,不该由我来赶了……他可是个地道的马车夫……要是他活着才好……"

姚纳沉默一忽儿,接着说:

"是这么回事,小母马……库司玛·姚尼奇下世了……他跟我说了再会……他一下子就无缘无故死了……哪,打个比方,你生了个小崽子,你就是那小崽子的亲妈了……突然间,比方说,那小崽子跟你告别,死了……你不是要伤心吗?……"

小母马嚼着干草,听着,闻闻主人的手……

姚纳讲得有了劲,就把心里的话统统讲给它听了……

汝 龙 译

【注释】

① 《苦恼》写于1886年。
② 语出《旧约全书》。
③ 维堡区:圣彼得堡的一个区。
④ 兜囊:与大衣连在一起、用作御寒的可以折叠的帽子。
⑤ 啧的一响:唤马前进的声音。
⑥ 老龙:原文是"高里尼奇龙",神话传说中的一条怪龙,这里是骂人的话。

【提示】

这篇小说描述老马车夫姚纳内心的辛酸与苦恼。他刚死了儿子,想向别人倾诉心中的痛苦,然而偌大一个彼得堡竟找不到一个能听他说话的人,最后他只好对着自己的小母马诉说。这是一件发生在社会底层的微不足道的小事,但作者却能借此揭示出19世纪沙皇统治下的俄国社会下层小人物悲惨无援的处境和苦恼孤寂的心态,反映出当时社会的黑暗和人与人关系的自私、冷漠。整体构思具有以小见大的匠心。

小说围绕姚纳想向人诉说苦恼的可怜心愿展开情节,写他先后四次想向军人、青年、看门人、年轻马车夫诉说苦恼,但这些人都漠不关心。最后他无奈地只能向小母马倾诉,小母马不仅听他倾诉,还"闻闻主人的手"。人无情而马有情的强烈对比,冷峻地揭示了当时的世态炎凉和小人物命运的悲惨,笔墨平淡而爱憎浓烈,发人深思。同时,作者又运用了将人与马相对应、相类比的暗示手法,马的处境、神态和遭遇,使人联想到车夫姚纳的处境、神态和遭遇,暗示出社会下层人民如牛马一般的生活境况,充分暴露了当时社会的黑暗。

作品善于通过对话表现人物性格和心态。姚纳与军人及三个青年的对话,不仅简洁生动,而且符合特定环境和场合下人物的身份、地位和性格特征,能恰当地映射出人物此时此地的内在心理活动,具有鲜明的个性特点和很强的表现力。

小说的人物静态肖像描写和细节描写也相当出色。

【思考与练习】

一、车夫姚纳的苦恼是什么?

二、概括小说的主题思想,体会小说以小见大的总体特色。

三、说明作品将"人与人"的关系与"人与马"的关系相对比的手法及其表现作用。

四、说明作品将人与马相类比的手法及其表现作用。

五、结合具体段落,说明人物对话对表现人物性格和心理的作用。

六、注意小说开头的景物描写和人与马的静态肖像描绘,说明其表现手法和表现作用。

麦琪的礼物①

欧·亨利

　　欧·亨利(1862—1910)，美国著名短篇小说家。原名威廉·西德尼·波特，出生于美国北卡罗来纳州的一个医生家庭。幼年丧母，15岁即浪迹社会，做过药房小伙计、牧场放羊工、会计员、土地局办事员、银行出纳员。1896年，他所供职的银行发现现金短缺，传讯欧·亨利。他自知清白，但有口难辩，被迫离家出逃，改名换姓，去拉丁美洲避难，历经艰辛。翌年，妻子生病，他回家探望，被捕入狱。在狱中，他担任药剂师，并开始以欧·亨利的笔名写作短篇小说。出狱后，他到了纽约，经常出入小客店、小酒家、贫民窟和下等剧院，自觉为小人物立言，自命是纽约四百万贫民的代表。在十几年间，他共创作了三百多篇短篇小说，代表作有《麦琪的礼物》《警察和赞美诗》《最后的藤叶》等。他的小说诙谐幽默，寓悲于喜，形成"含泪的微笑"的独特风格。小说情节生动，构思巧妙，结局往往出人意料而又不悖情理，历来为人们所称道。

　　一块八角七分钱。全在这儿了。其中六角还是零钱凑起来的。这些小钱是每次一个两个向杂货店、菜贩和肉店的老板硬扣下来的；人家虽然没有明说，自己总觉得这种掂斤播两的交易未免落个吝啬的恶名，当时羞得脸红。德拉数了三遍。数来数去还是一块八角七分钱。而第二天就是圣诞节了。

　　除了倒在那张破旧的小榻上大哭一场之外，显然没有别的办法。德拉就这么办了。这就使一种精神上的感慨油然而生，认为人生是由啜泣、抽噎和微笑组成的，其中抽噎占主导地位。

　　趁这家的女主人的悲伤逐渐地由第一级降到第二级的时候，让我们看一看她的家吧！一套备有家具的公寓，租金每周八元钱。虽然不能说绝对的难以形容，实际上，确实与贫民窟也相差无几了。

楼下的甬道里有一个信箱,但是永远不会有信件投进去;还有一个电铃,鬼才能把它按响。那里还贴着一张名片,上面写着"杰姆斯·狄林汉·杨先生"几个字。

"狄林汉"这个名号是主人先前富裕时,也就是每周赚三十元时,一时高兴,加在姓名之间的,现在进款减缩到二十元了,"狄林汉"几个字看起来有些模糊,仿佛它们正在慎重地考虑是否缩成一个质朴而谦虚的"狄"字为妙。但是每逢杰姆斯·狄林汉·杨先生回家上楼,走进房门时,杰姆斯·狄林汉·杨太太——就是前面已经介绍过的德拉——总是把他叫做"杰姆",并且热烈地拥抱他。这当然是很好的。

德拉哭完了以后,小心地用破粉扑在面颊上扑了些粉。她站在窗前,呆呆地看着外面灰蒙蒙的后院里有一只灰色的猫在一个灰色篱笆上走着。明天就是圣诞节了。而她只能拿一块八角七分钱给杰姆买一件礼物。几个月来,她尽可能地节省了每一分钱,结果不过如此。每周二十元本来不经花。支出的总比她预算的多。总是这样。只有一块八角七分钱拿来给杰姆买礼物。她的杰姆。为了给他买一件好东西,德拉自得其乐地筹划了好些日子。要买一件精致、珍奇而真正有价值的东西——够得上给杰姆持有的东西固然很少,可是总得有些相称才成呀。

屋里两扇窗户中间有一面壁镜。读者也许见过房租八元钱的公寓里的壁镜。一个非常瘦小灵活的人,从一连串纵的片断的映象里,也许可以对自己的容貌得到一个大致不错的概念。德拉全靠身材纤细,才精通了这种艺术。

突然她从窗口转过身来,站在镜子前面。她的两眼晶莹明亮,但是在二十秒钟内她的脸失色了。她很快地把头发解开,叫它完全披散下来。

且说,杰姆斯·狄林汉·杨夫妇有两样东西是他们特别引以自豪的。一样是杰姆三代祖传的金表。另一样是德拉的头发。如果示巴女皇住在气窗对面的公寓里②,德拉总会有一天把头发悬在窗外去晾干,只是为了使那位女皇的珠宝和首饰相形见绌。如果所罗门王做了看门人③,把他所有的财富都堆在地下室里,杰姆每次经过那儿时会掏出他的金表看看,让所罗门忌妒得吹胡子瞪眼。

这时德拉的美丽的头发披散在身上,像一股褐色的小瀑布一样,波浪起伏,金光闪闪。头发一直垂到膝盖下,仿佛给她披上一件衣服。她又神经质地很快地把头发梳起来。她踌躇了一会儿,静静地站在那里,有一两滴泪水溅落在破旧的红地毯上。

她穿上她那褐色的旧外套,戴上她那褐色的旧帽子。眼睛里还留着晶莹的泪光,裙子一摆,她飘然走出房门,走下楼梯,来到街上。

她走到一块招牌前停住了,招牌上面写着:"莎弗朗尼娅夫人④——经营各种头发用品"。德拉跑上一楼，一面喘着气，一面定下神来。那位夫人身躯肥大，肤色白得过分，一副冷冰冰的样子。和"莎弗朗尼娅"这个名字太不相称。

"您要买我的头发吗？"德拉问道。

"我买头发，"夫人说，"把你的帽子脱下来，让我看看你的头发什么样儿！"

那股褐色的小瀑布泻了下来。

"二十块钱。"夫人用熟练的手法抓起头发说。

"赶快把钱给我。"德拉说。

啊！随后的两个钟头仿佛长了玫瑰色的翅膀似地飞掠过去了。请不要理会这种杂凑的比喻吧！总之，德拉为了给杰姆买礼物，搜索了所有的铺子。

最后，她终于把它找到了。它确是专为杰姆，不为别人制造的。她把所有的商店都搅翻了一遍，各家都没有像那样的东西。那是一条白金表链，式样简单朴素，只以货色来宣示它的价值，不凭什么俗不可耐的装潢——一切好东西都应该是这样的。它还真配得上那只金表。她一看到这表链就认为非给杰姆买下来不可。它简直像他的为人。文静而有价值——这句话拿来形容表链和杰姆本人都恰到好处。店里以二十一块钱的价格卖给了她，她带着剩下的八角七分钱匆匆地赶回家。杰姆有了这条表链，在任何场合都可以毫无顾虑地看看钟点了。那只表虽然华贵，可是因为他用一根旧皮条来代替表链，他有时只是偷偷地看一眼。

德拉回家以后，她稍稍用谨慎与理智来代替了陶醉。她拿出烫发铁钳，点起煤气，开始补救由于爱情加上慷慨而造成的灾害。那始终是一件艰巨的工作，亲爱的朋友们——简直是了不起的工作。

不出四十分钟，她头上布满紧贴头皮的小发卷，变得活像一个逃学的小学生。她仔细而苛刻地对着镜子照了又照。

"如果杰姆看了我一眼不把我杀死才怪呢，"她自言自语地说，"他会说我是康奈岛游戏场里的卖唱的姑娘。但是我有什么办法呢？——唉！只有一块八角七分钱，叫我有什么办法呢？"

到了七点钟，咖啡已经煮好了，煎锅也放在炉子后面热着，随时准备煎肉排。

杰姆一向准时回家。德拉把表链对折了握在手里，在他进来必经的门口的桌子角上坐下来。接着，她听到楼下梯级上响起了他的脚步声，她立刻脸色变白了。她有一个习惯，往往为了日常最简单的事情默祷几句，现在她悄声说："求求上帝，让他认为我还是美丽的。"

门开了，杰姆迈步走进来把门关上。他很瘦削，非常严肃。可怜的人，他只有二十二岁——就担负起家庭的担子！他需要一件新大衣，手套也没有。

一进门杰姆就站住了，像一条猎犬嗅到鹌鹑似的纹风不动。

他两眼盯着德拉，有一种她捉摸不透的表情，这使她大为惊慌。那既不是愤怒，也不是惊讶，又不是不满，更不是厌恶，不是她所预料的任何一种神情。他只是带着那种奇怪的神情死死地盯着她。

德拉忐忑不安地从桌上跳下来，走到他身边。

"杰姆，亲爱的，"她喊道，"别那样盯着我看。我把头发剪掉卖了，因为我不送你一件礼物，我过不了圣诞节。头发会再长起来的——你不会在意吧，是不是？我实在没办法才这么做的。我的头发长得快得要命。说句'恭贺圣诞'吧！杰姆，让我们高高兴兴的。你猜不到我给你买了一件多么好——多么美丽的礼物。"

"你把头发剪掉了？"杰姆吃力地问道，仿佛他绞尽脑汁之后，还没有把那个显而易见的事实弄明白似的。

"非但剪了，而且卖了，"德拉说，"不管怎样，你还是一样地喜欢我，是不是，没有了头发，我还是我，不是吗？"

杰姆好奇地向房里四下张望。

"你说你的头发没有了？"他带着近乎白痴的神情问道。

"你用不着找了，"德拉说，"我告诉你，已经卖了——卖了，没有了。今天是圣诞前夜，亲爱的，好好地对待我，我剪掉头发为的是你呀，我的头发可能数得清，"她突然非常温柔地接下去说，"但是我对你的爱情谁也数不清，我把肉排烧上好吗？杰姆！"

杰姆好像忽然从恍惚中醒过来。他把德拉搂在怀里。为了不要冒昧，让我们花十秒钟工夫瞧瞧另一方面无关紧要的东西吧。每周八块钱的房租，或者每年一百万块钱的房租——其中有什么区别？一个数学家或是一个滑稽家可能给你一个不正确的答复。麦琪带来了珍贵的礼物，但是其中没有那样东西，这句晦涩的话，下文将有说明。

杰姆从大衣口袋里掏出一包东西，把它扔在桌上。

"不要对我有任何误会，德儿，"他说，"不管是剪发、修脸、洗头，我对我的姑娘的爱情是绝不会减低一分的。但是，你一打开那包东西，就会明白，刚才你为什么把我愣住了。"

白皙的手指敏捷地撕开了绳子和包皮纸。接着是一声狂喜的叫喊；紧接着，哎呀！突然转变成女性神经质的眼泪和号哭，立刻需要公寓的主人用尽办法来安慰她。

因为摆在眼前的是那套插在头发上的梳子——全套的发梳，两鬓用的，后面用的，应有尽有；那是百老汇路一个橱窗里的、德拉渴望了好久的东西。纯玳瑁做的、边上镶着珠宝的美丽的发梳——配那已经失去的美发，颜色恰恰合适。她知道这套发梳是很贵重的。她心向神往了好久，但从来没有存过占有它的希望。现在居然为她所有了，可是用来装饰那一向向往的装饰品的头发却没有了。

但是她还是把它紧紧地抱在怀中，隔了好久，她才能抬起迷蒙的泪眼，含笑对杰姆说："我的头发长得多快啊，杰姆！"

接着，德拉像一只挨了烫的小猫似地跳了起来，喊道："噢！噢！"

杰姆还没有看到送给他的美丽礼物呢！她热切地把它托在自己掌心上递给他。这无知无觉的贵重金属似乎闪闪地反映着她的快活和热诚的神情。

"漂亮吗，杰姆？我跑遍了全城才找到它，现在你每天要把表看上一百次了。把你的表拿给我。我要看看它配上是什么样子！"

杰姆并没有照她的话去做，却倒在小榻上，双手枕着头，微笑着。

"德儿，"他说，"让我们把圣诞节的礼物搁在一边，暂时保存起来。它们实在太好了，现在用了未免可惜。我是卖了金表换了钱给你买的发梳。现在请你煎肉排吧！"

那三位麦琪，读者都知道，全是有智慧的人——非常有智慧的人——他们带来礼物，送给生在马槽里的圣婴耶稣。他们首创了圣诞节馈赠礼物的风俗。他们既然有智慧，他们的礼物无疑也是聪明的，可能还附带一种碰上收到同样的东西时可以交换的权利。我的拙笔在这里向读者叙述了一个没有曲折、不足为奇的故事：那两个住在一间公寓里的笨孩子，极不聪明地为了对方牺牲了他们家里最宝贵的东西。但是，让我对目前一般聪明人说一句最后的话，在所有馈赠礼物的人当中，他们两个是最聪明的。在一切授受礼物的人当中，像他们这样的人也是最聪明的。他们就是麦琪。

刘若端　译

【注释】

① 《麦琪的礼物》是欧·亨利的短篇杰作。麦琪,指基督初生时从东方来耶路撒冷给他送礼物的三贤人:梅尔基奥尔(光明之王)赠送黄金表示尊贵;加斯帕(洁白者)赠送乳香象征神圣;巴尔撒泽赠送殁药预示基督后来遭受迫害而死。麦琪首开圣诞馈赠礼物的风俗。

② 示巴女皇:示巴古国在阿拉伯西南,即今之也门。示巴女皇以美貌著称。《旧约·列王纪上》载示巴女皇带了许多香料、宝石和黄金觐见所罗门王,用难题考验所罗门王的智慧。

③ 所罗门王(前1033—前975):以色列国王,以聪明和豪富著称。

④ 莎弗朗尼娅:意大利诗人塔索(1544—1595)以第一次十字军东征为题材的史诗《被解放的耶路撒冷》中的人物,她为了拯救耶路撒冷全城的基督徒,承认了并未犯过的罪行,成了舍己救人的典范。

【提示】

小说通过一对穷困的年轻夫妇忍痛割爱互赠圣诞礼物的故事,反映了美国下层人民生活的艰难,赞美了主人公的善良心地和纯真爱情。

作品构思精巧。这主要表现在材料的剪裁和故事结局的处理上。主人公德拉和杰姆各自牺牲自己的爱物以换钱购置对方的意中物,夫妻俩同样痴情,同样善良。但作者只详写了德拉卖发买表链的行为和心理过程,而对杰姆卖表买发梳一事则直到末尾方一笔点出。实际上是两条线索,一明写,一暗示,"一虚一实、双线并行"。采用这种构思方式,固然是为了避免重复,但更重要的,是造成了强烈的悬念,在作品末尾形成一个令人惊愕、出人意料而又不违背情理的精彩结局。

作者善于通过外部行动和表情描写来刻画人物的心理活动。小说描述德拉站在壁镜前决心卖掉秀发时的由兴奋、到惊骇、到留恋、到痛苦、再到坚定的心理过程,都是通过外在动作和表情描写来显现的,十分真切、细腻而生动传神。

小说写了一个喜剧故事,可其中又浸染着悲剧色彩,体现了欧·亨利小说"含泪的微笑"的独特风格。与此相应的是语言的幽默诙谐。文中关于"一块八角七分钱"的交代,关于"信箱""门铃""名号"以及壁镜、秀发的描述,都是妙语连珠,意趣横生。

【思考与练习】

一、作者为什么在小说末尾赞叹德拉夫妻"他们就是麦琪"?

二、为什么说作品采用了"一虚一实、双线并行"的构思方式?这样剪裁和结构有什么好处?

三、仔细阅读德拉下决心卖掉秀发一段描述,说明作者是怎样通过动作和表情描写来显现她的心理活动的。

四、体味小说"含泪的微笑"的独特风格和幽默诙谐的语言特色。

小说的艺术特点

小说是一种叙事性文学样式,它以人物、情节、环境三要素构成的形象化世界,反映丰富多彩的社会生活,表达深切感人的情志意理内涵。

小说是一种精心营构的艺术创造,它在整体构思、人物形象塑造、心灵刻画、情节安排、环境描写等方面,大都体现出鲜明的艺术特点,凝结着创作者的审美匠心。

通过对主要艺术特点的分析,深入领悟作品的内在蕴涵,是提高小说理解和欣赏能力的有效途径。

一、视角独到,以小见大

短篇小说注重整体构思,而整体构思的要领,则是视角独到、以小见大。生活本身是复杂而多样的,从不同的视角看它,就会有不同的感悟。写小说不能像生活本身一样全面铺开,只能选取一个"特定"的视角,而且应当是你自己所"独到"的角度。"特定"就意味着集中,"独到"就意味着深刻,集中而又深刻者就是以小见大,就能以少胜多。

契诃夫的短篇小说,多是视角独到、以小见大的范例。小说《苦恼》,揭露沙皇专制统治下人与人之间的冷漠无情,不写上流社会的尔虞我诈,而写底层小人物的孤苦无助;写小人物的孤苦无助,不着眼他们的物质困境,而着眼他们的精神痛苦;写精神痛苦,不是因由什么社会大事,而是因由一个马车夫儿子的正常死亡:儿子死了,他只想别人听他说说心中的苦恼,并没有任何别的乞求,但竟找不到一个人听他说完一句话;非但军人、公子哥儿们堵回他的话并肆意嘲讽,就连自己的车夫同行也没一个肯听;最后,他只能无可奈何地对着自己的小母马倾诉。在这里,作者拾取的只是大千世界一颗微不足道的沙粒,但却能令人心灵震颤、见微知著:作为一个所谓在上帝面前人人平等的社会,竟连如此微薄的一点心愿也无法实现,其社会各方面的腐恶程度还用多说吗?真是窥斑知豹,一针见血!

发自人物心灵的典型行为,无疑是小说最感人肺腑、最发人深思的关键环节。《哦,香雪》给人留下最强烈印象的,是一个深山里的小姑娘,为了那个对城里孩子来说毫不起眼的塑料铅笔盒,竟爬上火车,用一篮子鸡蛋换取它,并一个人从暗夜的荒山里硬生生走回来。这确属小事,但把它放到当今中国社会正发生重大变革的背景中来考虑时,你就会生发感慨万千的思绪。香雪的行为幼稚可笑吗?不,那是她当时可能有的最大精神满足,她兴奋极了,因为那是发自心灵深处的呼唤。可喜可贺吗?不,它意味着那些已经被闭锁了几千年的灵魂,到今朝才见到了一丝现代文明的亮光,实在来得太晚。那么就只有可悲可怜了?也不是,因为火车毕竟正在开进深山,那新时代的汽笛声,终有一天会唤醒那些尚在贫困与落后中蜗居爬行的大地和生灵……

二、人物形象,个性鲜明

小说离不开写人物,或注重人物性格,或注重人物命运,或人物性格与命运交织,但无论如何,都应当有鲜明的个性特征。没有个性,就成为千篇一律的人的模型,人物形象就不会鲜明突出,人物性格就不能生动感人。

小说《婴宁》最吸引人的地方,就是婴宁的笑:"笑容可掬""含笑拈花而入""嗤嗤笑不已""笑不可遏""复笑,不可仰视""浓笑不顾""微笑而止""笑处嫣然""一笑即解"……笑是婴宁个性特征的集中体现。无时无地的笑,无忧无虑的笑,当笑时笑,不当笑时也笑,可见笑是她的自然本性。鬼母说她"痴""憨""如婴儿""无心肝",实质上那是一颗丝毫未经世俗污染的单纯、真诚、质朴的天性、童心。正因为有了这一鲜明的个性,所以"满室妇女,为之粲然",作者为之粲然,读者也无不为之粲然。

突出个性特征,并非只为了形象生动,更是为了深化作品思想内涵。有个性,形象就有了独到之处;没有个性,人物就消解于一般之中。独到就是深化,就是拓展。婴宁形象的意义,就是由她的独到个性生发开去的。她如山花野草般言笑由心、率性烂漫的情性,是生命的欢歌,自由的乐章,象征着人生无忧无虑、一任天真的自然状态;也是真情的自流、憨态的自放,象征着人际无欺无诈、一片天籁的理想关系。这虽不免"宛在水中央"的虚幻,但却是一朵人人喜爱的人生和社会的圣洁之花。特别是作者展示出婴宁这一性格特征的转变乃至失落:由"无时不笑"到"矢不复笑",再到"笑须有时",更是发人深思。这不是谁愿意谁不愿意的问题,而是社会的要求,是每个人由自然之人走向社会之人的必然。因此，婴宁性格的转变，是人类永远需要协调并为之付出沉重代价的个体性与群体性、自然性与社会性相矛盾冲突的象征，婴宁自然天性的失落，是整个人类必然面对的一个悲剧性困境。

一个短篇写几个人物，更应当各具姿态、各领神韵。《断魂枪》通过肖像、对话和动作的白描，简练地描画出三种反差鲜明的武林性格：沙子龙是身怀绝技的国术大师，内心复杂压抑、深藏不露，性格老练深沉、冷漠孤傲；王三胜是江湖艺人劣根性的投影，内心自私自利、粗浅鄙俗，性格张狂外露、争强好胜；孙老者是江湖传统中优良品格的折射，内心嗜艺如命、孜孜以求，性格豪爽乐观、积极进取。三种品质，三种个性，均历历在目，鲜活生动。同时，作者又兼用抑扬、铺垫、对比、烘托等手法，让他们相互辉映、相互反衬，形象就显得更加丰满、突出。显然，出挑的人物个性，是小说创作的基本功。

三、心灵刻画，入木三分

写人要写心。不平常的心理，必定有不平常的意义，抓住它，小说的笔墨就能泼洒在人的灵魂深处。《婴宁》是张扬并祭悼那人类已经无可奈何地丧失掉的最纯真天性；《宝黛吵架》则是演绎少男少女爱得真、求得苛、反复试探、永无宁日的特有心理过程；《断魂枪》是围绕着末路英雄"不传、不传"的孤傲冷寂心态展开；《哦，香雪》则一切都是为了烘托深山小姑娘那个小小的"铅笔盒"心愿；《苦恼》则是把一个孤苦无依的老车夫说说心中苦恼的微薄要求也给残酷地封杀了。聚焦特定环境中人们灵魂深处的动荡和呼喊，无疑是这些小说深邃动人的关键。

人物心理刻画，有直接心理描写和间接心理描写两种，以后者居多。通过描写人物外在的肖像、表情、举止、行为、独白和对话，来揭示人物内在的心情、心态、心理活动和情感变化，就是间接心理刻画。如《麦琪的礼物》中，就有一段相当精到的间接心理描写：德拉想送给丈夫一个最好的圣诞礼物，但没有钱，于是突然想到可以卖掉自己最动人最心爱的长发。这时，她的内心经历了一个由兴奋到惊骇、到留恋、到欣赏、到痛苦、到惊醒、到坚定，最后果敢地奔向市场的急遽变化过程；但这一切，竟无一个情字点拨，全是通过精确而细腻的表情、神态、举止、行动描写显现出来的，确是生动贴切、逼真传神的妙笔。广义地说，小说中一切肖像、行为、语言描写，都是"以外显内"的心理刻画，只是存在有隐显、深浅、精粗的差别而已。

《宝黛吵架》是难得一遇的直接心理描写佳篇。文中反复用"宝玉心里想""黛玉心里想"等引领语句,将他们吵架过程中的心理活动直接揭示出来,淋漓尽致。问题在于,这里为什么一定要采用直接心理描写?原来宝黛吵架实属少男少女真情爱恋过程中一种特有心理的体现。吵架的心理动因,实际上是相互试探,假意试探,反复试探;而且因是假意试探,又过分敏感,于是不断横生枝节,越吵误会就越多;由此则愈加不放心,愈加要假情试探,于是爱的过程也就成了一个一触即发、永无宁日的吵吵闹闹过程。但这只是表面现象,内在实质则是爱之愈深、求之愈苛,吵得愈凶、愈没来由,则愈体现出爱的真挚深切。文中所谓"不是冤家不聚头","人居两地,情发一心",点拨的就是个中道理。这种热恋中少男少女普遍而微妙的心理情态,如果作者不用直接心理描写将它入木三分地呈现在读者面前,读者就可能在无意中将它忽略了。

四、情节安排,匠心独运

小说中的事件,一般不是按部就班地平铺直叙,而是别具匠心地做了许多巧妙安排:或先抑后扬、绝处逢生,或悬念丛生、意外巧合,或明修栈道、暗度陈仓,或云龙在天、藏头露尾,如此等等,均可有效地增强作品的吸引力、动情力和表现力。

《麦琪的礼物》是制造悬念、结局意外巧合的范例。德拉和杰姆夫妇各自牺牲自己最心爱的东西,换钱购置对方最想得到的爱物,心地都极其善美。但作者只详细描述了德拉卖长发买表链的过程,而对杰姆卖金表买发梳的经过却只字不提,直到结尾处才一笔点出。这种一明一暗、虚实相生的双线并行叙述安排,主要是为了造成强烈悬念,并在作品末尾形成一个既出人意料而又在情理之中的精彩结局,让读者在惊愕之余的"含泪微笑"中感受这对下层小人物之间爱情的深挚。

《婴宁》则是藏头露尾、云掩神龙的佳构。整体说来,小说落笔于王子服遇美女、寻美女、娶美女的经过,但内里却是一个鬼母养狐女、教狐女、嫁狐女的过程。从情节发展上看,王子服上元节偶遇"拈花"美女,舅氏子吴生诳言那是三十里外山中"姨妹",王子服深山寻访时谎言竟变成现实,在王子服连亲戚姓名也说不出的情况下,鬼母非但将其留住家中,而且一步步促成了他与婴宁的爱恋和婚姻……这一切表面上看都是偶然巧合,但实际上却全是鬼母的有意安排。婴宁是狐母托鬼母抚养的,年已十六,该出嫁了,于是鬼母为她选定了王子服,并煞费苦心地安排了邂逅、诳言、奇遇、爱恋等一系列情节,让他们终成眷属。直到王子服把婴宁领走,鬼母"倚门北望",才算是最终完成了"托养"的义务。显然,鬼母是鬼,她无所不能,这才是小说情节发展的真正机杼所在。再从主题表达上看,鬼母对婴宁的不断教诲,实际上是要使婴宁的性格按照"无时不笑"——"矢不复笑"——"笑须有时"的转化轨迹向前推进。这也是鬼母的有意作为,因为她知道,要把婴宁从深山野谷嫁到人间,就必须把她的"狐性"改造成人性,使婴宁从"自然人"变成一个"社会人",否则,她今后的命运就令人堪忧。小说象征人类普遍困境的主题思想,也正是从这一性格转化中体现出来的。显然,《婴宁》的外在情节和内在意理,都是鬼母精心策划和导演的一部连续剧,而作者一路写来,始终不予点破,着实收到了机巧四伏、情趣横生、含蓄多藏、令人思而得之的艺术效果。

五、环境描写,烘云托月

时代氛围、社会环境、人物活动场景,是事件发生、发展和人物性格形成、转化的客观条件。因此,环境描写是为性格刻画和主题表达服务的,而透过环境看人物、看主题,也才能准确而深刻地发现它们的真正意义。

面对老舍的《断魂枪》,不能脱离作品开头的大段时代氛围描写来解读人物性格和主题思想。沙子龙冷漠孤傲,王三胜争强好胜,孙老者积极进取,就个性本身来说,这概括似乎没有错;但若将他们放在"祖先与祖先所信的神明全不灵了","今天是火车、快枪、通商与恐怖"的时代来看,沙子龙将"镖局改客栈","不传""五虎断魂枪"绝技,亲手埋葬自己昔日的辉煌,虽然颇不得已,却是冷静而明智的选择,说明他对民族的悲剧有了一定的意识;虽然他还认识不到自己生存的位置,找不到传统文化与现代社会的连接线,但他确是"东方的大梦没法子不醒了"的一个初步觉醒者。然而王三胜、小顺子们,包括那个嗜艺如命的孙老者,却根本就认识不到这可悲的民族文化境遇,还死抱着祖宗的绝技不放,这无疑是作者对民族传统文化中保守痼疾的嘲讽。当然不能说作者老舍当时已找到了中国传统文化的出路,但他把国术及其大师们放在时代巨变的大潮中来拷问,却显然是在向国人疾呼:中国到了必须彻底变革的时候了!

在《婴宁》中,环境描写与人物性格更是水乳交融。婴宁的父亲是人,生母是狐,养母是鬼,这一多重出身,打破人与动物、现实世界与幽冥世界的界限,从而为婴宁的性格和命运展开了一个出真入幻、出幻入真、无所不可、无所不能的自由时空。她在襁褓中被鬼母携入深山，在"乱山合沓"的谷底茅舍避世长成，所以性情如山花野草，天真烂漫，言笑由心，率性自然。特别是其中始终伴随着对于花的描写，更是与人物刻画如影随形。"丛花乱树"的谷底，"桃杏尤繁"的小村，"夹道红花"的石径，"花架满庭"的院落，"枝朵探窗"的居室，写花就是侧面彰显婴宁的自然天性；或"拈梅花一枝"，或"执杏花一朵"，总是鲜花与人面相映红，写花就是让人联想婴宁的绝世美容；花是笑的隐喻，花开就是人的笑容绽放，写百花的争奇斗艳，就是形容婴宁之笑的千姿百媚，就是映照、突出婴宁"无时不笑""笑容可掬""笑处嫣然"的鲜明个性；花是自然的、纯洁的、优美的、悦人的，写花就是隐喻象征婴宁人格的纯美和真善。在一个短篇小说中，能把花写得这么多姿多彩，能把人的笑写得这么丰赡动人，能把花与笑、花与人的个性这么贴切地交融在一起，并赋予它那么浓郁的隐喻象征意味，恐怕是前无古人、后无来者的。

修订后记

三十年来，受全国高等教育自学考试指导委员会的委托，由中文专业委员会（后重组为文史类专业委员会）组织编写、修订、新编的自学考试大学语文教材及其编写组成员情况如下：

1987年编写了自学考试全国统一命题所使用的《大学语文》教材（通称"全国组编本"）。主编徐中玉、钱谷融，副主编徐鹏、董治安、张之强。编写组成员（以姓氏笔画为序）为：王芸、王汝梅、张之强、张大芝、杨恩成、徐中玉、徐鹏、钱谷融、贾平年、翁德森、陶型传、董治安、裘汉康。担任本书审稿工作的是：施蛰存、贾植芳。

1992年，在两位主编主持下，对该教材进行了全面修订。修订工作由方智范、周圣伟、陶型传执笔，由徐中玉审定。这本修订教材，后来被规定为自学考试本科用书（通称"本科本"）。

1994年编写了自学考试全国统一命题所使用的应用专科《大学语文》教材（通称"专科本"）。主编徐中玉，副主编陶型传。编写组成员（以姓氏笔画为序）为：方克强、吴锦、张凤玲、张耀辉、徐中玉、陶型传。担任本书审稿工作的是：钱谷融（主审）、顾易生、陈伯海。

2006年新编的自学考试《大学语文》教材，替代了以上两种教材而成为该课程全国统一命题用书。主编徐中玉、陶型传。编写组成员（以姓氏笔画为序）为：方克强、吴锦、周圣伟、夏康达、徐中玉、陶型传。担任本书审稿工作的是：王运熙（主审）、陈伯海、齐森华。

2017年，对这本新编教材又进行了修订。修订执笔者（以姓氏笔画为序）为：方克强、周圣伟、陶型传；审稿者为陈洪（主审）、李瑞山、谭帆。

对凡参加过以上教材讨论、编写、审稿、修订工作的同志，以及通过各种方式对这些教材提出过意见和建议的同志，在此一并表示真诚的谢意。

全国高等教育自学考试指导委员会
文史类专业委员会
2018年6月